# 游泳教学理论与实践

主　编　李建军　崔泽峰　张洪军

天津大学出版社
TIANJIN UNIVERSITY PRESS

**图书在版编目（CIP）数据**

游泳教学理论与实践 / 李建军，崔泽峰，张洪军主编. -- 天津：天津大学出版社，2023.7（2024.8重印）
ISBN 978-7-5618-7534-6

Ⅰ. ①游… Ⅱ. ①李… ②崔… ③张… Ⅲ. ①游泳一教学研究 Ⅳ. ①G861.1

中国国家版本馆CIP数据核字（2023）第118393号

| | |
|---|---|
| 出版发行 | 天津大学出版社 |
| 地　　址 | 天津市卫津路92号天津大学内（邮编：300072） |
| 电　　话 | 发行部：022-27403647 |
| 网　　址 | www.tjupress.com.cn |
| 印　　刷 | 廊坊市海涛印刷有限公司 |
| 经　　销 | 全国各地新华书店 |
| 开　　本 | 787mm×1092mm　1/16 |
| 印　　张 | 9.75 |
| 字　　数 | 250千 |
| 版　　次 | 2023年7月第1版 |
| 印　　次 | 2024年8月第4次 |
| 定　　价 | 35.00元 |

# 前　言

中共中央、国务院2016年印发的《“健康中国2030”规划纲要》指出，未来要继续实施全民健身计划，组织社会体育指导员广泛开展全民健身指导服务，普及科学健身知识和健身方法，推动全民健身生活化。游泳作为一项老少皆宜、健身效果极佳的运动项目，是一项非常适合全民开展的终身健身项目，所以，世界卫生组织称“游泳是21世纪最受欢迎的体育项目”，游泳也素有“运动之王”的美称。

为了更好地为辽宁省输送大量优秀的应用型游泳人才，辽宁财贸学院体育学院在游泳教学理念、游泳教学目标、游泳教学内容、游泳教学方法上开展了一系列的探索和创新，《游泳教学理论与实践》这本教材正是在这一背景下编写的。本教材编写团队在参考同类游泳教材优点的同时，结合辽宁财贸学院体育学院游泳教学特点，将“理论知识实践化、实践技术应用化、应用能力系统化”这一人才培养理念融入教材，特别注重“交叉学科在游泳中运用”的教学理念，力争编写一本适合体育教育专业、社会体育专业学生的应用型游泳教材。

本教材分为三部分，分别是游泳理论部分、游泳实践部分和游泳救生部分。游泳理论部分，理论知识按照理论基础、实践应用、思考探索三个模块进行编写，使学生在理解游泳理论的同时，掌握其在游泳技术中的运用，并且能够运用游泳理论知识解决游泳实践过程中遇到的问题和困惑。游泳实践部分在介绍游泳技术动作要领、练习方法的同时，重点阐述游泳技术动作的教学步骤、技术错误产生的原因、改正技术错误的办法，提升学生的游泳教学应用能力。另外，本教材在每一章后，还重点介绍了针对不同游泳人群的教学理念、教学方法、教学流程，培养学生针对不同泳姿、不同人群的游泳教学能力。游泳救生部分重点介绍游泳安全常识、游泳救生方法，提升学生的游泳救生能力。

本书在编写过程中，吸收、借鉴了国内外许多专家学者的最新研究成果和文献，在此一并表示感谢。另外，由于编写人员水平有限，不妥之处在所难免，敬请读者批评指正。

李建军

2023年3月

# 目　　录

# 第一章　游泳教学理论

## 第一节　游泳运动概述

### 一、游泳运动起源

（1）游泳起源于生活。在原始社会，人类在未懂得种植之前，是靠采摘果实、捕猎野生动物为生的，史称渔猎时代。近水的地方，捕鱼就是一种重要的生活资料来源。到江河湖海去捕鱼，必然要掌握人在水中浮沉的技术。古代有个“龙伯钓鳌”的故事，据《列子·汤问》记载，古代有个龙伯国，住着一位渔夫。他身材高大，双腿很长，疾步如飞，走几步就可到达东海之滨，并能一次钓六只海里的大鳌。这个神话故事反映的就是远古时代人类渔猎的生活状况。西安半坡遗址出土的文物中，就有一个“人面鱼纹陶器”，其展示了人鱼共游于水中的情景。从考古学论证，原始社会的人类已经具有在水中沉浮的技能。古人把在水中漂浮称为“游”，在水中潜行称作“泳”。朱熹就曾作过“潜行曰泳，浮水曰游”的注解；在我国最早的诗歌总集《诗经》中，也有“泳之游之”的诗句，后人把两者结合在一起，才称其为“游泳”。

（2）游泳起源于战争。早在氏族社会末期，共工氏等就用水作为氏族间斗争的手段。进入封建社会后，各国建立水军、楼船军，游泳也被各国用来作为训练水军的手段。《东观汉记》记载，“光武帝以马援为长水校尉”，并在江浙一带设有专门造船的工厂，造船的专业工人叫“木客”。秦国统一六国后，水军便有了更大的发展，出现了水军用的戈船等。宋代在军队中还专门设立水军，如在行军中遇有大河不能游渡时，便以“善水者系小绳，先浮渡水，次引大船与两岸，大军可为数十道”。还有训练水军时的一些有趣的故事：宋赵善湘镇江训练水军，教浮水军百人，常以黄金沉江使探得者予之，他们精通水性能游数里。这算得上是训练水军行之有效的方法，同时利用游泳传递情报也是常见的。

（3）游泳起源于生产。游泳这一技能当然不仅限于军事，自远古先民掌握这项本领之后，它就一直在人们生产生活中扮演着重要的角色。早在两千多年前，中国便有水下采珍珠的生产操作。随着奴隶制度的瓦解及国家文化、教育事业的发展，历代帝王都设“采珠太监”及官吏开采珍珠，并选择精品运回宫廷。春秋战国时期，就有“探骊得珠”的故事。庄子曰：“河上有家贫恃纬萧而食者，其子没于渊，得千金之珠。其父谓其子曰：‘取石来锻之！夫千金之珠，必在九重之渊而骊龙颔下，子能得珠者，必遭其睡也。使骊龙而寤，子尚奚微之有哉！’”如此挣钱，人们自然争相下海，于是逐渐形成了采珠这一行业。由此可知，当时封建帝王对珍珠进行了大量的开采，凡入水者必通习水性，技术较差者以绳索缚石于身，投入水底进行采集。

（4）游泳起源于娱乐。游泳自春秋战国以来被用于军事，到经济社会极度繁荣的宋代，成为集观赏、娱乐、竞技于一体的重大节日观赏型表演节目。据宋孟元老的《东京梦华录》记载,有这样两个活动,一为"三月一日开金明池琼林苑",二为"驾幸临水殿观争标锡宴",堪称为古代版的"水上奥运会"。在农历三月初一这一天,开放开封府西侧的金明池和琼林苑,进行接待皇帝的各种车架礼仪,还允许百姓参观,场面热闹非凡。到了农历三月二十这一天,皇帝会亲临现场观看比赛,并赐宴群臣。第一幕往往是名为"水傀儡"的戏剧,这场面颇似奥运会的开幕式。接着"又有两画船,上立秋千",即将秋千架在画船船头。在秋千摆动到几乎与顶架横木齐平时,表演者从秋千上凌空起跳,在空中完成翻筋斗等花样动作后,直插入水,"谓之水秋千",类似今天的跳水。

**二、游泳运动发展**

(一)国外游泳运动发展历程

现代游泳运动起源于英国。17 世纪 60 年代,英国不少地区的游泳活动就开展得如火如荼。这一运动于 18 世纪初传到法国,继而成为风靡欧洲的运动。1828 年在利物浦乔治码头修建了世界上第一个室内游泳池。1837 年,在英国伦敦成立了第一个游泳组织,该组织举办了英国最早的游泳比赛。1896 年游泳被列为奥运会竞赛项目时,不分泳姿,是真正的"自由式",只有 100 米、500 米、1 200 米 3 个项目。1900 年,第二届奥运会将仰泳分出;1904 年第三届奥运会将蛙泳分出;1912 年第五届奥运会时,女子游泳被列为比赛项目;1956 年第十六届奥运会,又增加了蝶泳,从此定型为 4 种泳姿。此后的奥运会游泳比赛发展到共有自由泳、蛙泳、蝶泳、仰泳、混合泳和接力(自由泳与混合泳)6 大项 32 个小项,是奥运会中仅次于田径的金牌大户。

(二)我国游泳运动发展历程

自古以来,游泳就是我国广大人民群众喜爱的运动项目之一。我国有 18 000 千米长的海岸线,有 5 万多条江河、86 000 多个湖泊和水库,陆地江、河、湖、库面积达 20 万平方千米,这些天然水域为我国广大城乡群众参与游泳活动提供了有利条件。

早在 20 世纪三四十年代,中国共产党就十分重视开展群众性游泳活动。抗日战争时期,延河被当成了"天然游泳池",突出在清凉山下的石崖成了练习跳水的跳台。延安体育会经常组织游泳辅导活动。许多机关、学校和部队也经常组织各种形式的游泳比赛。在 1942 年举行的延安"九一"扩大运动会上,除了有自由泳、蛙泳比赛外,还有骑兵武装渡河、步兵武装渡河、水中寻物、水中救人、潜水、跳水等表演活动。许多人正是在延河里学会游泳的,之后以强健的体魄投身民族解放和人民革命事业中。

中华人民共和国成立后,游泳运动受到党和政府的高度重视与大力倡导。在 20 世纪 60 年代初,毛主席就向全国人民发出了"游泳是同大自然作斗争的一种运动,你们应该到大江大海去锻炼"的号召。同时,毛泽东同志身体力行,多次横渡长江,极大地鼓舞了全国人民参与游泳活动的热情。当时,在全国范围内凡是有水域的地方,每到游泳季节,都有大批的人前去游泳。一时间,无论是城市还是农村,无论是工人还是农民,无论是教师还是学生,无论是机关还是部队,全国各地都掀起了游泳活动的热潮,各种群众性畅游江、河、湖、库、海的活动不断兴起。1952 年,举行了中华人民共和国成立以来的第一次全国游泳比赛大会。

在这次比赛后宣布了全国游泳选手名单，他们中的很多人成为新中国游泳事业发展的骨干，翻开了中国游泳运动史上新的一页。随着我国游泳运动的不断发展，1991 年 1 月 7 日，中国女子游泳运动员林莉在澳大利亚佩斯举行的第四届世界游泳锦标赛（简称“世锦赛”）上夺得女子 400 米混合泳金牌，是我国在游泳项目上获得的第一个世界冠军。时光荏苒，游泳运动在我国得到普及和发展，出现了如今满载盛誉的中国游泳队。

20 世纪 90 年代以后，我国颁布了《全民健身计划纲要》，掀起了全民健身参与体育活动的热潮。广大群众已深刻意识到，参与体育健身活动，不仅能丰富自身生活内容、提高自身生活质量和健康水平，而且能提高全民族的体质水平。由于游泳运动适合不同年龄的人群，健身健美效果极佳，防御疾病作用明显，并且近些年我国游泳条件有了很大的改善和发展，新开辟了大批天然内陆湖、库泳场和海滨浴场，新建了大批人工游泳池、馆，在全民参与体育的热潮中，群众性游泳活动迅速普及和发展，在城乡再次掀起热潮，推动了我国游泳健身事业的快速发展。

## 三、游泳运动分类

游泳是随着人类社会的发展、社会生产力的提高以及人们对文化娱乐生活的不断追求而发展变化的，具有实用性价值。当娱乐性体育出现时，游泳又成了满足人们精神文化生活需要的一种体育形式。随着近现代竞技体育的发展，游泳又逐步形成了高级形式，即竞技游泳。

游泳发展至今，出现了多种多样的姿势，其中有的因模仿动物的动作而得名，如蛙泳、狗爬泳、蝶泳、海豚泳等；有的因人体在水中的姿势而得名，如仰泳、侧泳等；有的因按动作的形象而得名，如爬泳、踩水等。根据游泳活动的直接目的，游泳可分为竞技游泳、实用游泳和大众游泳三大类。

### （一）竞技游泳

竞技游泳是指具有特定的技术规格，并按游泳竞赛规则进行比赛的游泳运动项目。

在近代竞技游泳出现后的一个多世纪以来，竞技游泳的内容不断充实和丰富。目前，根据世界水上运动联合会（简称“世界泳联”，曾用名“国联游泳联合会”，间称“国际泳联”）的规定，正式的游泳竞赛项目有自由泳、仰泳、蛙泳、蝶泳、个人混合泳和接力共六类，每一类又按比赛的距离分成若干个小项目。个人混合泳的泳式顺序依次是蝶泳、仰泳、蛙泳、自由泳。接力项目又分为自由泳接力和混合泳接力，其中，混合泳接力的泳式顺序依次是仰泳、蛙泳、蝶泳、自由泳。

大部分游泳竞赛都是在游泳池中进行的。比赛用的标准游泳池有 50 米池（长池）和 25 米池（池短）两种。在两种游泳池中创造的游泳纪录是独立的，都会得到承认。

世界性游泳大赛，首屈一指的是四年一届的奥运会游泳比赛。除此之外，主要是“世界游泳锦标赛”，它始于 1973 年，目前也是四年一届，与奥运会间隔进行。此外还有两年一届的“世界短池游泳锦标赛”和每年都举行的“世界短池游泳系列赛”。这些重大比赛，促进了各国运动员之间的交流，推动着世界竞技游泳运动不断向前发展。

目前，列入世界纪录的竞技游泳项目总共有 46 项，男、女各 23 项，如表 1-1-1 所示。大部分项目为长、短池所共有，但有少数几个项目仅限于短池。游泳竞赛的项目可由竞赛的组织者根据竞赛的性质、任务、规模、条件等具体情况来确定，但大型竞赛的项目一般是相对固定的。

**表 1-1-1 竞技游泳项目表**

| 泳式 | 比赛距离（米） | | 备注 |
| --- | --- | --- | --- |
| | 50 米池 | 25 米池 | |
| 自由泳 | 50、100、200、400、800、1 500 | 50、100、200、400、800、1 500 | 1. 男女项目相同。<br>2. 奥运会游泳比赛在 50 米池进行。男女都不设 50 米的仰泳、蛙泳和蝶泳项目。<br>3.2020 年东京奥运会增设男女 4×100 米混合泳接力 |
| 仰泳 | 50、100、200 | 50、100、200 | |
| 蛙泳 | 50、100、200 | 50、100、200 | |
| 蝶泳 | 50、100、200 | 50、100、200 | |
| 个人混合泳 | 200、400 | 100、200、400 | |
| 自由泳接力 | 4×100、4×200 | 4×50、4×100、4×200 | |
| 混合泳接力 | 4×100 | 4×50、4×100 | |

游泳是仅次于田径的第二大竞技运动项目。游泳水平直接关系一个国家在世界体坛上的地位。因此，世界许多国家都将游泳作为重点发展的体育运动项目，游泳在竞技体育运动项目中拥有至关重要的地位。

（二）实用游泳

实用游泳是指直接为生活、生产或军事服务的游泳技术。

实用游泳是一类专门技能，包括踩水、反蛙泳、侧泳、潜泳和救生等，在泅渡、水下作业、水上救生、水中科学考察等方面有着广泛的应用。

竞技游泳和实用游泳的区分是相对的，蛙泳、爬泳等竞技游泳技术虽不归入实用游泳的行列，但在实际应用中也常被用于实现各种实用目的。例如，泅渡常采用蛙泳；水上救生快速游近溺者时常采用抬头爬泳。

（三）大众游泳

大众游泳是指以游泳动作为基本手段，以增进身心健康、丰富业余生活为直接目的的各种游泳活动。

虽然健身性、娱乐性的游泳活动古已有之，但是只有在物质文明高度发达的现代社会，大众游泳才能得以迅速发展，成为现代游泳的重要组成部分。目前，随着社会物质生活水平的提高，人民群众对文化生活、体育锻炼的要求也日益增强，游泳在健身、娱乐、康复等方面的功能也越来越广泛地为人们所认识，世界性的“大众游泳热”正在蓬勃兴起，使游泳成了世界上参加人数最多的季节性体育活动项目。

大众游泳包括健身游泳、娱乐游泳、康复游泳等。它不受姿势与速度的限制，不追求严格的技术规范，注重锻炼价值，可以借鉴竞技游泳和实用游泳的各种技术来进行水中活动。大众游泳内容丰富，形式简便，自由自在，情趣盎然，适合男、女、老、幼及不同体质的人群，很容易为人民大众所接受。例如，我国各地广泛开展的冬泳活动，大、中、小学中开展的游泳活动等,都属于健身游泳。目前,我国正在实施全民健身计划,国家大力提倡参加游泳活动,还为不同年龄段的人群设立了游泳锻炼的标准。

大众游泳还包括一类特殊的游泳活动,它们融竞技性、健身性、娱乐性为一体,以游泳为手段,锻炼体魄,检验人体的极限工作能力。这类游泳活动常以创造某项特殊世界纪录为目标,如最长踩水时间、最长游泳时间、最长游泳距离等。此外,世界各地还经常举行一些渡海游泳、渡江游泳、渡湖游泳和环岛游泳等活动,其中最著名的是横渡英吉利海峡的活动。这些活动虽然不是正规比赛,但是都要求参加者具有娴熟的游泳技艺、超凡的勇气和强性的体魄。

## 第二节　游泳教学特点

游泳是人体利用水的浮力、阻力和升力,通过肢体的协调配合在水中有规律运动的技能。

与其他陆地项目教学相比,游泳教学在运动环境、身体姿势、呼吸节奏、发力方式、心理特征上都体现出其独特的教学特点。

### 一、运动环境特点

#### (一)水的浮力

浸在水中的物体受到的水竖直向上的作用力叫作浮力,其与重力的方向相反。产生浮力的原因,可用浸没在水内的正方体分析。物体完全浸入水,受到来自四面八方的水的压力,而且随着深度的增加而增大。因此,这个正方体的六个面都受到水的压力。作用在左右两个侧面上的力由于两侧面相对应,而且面积相等,又处于水中相同的深度,所以大小相等,方向相反,两力彼此平衡。同理,作用在前后两个侧面上的压力也彼此平衡。但是上下两个面因为在水中的深度不相同,所以受到的压强也不相等。上面受到的压强小,下面受到的压强大,而且下面受到向上的压力大于上面受到的向下的压力。水对物体的这个压力差,就是水对物体的浮力。

**理论基础:浮力的计算公式**

公元前245年,赫农王给金匠一块金子让他做一顶纯金的皇冠。做好的皇冠尽管与先前的金子一样重,但国王还是怀疑金匠掺假了。他命令阿基米德鉴定皇冠是不是纯金的,但是不允许破坏皇冠。这似乎是件不可能的事情。在公共浴室内,阿基米德注意到他的胳膊浮到了水面上。这时他脑中闪现出一丝模糊的想法。他把差不多一样大的石块和木块同时放入浴盆,浸入水中。石块下沉到水里,但是他能感觉到石块变轻了。而且,他必须要向下按着木块才能把它完全浸到水中。这表明浮力与物体的排水量(物体体积)有关,而与物体的质量无关。

阿基米德因此找到了解决皇冠问题的方法——密度。如果皇冠里面含有其他金属,它的密度就会不同,在质量相等的情况下,这个皇冠的体积是不同的。把皇冠和等重的金子放进水里,结果发现皇冠排出的水量比金子的大,这表明皇冠是掺假的。最重要的是,阿基米德发现了浮力原理(阿基米德原理),即水对物体的浮力等于物体所排出水的重量,计算公式为 $F_{浮}=\rho_{水}gV_{排}$($\rho_{水}$为水的密度,单位为 $kg/m^3$;$g$ 为常数,是重力与质量的比值,取 $g$=9.8 N/kg,粗略计算时可取 10 N/kg;$V_{排}$表示排开水的体积,单位为 $m^3$)。

**实践应用:游泳教学中,如何提升游泳者的浮力**

游泳教学中,首先要明确一个问题"浮力大≠能漂浮"。人体要漂浮于水面是受浮力和重力两个因素影响的,浮力 > 重力 = 上浮,浮力 < 重力 = 下沉,浮力 = 重力 = 悬浮 / 漂浮。

根据阿基米德原理,当水的密度没有发生变化时,提升游泳者的浮力只能通过增加身体排开水的体积来实现,而增加身体排水的体积可以通过以下游泳练习来实现。

(1)熟悉水性练习时,身体应充分放松,并完全浸入水中。

初学者在练习扶边漂浮和流线滑行时,要求身体充分放松的同时,尽量完全浸入水中。身体的充分放松可以避免因肌肉的紧张而使身体体积变小、密度变大;身体完全浸入水中可以增加身体的排水量,提升水对身体的浮力。

(2)游进过程中,应减小抬头的幅度、加快移臂速度。

在蛙泳和蝶泳的游进过程中,要求游泳者在不破坏游进节奏的前提下减小抬头的幅度、缩短呼吸的时间,避免过度抬头、过长时间抬头造成身体浮力的下降;在仰泳和爬泳的游进过程中,要求游泳者不能出现头部的上下起伏、手臂较长时间的移臂,避免头部和手臂长时间暴露空气中而减小身体的浮力。

**思考探索:呼吸对人体的沉浮有何影响**

你在游泳池是否见过没有任何游泳基础,下水后却能直接漂浮在水面的人?在解释这种现象之前,我们先看看人体和水的密度。正常状态下人体的密度仅有 1.02 $g/cm^3$(因性别、年龄、体态不同,会上下浮动),只比水的密度大一些;水的密度为 1 $g/cm^3$ (1 个标准大气压, 4℃时),水温高于 4℃具有一般物质的共性——热胀冷缩,水温在 0 ~ 4℃时它却反常——热缩冷涨,密度随温度的降低而减小,所以冰会漂浮于水面就是这个道理。根据人体密度与水的密度的变化关系,我们将把游泳者是否能漂浮于水面分为三种类型。

(1)"受呼吸制约的漂浮者"。

由于呼吸的作用,人体的密度变化范围在 0.96 $g/cm^3$~1.05 $g/cm^3$ 之间。吸气后胸腔扩大,人体密度小于 1,身体会上浮;呼气后胸腔缩小,人体密度大于 1,身体会下沉。正因为人体的比重可以随着呼吸而进行改变,所以懂得游泳技能的人就能在水中安然无恙,而不会调整的人则会下沉。实际上,我们大部分人都属于后者。

那么,有没有不受呼吸制约的人或身体密度始终大于 1 的人呢?结论是有的,他们被称为"天然的漂浮者"和"天然的下沉者"。

(2)"天然的漂浮者"。

身体中低密度的成分占比高于常人,比如皮下脂肪,典型人群为肥胖者。这类人不管吸气也好,呼气也好,身体密度始终小于 1,所以只要足够放松就会轻松漂浮于水面。

(3)"天然的下沉者"。

这类人身体密度高于常人,即使充分吸气使胸廓扩张也无法获得足够的排水量使身体漂起，所以不管吸气或呼气，身体密度始终大于1。这一类人多为代谢水平高、皮下脂肪沉着很少、肌肉骨骼发达的青年男性。

综上所述，构成身体的骨骼重于水，肌肉、皮肤、内脏稍重于水，而脂肪和肺叶轻于水。所以，通常女子比男子更容易漂浮，同一个人，在儿童时期比成年时期更容易漂浮，同等体重身形胖的人比瘦的人更容易漂浮。

（二）水的阻力

水分子是由2个氢原子和1个氧原子组成的，水的密度是空气密度的1 000多倍。当游泳者在水中游进的过程中，水阻碍游泳者身体运动的力将会比空气阻碍身体运动的力大得多，这种阻碍身体前进的力，就是阻力。

在游泳过程中，由于人类的体形并不像鱼和水生动物那样具有良好的流线型，因此在水中游进时就会改变水的层流状态、引起湍流，进而产生阻力。我们通常把人体所受到的阻力分为形状阻力、波浪阻力和摩擦阻力三种。

1. 形状阻力

形状阻力顾名思义，就是游泳者在水中移动时，身体形状对水所产生的阻力，也叫外形姿态阻力或压差阻力。游泳时，人能感受到的最明显的障碍是在水中游动过程中被排开的水对身体的压力。换言之，人在水中游动时，必须用身体将水挤开才得以前行。身体的外形姿态阻力取决于游泳者身材、体形、游进时的速度以及肢体的动作变换姿态。外形阻力产生的根源是游泳者身体前后的压强差，所以形状阻力取决于人体在水中的投影截面的大小，投影截面越大，前后压力差越大，外形姿态阻力越大；投影截面越小，前后压力差越小，外形姿态阻力越小。

**理论基础：伯努利定律**

1726年，有一个叫丹尼尔·伯努利的人就注意到：如果水沿着一条有宽有窄的沟向前流动，沟的较窄部分就流得快些，但水流对沟壁的压力比较小；反之，在较宽的部分水就流得较慢，压向沟壁的力则会比较大。但这个发现一直不被人们重视，直到出现了“奥林匹克号”被撞事件。

1912年的秋天，当时世界上最大的轮船之一、远洋货轮“奥林匹克号”正在大海上航行。突然，一艘比它小得多的铁甲巡洋舰“豪克号”从后面追了上来，在离它100 m的地方几乎跟它平行地疾驰。就在这时，一件意外的事情发生了：“豪克号”好像着了魔似的，扭转船头朝“奥林匹克号”冲了过来，“奥林匹克号”的船舷被“豪克号”撞了一个大洞。

在海事法庭审理这件奇案时，“奥林匹克号”的船长被判为有过失的一方，法院认为，这是因为他没有发出任何命令给横着撞过来的“豪克号”让路。船长虽然感到自己很冤枉，但没有办法解释，只好蒙冤受屈。案子就这样结束了，但这件事情却引起了一些科学家的注意，他们发现用伯努利定律来解释这次事故是合情合理的：当两船高速并排前进时，两船内侧的水流速度由于船体带动、叠加而相对变大，水压相对较低；两船外侧水流速度相对较低，水压大。这就使得两船的外侧受的压力比内侧大，在压力差的作用下，发生了该事件。

**实践应用:游泳教学中如何减小形状阻力(压差阻力)**

游泳教学时,学生在熟悉水性和游泳技术练习过程中,教师可以通过以下两种方法来减小游泳时的形状阻力。

(1)保持水平直线性。水平直线性可判断游泳者身体在水中的深度,水平直线性保持较好可以在最大限度上减少人体在水中的投影截面,进而降低形状阻力。初学者练习水平直线性最好的方式就是流线滑行。流线滑行时头、肩、髋、脚成一条直线,培养正确的身体姿势。当过了熟悉水性环节转入泳姿学习时,由于不同泳姿需要肢体的配合运动,所以"绝对的水平直线"是不存在的。蛙泳、蝶泳游进时,身体会出现正常的上下起伏进而破坏身体的水平直线性,这么做虽然会产生一定的阻力,但是蛙泳、蝶泳的上下起伏动作会带来更大的推进力。因此,波浪式蛙泳才会取代平式蛙泳成为最受运动员欢迎的竞技泳姿,因为波浪式蛙泳虽然破坏了身体的水平直线性,产生了阻力,但是波浪动作为运动员带来了更大的动力;而现在竞技泳坛所流行的小波浪式蝶泳也是通过减少身体游进时的上下起伏动作,进而使身体最大限度地保持水平直线性,减小游泳运动员游进时的形状阻力的。

(2)保持侧向直线性。侧向直线性可判断游泳者身体是否左右侧摆,如果游泳者身体保持较好的水平直线性,但是身体左右侧摆也会增加身体在水中的投影截面,增大形状阻力。那么,游泳教学过程中如何保持侧向直线性呢?首先,熟悉水性练习中要让初学者流线滑行时尽量放松,避免由于过度紧张造成左右两侧肌肉收缩力量不一致,进而出现身体滑行时路线偏移;其次,在仰泳和爬泳的技术学习过程中,游泳者手臂入水时过于向内超过身体中线,就会导致身体出现侧摆,影响侧向直线性,所以仰泳和爬泳的手臂入水点要在肩的延长线和身体中线之间;最后,仰泳和爬泳在移臂过程中手臂过平、过猛,也会导致髋部向移臂一侧方向摆动,破坏身体的侧向直线性,所以爬泳移臂教学中应让游泳者采用高肘移臂技术、仰泳移臂教学中应让游泳者手臂垂直于头部上方移臂。

**思考探索:游泳中的阻力都是消极的吗**

游泳中所有的阻力并不都是消极的,影响人体前进的力称为阻力。此外,人体在水中游泳其实也是靠着肢体向后推动水所产生的阻力前进,那么,我们把这种推进游泳者向前游进的力叫作推进阻力。推进阻力相对于阻力的差值越大,说明游泳的速度越快。

2. 波浪阻力

游泳者在空气和水两种流体介质间游进时,由于波浪的产生而形成的阻力叫作波浪阻力。由于空气的密度小、水的密度大,游泳时被推动的水层从高压区涌向低压区,因此一部分水很容易就高出水平面。但又因为水的重力作用,高出于水平面的水要恢复水平状态。这样连续起伏,使水面峰谷重叠,就形成了波浪。波浪阻力随着游泳者的游速增加而增大,但是竞技游泳中运动员不可能为了减小波浪阻力而减速,所以波浪阻力是游泳中不可避免的阻力。因此,很多游泳者试图通过潜水的方式来减少波浪阻力的生成。

**理论基础:游泳比赛中 15 米召回线的起源**

1956 年第十六届墨尔本奥运会将蝶泳列为正式比赛项目。当时蛙泳比赛还允许运动员在水中潜游,由于在水下游进不受波浪阻力影响,水平姿式好,阻力小,速度比水面蛙泳快,因此在1956年第十六届奥运会上,几乎所有蛙泳运动员都以长划臂的潜水蛙泳参加比赛。墨尔本奥运会之后,为了增加游泳比赛的观赏性和保护游泳运动员安全,世界泳联马上出台了15米规则:要求在蛙泳比赛中,运动员出发和每次转身后潜泳距离不得超过15米,在15米时运动员的脑袋必须已经露出水面。蛙泳的口子堵住了,仰泳、蝶泳和自由泳的口子又开了,运动员们在这几项游泳中把潜泳玩得不亦乐乎。无奈之下,1988年汉城奥运会以后,世界泳联对仰泳出台了15米规则;1998年,世界泳联对蝶泳和自由泳出台了15米规则。

那么,游泳运动员们为什么都对潜泳青睐有加呢?因为在所有的游泳姿态中,潜泳的速度是最快的。其他几种泳姿需要在空气和水界面之间不断切换,运动员受到的阻力比较大。而潜泳是全浸没式的,运动员受到的阻力最小。不过现在的奥运会上,蛙泳已经弃用15米规则,改为运动员每做一次动作就必须要上浮换气,到边的时候允许一个蝶腿一个长划臂一个蛙腿,允许超过15米的距离。

**实践应用:游泳教学中如何减小波浪阻力**

游泳教学过程中,从熟悉水性阶段开始就应该培养游泳者克服波浪阻力的意识,在具体泳姿学习过程中要根据不同泳姿的技术特点来制定减小波浪阻力的练习方法。

(1)熟悉水性阶段。此阶段的教学重点是培养学生的水感,体会水的阻力、浮力。在进行蹬壁滑行练习过程中,初学者要保持高平的身体姿势,特别是头部要夹在双上臂之间、目视下方、双手叠加、双腿并拢伸直、腰腹肌肉适当收缩,确保身体呈现较好的流线型。这种练习可以为初学者建立良好的身体姿势,最大限度减小游进过程中的波浪阻力,同时也为后期的具体泳姿学习打下良好的基础。

(2)蛙泳、蝶泳项目。蛙泳和蝶泳技术要求游泳者在游进过程中身体有规律地做上下起伏动作,所以产生的波浪非常大。为了最大限度减小波浪阻力,游泳者在蛙泳(平式蛙泳)和蝶泳换气时应确保下颚出水即可,避免头部出水过高产生过大的波浪阻力;蛙泳移臂过程中双手并拢前伸、蝶泳移臂过程中大拇指领先切入水中,避免手掌拍水而产生过大的波浪阻力。

(3)爬泳、仰泳项目。爬泳和仰泳技术要求游泳者在游进过程中始终保持高平的身体姿势,波浪阻力较蛙泳和蝶泳小。但是,初学者最容易犯的错误就是爬泳和仰泳的移臂过程中出现手掌拍水现象,所以在手臂教学过程中爬泳要求高肘移臂、手指领先入水。仰泳要求小拇指领先切入水中,最大限度减小波浪阻力。

此外,充分利用每次出发和转身后的潜水,在规则规定的15米距离内使身体完全浸入水中避免波浪阻力的产生。那么,潜水到多深可以最大限度减小波浪阻力呢?一般可以按照游泳者胸深(胸骨到脊柱的距离)的1.8倍计算。

3. 摩擦阻力

当游泳者在水中游进时,身体周围的水与皮肤之间的相互摩擦而产生的阻力叫作摩擦阻力。由于水具有黏滞性,直接与游泳者皮肤表面接触的水分子黏附于身体表面,会被游泳者携带着一起向前运动,由于水层之间的相互摩擦就会导致一层层的水分子被携带前行,直到最外层的水分子距离身体表面太远，不再产生摩擦力为止。这些随着身体一起向前运动的水流被称为“边界层水流”，由动到静的这个水层被称为“边界层”。

**理论基础：游泳中摩擦阻力的影响因素有哪些**

众所周知，游泳时的三大阻力中摩擦阻力是最小的，所以经常会被游泳者忽视。这里可以从两个层面来分析摩擦阻力对游泳的影响：首先，对于游泳初学者来说，摩擦阻力在游泳学习过程中可以忽略不计，因为此时游泳初学者由于水感较差，如何克服形状阻力和波浪阻力才是游泳初学者最应该考虑的问题；其次，对于竞技游泳运动员来说，比赛中百分之几秒的差距就可以决定能否取得胜利，所以摩擦阻力虽然很小，但是在紧张激烈的游泳比赛中是必须要考虑的问题。对此，一些游泳运动员在比赛前期都会选择紧身、光滑的泳衣，甚至一些运动员在大赛前通过刮除体毛的方式来最大限度减小摩擦阻力。

那么，我们在游泳过程中如何来减小摩擦阻力呢？这里我们首先要知道影响摩擦阻力的三个因素：物体的表面积、物体的速度、物体的表面粗糙度。三个影响因素中，我们不能通过减速来减小摩擦阻力，那么就只能从物体表面积和物体表面粗糙程度来考虑。首先，减小物体表面积。这就要求游泳者在水中尽量保持高平的身体姿势，减小身体与水的接触面积，这种减阻方式与克服形状阻力的方式一样，使身体尽量保持高平的身体姿势。其次，减小物体表面粗糙度。这种减阻方式是游泳中减小摩擦阻力最常见的手段，主要是通过穿上摩擦力更小的泳衣、带上更加符合流体力学的泳帽、泳镜。

**实践应用：游泳初学者应该如何选择合适的装备**

游泳初学者往往对于游泳装备的选择很迷茫，这里为所有游泳初学者提供一些建议。首先，泳装尽量选择贴身、弹性好、无多余装饰的款式，颜色避免浅色。其次，泳帽选择要因人而异，初学者可以选择弹性好的布帽和胶帽。随着游泳水平的提高尽量选择胶帽，因为胶帽表面相对于布帽来说更为光滑，可以在一定程度上减小摩擦阻力。最后，泳镜的选择要分清休闲泳镜和竞技泳镜，初学者选择镜面略大、佩戴舒适的休闲泳镜；游泳训练比赛可以选择镜面略小、阻力更小的竞技泳镜。

**思考探索：风靡一时的“鲨鱼皮”泳衣为什么会退出泳坛**

鲨鱼皮泳衣，顾名思义是一种模仿鲨鱼皮肤制作的高科技泳衣，由 Speedo 公司研发。1999 年 10 月国际泳联正式允许运动员穿鲨鱼皮泳衣参赛，2009 年 7 月国际泳联决定全球禁用高科技泳衣，这十年，创造多项世界纪录，被泳坛称为“快速泳衣时代”。

2000 年悉尼奥运会中，伊恩·索普身穿第一代鲨鱼皮泳衣斩获 3 枚金牌。相对于伊恩·索普的情况而言，菲尔普斯则是将鲨鱼皮泳衣带上了一个新的高度。2007 年墨尔本世锦赛，菲尔普斯身穿鲨鱼皮泳衣狂揽七金。2008 年北京奥运会，菲尔普斯再次身穿鲨鱼皮泳衣参赛，并创造了单届奥运八金的壮举。那么，如此神奇的泳衣为什么被禁赛呢？

首先，使用鲨鱼皮泳衣违背了竞技体育不借助外力的初衷，毕竟鲨鱼皮泳衣起到了减小水阻的功效。其次，其造价昂贵。一件鲨鱼皮泳衣就需要 7 000 元，而且还有严格的使用次数限制，为了最大限度地减小游泳比赛时的阻力，每件鲨鱼皮泳衣最多能穿 6 次。鲨鱼皮泳衣昂贵的价格造成了游泳比赛中实质上的不公平，对于一些贫穷的国家来说，他们的运动员就无法配备这种泳衣，在和穿着“鲨鱼皮”的运动员竞争时，存在着明显的劣势。因此，出于鼓励公平竞争、回归体育竞技精神本质的考虑，国际奥委会和国际泳联最终都决定禁止运动员穿着高科技泳衣参赛，并且规定往后的泳衣材料必须为纺织物。曾经风靡一时的鲨鱼皮泳衣，就此在国际比赛的舞台中消失。

（三）水的升力

升力的概念来自伯努利定理“水流速度快，水的压强小；水流速度慢，水的压强大”，由压强差所产生的力就是升力。升力与浮力、阻力相同的地方都是由浸入水中物体的压强差产生的；不同的是，升力没有固定的方向，升力可以向着任何方向，而且升力的方向与阻力的方向始终保持垂直。

**理论基础：游泳中的推进力，到底是“阻力推进力”还是“升力推进力”**

“阻力推进力”的支撑理论是牛顿第三定律，当两个物体互相作用时，相互作用的两个物体之间的作用力和反作用力总是大小相等、方向相反、作用在同一条直线上的。这一理论应用在游泳推进力上可以解释为，人体在游进过程中通过肌肉的收缩发力向后推水时，水会给人体一个大小相同、方向相反的作用力，这个力推动人体在水中向前移动。因此，人体在水中的游速取决于向后推水的水量和划水的距离。“阻力推进力”一直是游泳界比较认可的、较为成熟的游泳推进理论。

“升力推进力”的支撑理论是伯努利定理。当游泳者在水中游进过程中，由于流经身体的水流速度不同，因此就产生了压力差，这个压力差就称为升力，它的方向与阻力方向垂直，升力与阻力的合力可以产生一个推进人体前进的力，所以叫作“升力推进力”。但是，在过去的几十年中，关于游泳的推进力到底是“升力推进力”还是“阻力推进力”的争论一直没有定论。目前，较为一致的看法是爬泳和仰泳的划水过程中，“阻力推进力”起主导作用；蛙泳和蝶泳的划水过程中，“升力推进力”起主导作用。

**实践应用：游泳教学过程中应该如何利用升力**

“升力推进力”是不是游泳的最大推进力暂且不说，升力对于游泳初学者来说确实能够起到一定的帮扶作用。相信很多游泳初学者在第一次游泳课上，都体会过无法漂浮的状况，这一现象的产生在“水的浮力”这一模块已经做过详细介绍，具体原理这里不再赘述。那么，我们如何在教学中解决游泳初学者无法漂浮的问题呢？这里就可以用到水中滑行产生升力的理论，因为当人体仰卧或俯卧水面滑行时，阻力的方向与水面平行，升力的方向始终与阻力垂直，所以升力的方向垂直水面是向上的，向上的升力加上人体自身的浮力就可以使游泳者漂浮于水面。其具体做法是：游泳初学者立于池底，通过蹬离池底或池壁的方式使身体向前流线滑行，这个过程中就可以产生一定的升力，使人体漂浮于水面。

## 二、呼吸方式特点

游泳的呼吸完全不同于陆地呼吸，它改变了我们多年的呼吸习惯，所以它是游泳教学的难点，特别是初学者的游泳教学中要把呼吸练习贯穿始终。游泳呼吸采用的是“口鼻吐气、用嘴吸气”的方式，呼吸过程中不但要克服水对胸部的压强，还要配合肢体的协调运动，所以掌握熟练的呼吸技术对以后的泳姿学习具有重要的意义。

**理论基础:游泳呼吸的方法与节奏**

游泳呼吸可以采用“口吐口吸、鼻吐口吸、口鼻吐口吸”三种呼吸方式,初学者可以采用“口吐口吸”,因为这种呼吸方式比较简单,在呼吸练习时不用考虑鼻子,避免呛水;熟练阶段可以采用“鼻吐口吸”,逐步使鼻子参与呼吸过程,有意控制鼻子的吐气功能,解决呼吸过程中鼻子进水的问题;提高阶段可以采用“口鼻吐口吸”的方式,这种呼吸方式能使吐气更彻底、吸气更充分,提高游泳过程中呼吸的效率。

游泳呼吸节奏可以用“快吸、闭气、缓吐”六个字来概括,虽然在不同的泳姿呼吸过程中略有区别(后面的游泳技术过程中有详细介绍),但是总体来说初学者可以通过闭气、吸气、吐气三个环节进行练习。闭气是呼吸的首要练习内容,要求游泳者能够充分地进行陆地和水中的闭气,练习时闭气时间越长越好,如果感到胸闷或头晕,应立即终止闭气练习,以免引起损伤;吐气要求用嘴或鼻在水中完成,吐气要缓慢、连续、彻底,确保将肺部气体全部排出,吐气时要边吐边抬头,当嘴露出水面后确保吐气完成;吸气是呼吸环节中最快的动作,吸气要短促、充分,避免过长时间呼吸引起的身体下沉和喝水现象,在整个呼吸练习时可以通过“吸 1 秒、闭 2 秒、吐 3 秒”的节奏进行初学者的教学。

**实践应用:什么是假呼吸现象,如何避免游泳教学中的假呼吸**

假呼吸是指游泳者在配合游进的过程中,由于呼吸动作或节奏错误而产生的吸气受阻或无法呼吸的一种现象。其具体表现为,一般五个动作周期内游泳者可以进行正常的呼吸,五个动作周期之后游泳者会感到肺部充满气体,此刻无法进行正常的呼吸动作,导致越游越缺氧的现象。其实,假呼吸现象主要是吐气不充分导致的,初学者由于恐惧心理在水中不吐气或吐气不充分会导致肺部的二氧化碳气体无法正常排出体外,几个呼吸动作后堆积的二氧化碳气体越来越多,阻碍外界的氧气进入肺部进行循环,致使吸气时无法正常地进行气体交换,从而产生憋气、缺氧的假呼吸现象。

实践教学过程中,一是要强调水中吐气充分,边吐气边抬头的技术动作,形成正确的技术动作节奏;二是可以通过强制吐气的方法解决吐气不充分的问题。其具体教学方法为:要求初学者在吐气时,当嘴露出水面时大声喊“啪”,这个爆破音可以使肺部残留气体快速排除,解决吐气不充分的问题。此外,针对于儿童的游泳呼吸教学中,为了更好地使其适应水中吐气、解决吐气不充分的问题,在上述练习基础上可以通过喊“不怕”的方法进行教学,其具体方法是:当头进入水中后,用嘴喊长音“不”字,促使其用嘴向外吐气,当嘴露出水面时大声喊短音“怕”字,加快其肺部残留气体排出,解决儿童呼吸练习时的假呼吸现象。

**思考探索:如何用物理学知识来剖析游泳中的吸气技术**

游泳呼吸教学中,究其呼吸的本质来说“吐气”比“吸气”更为重要,否则就会出现假呼吸的现象。那么,我们在做“吸气”时到底是主动用嘴吸气还是被动吸气,是一个值得探讨的问题。根据物理学中的大气压强原理,当我们把肺部的残留气体排出后,此刻张开嘴之后空气就会主动压入肺中,完成吸气动作。所以,游泳呼吸动作中所谓的“吸气”更确切的表述应该为“压气”。理解了这个原理,有助于我们在以后的呼吸教学过程中更为重视“吐气”技术,从而避免假呼吸现象产生。

### 三、身体姿势特点

游泳时人体在水中主要呈现为俯卧、仰卧或侧卧的身体姿势,这种身体姿势与我们习惯的陆地体育项目有着明显的区别,主要表现为:改变了身体前进的姿态、改变了肢体发力的习惯。所以,初学者在进行游泳技术学习之前,先要掌握的就是对游泳身体姿势的学习和练习,只有掌握了良好的身体姿势才能更好地利用水的阻力推进力和升力推进力,才能更好地减小游进过程中水的外形姿态阻力。

**理论基础:流线型身体姿势在游泳学习中的重要性**

流线型是前圆后尖,表面平滑而规则,没有大的起伏和尖锐的棱角,略像水滴的形状。这种身体姿势最接近鱼、海豚等水生动物的身体姿势,可以最大限度减小游进过程中的外形姿态阻力,使游泳者在相同推进力前提下达到更快的速度,特别是在游泳的出发和转身过程中良好的身体流线型会极大提高游泳运动员的比赛成绩。

但是,由于人体身体结构的特殊性,大部分人呈现的是肩宽髋窄的非流线型身体姿势,游泳过程中肩部的突出就会产生过多的外形姿态阻力,影响前进的速度。所以,此过程中首先要进行流线型身体姿势要求,其具体表现为:双手掌重叠,五指并拢紧扣,上臂夹在耳朵后面并尽量伸展,颈椎挺直并与脊柱成一直线,适当收腹,双腿并拢伸直。

**实践应用:流线型身体姿势的具体练习方法**

流线型身体姿势练习可以通过陆地练习和水中练习两种方式进行。无论是哪种练习都要建立在一定的柔韧性基础上,所以在进行游泳教学设计中要充分重视准备活动部分的拉伸运动,通过静态拉伸或动态拉伸两种方式,对膝踝、腰髋、肩臂、头颈部位进行充分拉伸,避免运动过程中的运动损伤。

(1)陆地流线型练习。最有效的方式是背靠墙壁,双腿并拢伸直,手臂上伸(上臂置于耳后)、手掌叠加,使手臂、双肩、臀部、足跟靠近墙壁,目视前方保持流线型姿势;当熟练掌握靠墙流线姿势后,可以采用原地提踵练习身体流线型,提踵时重心落在前脚掌,注意保持身体的稳定性、手臂尽量上举,使身体拉长的同时感受流线型身体姿势。

(2)水中流线型练习。水中流线型练习可以通过静体流线漂浮和流线滑行两种方法进行。其中,静体流线漂浮时,要求练习者深吸一口气,然后采用流线型身体姿势漂浮于水中,很多初学者在这个阶段都会出现身体下沉的现象,这是因为人体重心向下在腰腹部、浮心向上在胸部,两个力产生的力矩会加速腿部的下沉进而将整个身体拉入水中,所以在此练习过程中可以采用双人互助托腿的方式避免身体下沉,进而使初学者更好地体会身体静卧水中的流线型姿势。流线滑行练习时,可以采用蹬底滑行和蹬壁滑行两种练习方法,由于身体在水中处于向前滑进状态,因此产生的升力加上人体自身的浮力可以避免身体的下沉,初学者可以在滑行过程中充分感受身体的流线型姿态,但是由于人体两侧肌力的不平衡性会导致滑行过程中出现左右摇摆或非直线行进,因此在练习中要求初学者身体不能过度紧张、要保持适当的放松。

**思考探索:什么样的身体形态更适应于游泳运动**

有一句名言说:成功需要 99% 的汗水 +1% 的天赋。那么,什么样的身体形态才最适合游泳呢？首先，身体修长、臂展较大、脚较大的人适合游泳，因为修长的身体可以使身体在水中呈现最好的流线型、较大的臂展可以增加划水距离、较大的脚可以提升游泳推进力。例如澳大利亚“鱼雷”索普，他的鞋子达到恐怖的50~55码。其次，躯干长、下肢短可以很大程度减小水中重力，最大限度减小阻力，配合较强的打腿能力可以更好地控制身体平衡。最后，就是一直备受争议的水感，什么是水感？简单来说就是你对水的感知能力，你感受到水的浮力、阻力和升力，你在游进过程中如何更好地去利用水，而不是去对抗水的能力。

## 第三节 游泳教学原则

### 一、安全第一原则

“泳池无小事，安全放第一”，对于游泳教师、游泳教练和游泳学习者来说，要时刻把这句话牢记在心。人在水中游泳过程中由于受到水环境的影响，很多人片面地认为只要不溺水就不会出现安全隐患，其实这是一个错误的认知。在游泳运动过程中，除了溺水的潜在威胁外，游泳环境、水温水质、健康状况、运动强度、卫生习惯都是影响游泳安全的潜在因素。

**理论基础：游泳运动的安全卫生常识**

首先，不适宜游泳的人群包括以下几类：患沙眼、结膜炎、中耳炎、肠道传染病者，治愈前禁止游泳；患某些传染性疾病的人，比如患肝炎、传染性皮肤病、足癣、肺结核和痢疾、肠炎等疾病的患者，在彻底治愈并经复查之后，方可下水游泳；患有严重高血压的人、心脏病者、醉酒的人以及精神病人不要进入泳池；患有肾炎、支气管哮喘、急慢性中耳炎及鼓膜穿孔等病的人，身体抵抗力弱，而游泳活动量比较大，又是在冷水环境中进行，容易使病情加重；皮肤有破损的人最好不要游泳，否则容易感染疾病；运动量过大、饮过量水的人不宜马上下水游泳，因大量水分稀释了胃酸，降低了抵抗病菌的能力，所以应休息一段时间再下水；饭后不易立即游泳，至少在30分钟后才能进行游泳锻炼，避免影响胃肠消化、增加心脏负荷；女性游泳要避开经期，最好在经期3天之后再游泳。

其次，不适宜游泳的区域和环境包括：被污染了的河流、水库、游泳池不能游泳；水下情况不明、水流湍急、水位落差较大、水下有水草的河流与湖泊不适宜游泳；雷鸣电闪、暴风骤雨的恶劣天气不适宜室外游泳；潮汐情况不明、水下遍布暗礁、海水养殖区、未标明游泳区域的海域禁止游泳。

最后，养成良好的游泳卫生习惯。下水前，必须淋浴冲净全身，穿好泳衣（禁止穿透色的浅色泳衣）、戴好泳帽、泳镜下水（近视可佩戴有度数的泳镜，不要戴隐形眼镜以免感染）；下水后，禁止在泳池内大小便、吐痰或擤鼻涕等不文明行为；游泳时避免一切危险动作，如浅水区跳水、互相打斗、憋气潜水时间过长、在湿滑的池边奔跑追逐等；游泳后要用清水冲洗全身，及时滴抗菌素眼药水，这样能预防感染、缓解或消除游泳引起的结膜充血及其他不适症状。

**实践应用：游泳运动过程中突发情况的处理与急救**

（1）皮肤过敏，立即起水上岸，温水淋浴后穿衣保暖，多喝热水，严重时及时就医。

(2)头晕头疼,主要是因冷水刺激导致血管收缩脑供血不足、强度过大导致血糖下降、呼吸方法错误导致脑部缺氧等因素造成的,应立刻停止游泳并起水休息,症状无缓解应到医院检查是否存在潜在疾病。

(3)耳朵进水。游泳时外耳进水较为常见,但是如果处理不当会导致中耳进水引发炎症。处理耳朵进水的常见方法有消毒棉签吸水法、甩头法(将头偏向进水耳的异侧,然后迅速甩向进水耳一侧)、跳跃法(头偏向进水耳一侧,异侧腿抬起跳跃)、引水法(将进水耳朝上,朝进水耳滴注少许清水,轻晃头部,随后将头甩向进水耳一侧,这样进入耳朵里面的水就会随着后面灌入的水一起甩出)。

(4)肌肉痉挛,是游泳中常见的问题,俗称抽筋,是指肌肉不自主地强直收缩。手指抽筋,采用握拳、用力张开的方式缓解;小腿抽筋,站立水中或坐卧岸边一手强制压膝伸直、一手抓脚后拉的方式缓解;大腿抽筋,仰卧水中或站立岸边双手或单手抱住小腿,使大小腿尽量折叠,大腿向胸部靠拢,随后用力伸直大腿,直至症状缓解。

**二、自觉积极原则**

"兴趣是最好的老师",在游泳教学过程中要充分发挥学生学习的主动性和积极性,让学生喜欢游泳,积极练习,这样才能更好地进行课堂教学。自觉积极原则的主体是学生,教师要起到良好的引导作用,同时教师也要采用多样的教学和练习方法来提升学生学习游泳的兴趣,增强学生学习游泳的信心,提升游泳课堂教学质量。

**理论基础:影响游泳学习积极性的因素有哪些**

怕水心理:怕水是所有游泳初学者学习路上的"拦路虎",是游泳教学的一个难点。怕水的具体表现为头部不敢放入水中、不敢水中吐气、不敢漂浮滑行、水中站立时无法保持平衡;严重者表现为下水后呼吸困难、心跳加快、头晕恶心。学习中一旦产生怕水心理,会直接降低对游泳的兴趣以及学习的积极性。初学者产生对水的恐惧后,就不愿再配合教师的教学指导,害怕自己呛水、淹水的样子被别人取笑,产生羞涩感,拒绝下水,或是只在浅水区域、固定区域练习,对深水区的教学有明显的抵触,极大地阻碍了教学进度,不利于教学的开展。那么,怕水心理是如何产生的呢?第一类怕水人群,游泳初学者,由于缺乏水中活动的经历,不能更好地感受水的阻力、浮力和升力,进而第一次下水后因害怕呛水、喝水而表现出动作僵硬、呼吸急促、紧张恐惧的一种状态;第二类怕水人群,是曾经有过溺水经历的人或者目睹了其他人的溺水的人,在他们的心里产生了对水的极大恐惧、形成挥之不去的阴影,从而导致后期看到水或进入水中时溺水的场景和溺水的感受就会涌现在脑海,从内心深处对水产生深深的恐惧,特别是儿童时期的溺水经历所产生的恐水心理更为严重。

除了"怕水心理"影响初学者学习的积极性、主动性之外,还包括泛化学习阶段急于求成、不注重技术基础的"冒进心理";分化学习阶段技术停滞不前、无法突破瓶颈时的"焦虑心理";巩固提高学习阶段增加训练量、提升训练强度而产生的"畏惧心理"。

**实践应用:实践教学过程中如何提升学生学习的积极性**

运用熟悉水性练习和游戏练习来克服"怕水心理"。熟悉水性练习:第一步是进行水中站立、水中行走、水中跳跃,练习在水中的身体平衡;第二步是进行陆地闭气训练、俯卧池边闭气训练、站立水中闭气训练,闭气时间可以由短到长,最后过渡到换气训练;第三步是进行扶边闭气漂浮、原地抱膝悬浮、原地静体漂浮、蹬底流线滑行、蹬边流线滑行。以上三步练习使初学者更好地体会水的阻力、浮力、升力,感受身体姿势和呼吸方式的变化,基本能够克服因不熟悉水性而引起的怕水心理。游戏练习法主要是针对恐水较为严重的初学者或儿童少年恐水人群,其目的是让恐水的初学者将注意力放在更具吸引力的游戏上,进而淡化内心深处对水的恐惧。具体游戏有水中吹乒乓球、潜水摸宝、水下猜拳、打水仗等,教学过程中可以根据学生的年龄、性别、怕水程度进行合理安排,确保在安全的基础上最大限度调动学生学习的积极性,提升学生学习的兴趣,慢慢消除怕水心理。

此外,运用循序渐进的教学方法来消除初学者在泛化阶段的“冒进心理”,要让学生懂得“欲速则不达”的道理,游泳中的每一个技术、每一次练习都是环环相扣的,如果我们没有打好基础就会影响后续的练习。同时也要让学生了解游泳教学流程和达标要求,消除“冒进心理”。通过肯定和鼓励的方法来消除分化阶段的“焦虑心理”,焦虑的根源是缺乏自我肯定,这时教师要主动发现学员的技术优点,通过言语和行为的鼓励使其树立自信,再通过耐心、细致的指导使其突破技术瓶颈、更上一层楼,缓解“焦虑心理”;运用比赛教学法和榜样激励法来消除巩固提高阶段的“畏惧心理”,此时的“畏惧心理”是缺乏明确的目标、自我满足的表现,可以通过比赛教学法使学员认识到自身体能、技能的不足,通过榜样激励法为其树立明确的奋斗目标,克服游泳练习时怕苦、怕累的“畏惧心理”。

**三、直观教学原则**

“不闻不若闻之,闻之不若见之,见之不若知之,知之不若行之”,中国荀子这一教育思想充分阐述了什么是教学中的直观性原则。游泳教师在教学中要充分利用语言、示范、模型、多媒体等直观方式,让学生通过各种感官去感知教学内容、简化抽象概念、丰富感性认识,进而培养学生的观察能力和积极思考能力,从而掌握游泳理论和技能。

**理论基础:感官功能对于游泳技能学习的重要性**

实验心理学家赤瑞特拉(Treicher)做过一个著名的心理实验:人类获取信息的来源主要通过哪些途径?他通过大量的实验证实:人类获取的信息83%来自视觉,11%来自听觉,这两个加起来就有94%;还有3.5%来自嗅觉,1.5%来自触觉,1%来自味觉。在游泳教学过程中,学生先是通过视觉、听觉来感知技术动作的要领和路线,然后再通过皮肤触觉和肌肉本体感觉来感知肌肉做功的方向、力度和时机,从而建立一个完整、正确的技术动作概念。

**实践应用:游泳教学中如何更好地运用直观教学原则**

传统教学过程中,首先,教师对学习的技术动作进行生动、形象的讲解,阐述技术动作的动作原理、动作要领、动作重点和动作难点,通过听觉刺激使学生初步了解技术动作的概念与作用;其次,教师对学习的技术动作进行准确、规范的示范,展示技术动作的路线、肌肉发力方向、肌肉发力时机,通过视觉刺激使学生形成正确的技术动作表象,然后学生通过陆地练习、半陆半水练习、水中练习的方式进行模仿;最后,教师针对练习中出现的错误技术动作进行纠错教学,采用“手把手”的方式辅助学生完成正确的技术动作路线、动作幅度,通过触觉刺激使学生更好地感受关节运动方向、肌肉发力特点,进而改正其错误技术动作。

现代教学过程中,多媒体技术的运用更好地发挥了直观教学原则的作用。对于一些技术复杂、难以分解、速度较快的动作教学,教师可以充分利用游泳视频、游泳动画的暂停功能与慢放功能来体现其技术路线和技术细节,使学生通过视觉和听觉的感知来完成新技术学习,进而提升游泳教学效果。例如,在游泳的出发技术教学过程中,出发的腾空技术速度较快、难以分解,入水后的动作又在水下较深位置完成,导致学生无法通过视觉、听觉建立完整的技术动作概念,所以教师可以借助视频、动画的方式将出发技术、水下技术进行分解、慢放,进而将整个出发技术完整、清晰地展示给学生,从而达到更好的直观教学效果。

**思考探索:什么是表象训练法? 游泳教学中如何运用表象训练法**

表象训练法又称心理训练法、念动训练法,它是通过教师对游泳技术动作的讲解、示范以及多媒体展示,使学生对已经学过的正确技术动作在脑海中进行回忆与再现,进而对技术动作的路线和要领形成正确的动作表象的方法。

那么,在实际游泳教学过程中应如何更好地运用表象训练法呢? 首先,在新的技术动作学习过程中,教师可充分运用技术讲解、技术示范的方式使学生在视觉、听觉感官上受到冲击,进而理解技术动作重难点、掌握游泳技术动作要领。其次,针对刚刚学习过的技术,让学生闭上眼睛放松,此时教师通过语言提示的方法描述技术动作,学生根据脑海中的技术动作表象进行动作模仿,教师应及时发现错误并进行纠正,如此反复练习直至学生能够准确无误地完成技术动作。最后,通过摄像与表象训练的配合提升游泳技术动作的准确性和实效性,表象训练时学生做的技术动作是脑海中对于技术的理解,摄像则是学生实际对技术动作的再现,这两种方式的有效结合可以解决技术动作偏差的问题。例如,学生在蛙泳腿部技术动作表象训练时自我感觉两膝与髋同宽,而实际上通过摄像来看两膝的距离比想象中要宽,影响了蹬水的效果,所以要重新建立正确的收腿动作表象,形成正确的肌肉记忆。此外,除了课堂练习外,学生也可以在睡觉前对游泳的技术动作进行表象训练。

**四、循序渐进原则**

循序渐进原则是指教师在教学过程中要根据学生的年龄和认知水平、动作技能形成规律、人体生理机能特点,科学合理地安排教学内容和运动负荷;教学过程中要由简到繁、由易到难,使学生系统地掌握理论知识与技术技能,达到预期教学目标。

**理论基础:从运动生理学的视角来解释运动技能形成的规律**

菲茨与波斯纳在 1964 年首先提出了动作技能形成的三个阶段:认知阶段、联系形成阶段和自动化阶段。随着人们对动作技能形成规律的不断研究,当前比较认可的是把动作技能形成分为泛化阶段、分化阶段、巩固提高阶段和自动化阶段。

(1)泛化阶段。学习游泳新技术时,教师的示范、讲解可以对学生的视觉、听觉形成刺激,这种刺激会传送到学生的大脑皮质,引起大脑皮质细胞的强烈兴奋,由于此刻抑制过程尚未精确地建立起来,运动神经对肌肉的支配不够精确,因此会导致技术不准确、不协调,动作僵硬或多余。所以在此阶段教学中,教师要通过标准的示范、详细的讲解使学生形成正确的动作概念,引导学生积极思考、反复练习去改正错误动作,教学中要抓动作的重点、切莫急于求成、过多强调动作细节。

（2）分化阶段。通过对技术动作反复的练习，学生对技术动作的路线有了更为深刻的理解，神经兴奋与抑制更为准确、运动中枢对肌群的支配更加精确，初步建立了动力定型。但动力定型尚未巩固，遇到新异刺激、多余动作、错误动作又可能重新出现。所以，在分化教学阶段的主要任务是进一步消除多余动作、错误动作，让学生在练习过程中重点关注动作细节，建立正确的动作定型，不断提高技术动作完成质量。

（3）巩固提高阶段。通过不断反复练习，此时正确的技术动作基本定型，大脑皮质兴奋与抑制过程更加集中，技术动作更加精确、协调、省力，有的技术动作可以在脱离意识支配下完成，初步形成了自动化。但是，虽然技术动作发展到了巩固提高阶段，但是也会出现消退现象。因此，要通过大量的重复练习、完整练习和教学比赛的方式来不断地巩固和完善技术，促进技术动作向自动化阶段转化。

（4）自动化阶段。随着技术动作的不断巩固、完善，学生大脑皮质已形成非常稳定的技术动作定型，即达到技术动作自动化阶段。所谓自动化，就是在完成游泳技术动作时，学生可以在脱离意识支配的情况下自动地完成。例如，做蛙泳腿动作时，学生不用刻意去想大腿前收不能过大、两膝不能过宽、两脚外翻这些细节动作，因为处于自动化阶段时做出的蛙泳腿就是正确的动作。但是，自动化阶段的技术动作也完全是脱离意识支配的，当环境变化使自动化受到阻碍时，自动化动作又会成为受意识支配的动作。

**实践应用：游泳教学中应如何更好地运用循序渐进原则**

游泳教学前期，教学文件的制定要遵循循序渐进原则，确保教学工作能够科学、有序地进行。教学文件包括教学大纲、教学进度、教学教案以及考核方式，游泳教师要针对不同的学生、不同的学时、不同的教学目标，合理地安排学期教学计划，确保教学计划前后有序衔接、教学内容由简入难逐步提高。

游泳教学过程中，要合理安排技术动作学习顺序，并根据实际情况逐步提高运动负荷。例如，在泳姿的先后顺序安排上要从简单的蛙泳或爬泳学习开始，待熟练掌握后再逐渐过渡到仰泳或蝶泳的学习；在技术动作学习过程中，要遵循先陆地、后水中的教学顺序，通过循序渐进的方法逐步提升对技术动作的要求。此外，运动负荷安排上尽量避免过早、过大地追求运动量和运动强度，先从技术动作路线开始学习，待掌握了动作要领后才可以循序渐进地增加游泳距离、提升游泳速度，避免学生由于过度疲劳而产生技术动作的变形。

**五、因材施教原则**

“天生我材必有用”是对因材施教原则最真实的写照，因材施教原则的运用也是游泳教学过程中对一名合格游泳教师的直接判断标准。它是指在游泳教学过程中既要根据教学文件对所有学生提出统一的要求，同时又要根据不同学生的个体差异区别对待，这样既能保障游泳教学的有序开展，又能使每个学生的才能和身心素质得到充分的发展。

**理论基础：学生游泳学习时的个体差异性主要体现在哪些方面**

（1）年龄差异性。不同年龄段的学生学习游泳时教师的教学内容和教学方法要有所侧重。低龄儿童教学要注重安全、趣味，培养学生学习游泳的积极性和主动性，多采用游戏教学法和直观教学法，此刻不宜增加运动量和运动强度，因为低龄儿童的心肺功能还没发育完全，拔苗助长不利于其身心健康；成人游泳教学要注重动作的规范性和实效性，多采用讲解法与示范法，引导学生通过积极思考和反复练习完成游泳教学任务，同时可以逐渐增加运动强度与运动负荷来提升技术动作质量。

（2）性别差异性。性别差异不但体现在体能方面，而且还体现在心理方面。女性普遍力量较小、柔韧性较好，因此在技术动作学习过程中会显得力不从心、影响游泳的推进力，但是较好的柔韧性可以更好地完成技术动作路线，所以在游泳教学中教师要加强女性的力量训练。男性普遍力量较大、柔韧性较差，虽然在技术动作学习时较强的力量可以产生更大的推进力，但是由于柔韧性较差导致技术动作路线偏差，进而会产生过多的阻力，因此在游泳教学中教师要侧重男性的柔韧性训练。除此之外，由于一些女性天生胆小，因此在游泳教学中教师要注意其安全防护，避免因意外损伤而使其产生怕水心理，影响她们的游泳学习的积极性。

（3）水感差异性。水感是人体在水中游泳时对水环境的一种综合知觉。良好的水感能使人及时察觉水的阻力、浮力、升力的细微变化，从而通过大脑皮层进行精细的分析、综合来调整游泳技术动作的强度、速度和方向。水感绝大部分受天生因素影响，但是后天练习也可以增强其水感，游泳训练时间越长，游泳技术越高，游泳时的水感就越好。那么，游泳教学过程中应如何应对水感较差的学生呢？首先，要对水感较差的学生进行鼓励教育，不能使其丧失学习游泳的信心；其次，加强水感较差学生的熟悉水性练习，初学者提升水感最好的方式就是通过水中行走、跳跃、漂浮、滑行的方式来进行练习。这个过程中应尽量避免安排学生进行较难技术的学习，待其水感有一定的提升后再进行相应技术的练习，否则学生会因水感较差而无法体会正确的技术动作路线和发力方式，形成错误的技术动作定型。

**实践应用：游泳教学中应如何更好地运用因材施教原则**

首先，深入细致地了解游泳教学班级学生的基本情况，做到对学生了如指掌。通过对学生的年龄、性别、游泳基础的一般排查，合理制订教学计划、科学安排教学内容；通过对怕水、恐水、水感较差、体能较弱、接受能力不强的学生的具体排查，制定符合其个性特点的具体方案。其次，运用合理的教学方法进行差异性教学，最终完成教学任务，达到预期教学目标。对于接受能力较强的学生，在完成本次教学任务的同时还可以对他们提出更高的要求，满足他们的游泳学习欲望；对于接受能力不佳的学生，教师应该耐心指导、降低技术难度，使其基本掌握动作要领，不要急于求成。最后，教师在教学过程中要积极去发现学生的优点，有些学生虽然水感较差，但是学习游泳的积极性很高，这样教师就要充分利用其高涨的游泳学习热情来进行激励式教学，进而达到预期教学效果。例如，游泳天才菲尔普斯刚开始学习游泳的时候还有点怕水以至于头部不敢放入水中，他后来曾回忆说当时很恨水。但是，他的游泳启蒙教练鲍勃·鲍曼并没有因为他怕水而放弃对他的训练，他让菲尔普斯从仰泳开始学习，最终培育了一位游泳天才。

## 第四节 游泳教学方法

### 一、示范教学法

示范教学是游泳教学中的一种常用教学方法，它通过教师对游泳技术动作的正确演示，让学生通过视觉较为直观地感受技术动作的结构、路线、要领、重点、难点，进而在头脑中初步形成对游泳技术动作较为深刻的记忆与印象。

**理论基础：游泳教学中运用示范教学法时需要注意的事项**

（1）游泳教师示范动作的准确性。游泳教师采用示范教学法时应注意其自身技术动作的准确性，这是保证示范教学法运用成功的关键一步。试想一下，假如游泳教师自身对技术动作理解不充分、技术示范不标准或出现错误动作，那么对于第一次接触新技术的学生来说将是致命的，这会导致很多学生在模仿过程中建立错误的动作表象，形成错误的动作定型，那么对游泳教学将会产生极大的负面影响。所以，游泳教师一旦因年龄、伤病原因无法进行规范、准确的技术动作示范，可以借用挂图、视频、动画的方式来代替完成技术动作示范；此外，对于游泳专业的学生来说，在校学习期间要注重对游泳技术的学习，严格要求、刻苦训练、精益求精，这样将来才可能成为一名合格的游泳教师或游泳教练。

（2）游泳教师运用示范教学法的时机。虽然示范教学法是一种最经济、最有效的游泳教学方法，但是并不是游泳教学的每个阶段都适用。一般来说，示范教学法适用于游泳技术动作学习的初期，也就是学生游泳技能处于泛化阶段的这一时期，这时学生通过对游泳教师的正确动作示范进行模仿学习，基本上能够掌握技术动作的路线，形成较为稳定的动作表象；但是，当学生的技术动作学习进入分化阶段，这时学生学习的重点也从粗略掌握技术转移到重点关注技术细节上，此刻如果游泳教师还是通过反复的示范让学生进行模仿学习，势必会导致学生缺乏对技术动作的主动认知和探索，无法激发学生学习的主动性和创造性。所以，游泳教师在运用示范教学时要准确把握时机，并在示范教学过程中充分利用引导、分析、对比等方法提升游泳课教学效果，从而克服游泳示范教学法的单一性和保守性。

**实践应用：游泳教学中应如何更好地运用示范教学法**

（1）示范位置与示范队形。游泳教师进行示范教学前首先要选择示范位置，此时教师要根据班级人数、示范动作特点让学生进行横列式、角式或半圆式站位，确保每名学生都能够清晰观察到教师的示范动作，教师距离学生的位置一般选择在 3~5 米，学生人数较多距离偏后，学生人数较少距离偏前，同时如果有强光照射应使学生背对强光；示范教学时可以采用陆地示范和水中示范两种模式。其中，陆地示范时学生可以在陆地观看，也可以在水中观看；水中示范时学生最好选择在陆地观看，特殊情况下为了使学生更好地观察水下动作的路线、方向、角度，学生可以沉入水中进行观察。

（2）示范面与示范速度。游泳教学的示范面有背面示范、正面示范和侧面示范三种，选择何种示范面取决于技术动作的结构和教师的教学目标。例如蛙泳手与呼吸配合示范时，为了使学生清晰地观察配合时机和节奏，应选择正面示范；而蛙泳腿与呼吸配合示范时，采用侧面示范则更为合理。游泳教学的示范速度要偏慢，便于学生捕捉动作细节，待学生熟练掌握技术动作路线后，可以通过正常的速度进行示范，这样可以使学生掌握正确的技术动作节奏。

（3）正确示范与错误示范。教师的正确示范可以使学生建立正确的动作表象；教师的错误示范可以使学生明确自己的错误所在，并及时纠正自己的错误动作。所以，游泳教师在教学过程中可以针对学生的共性或个性错误进行错误示范教学，并指出错误的原因及具体解决方法。由此可见，一名合格的游泳教师不但要能进行正确的动作示范，还要具备错误示范的能力。

**二、讲解教学法**

游泳教学过程中，讲解教学法也是一种非常重要的教学手段，一般配合示范教学法使用。讲解教学法是游泳教师通过语言描述的方式，启发学生对所学技术动作进行积极思考，总结、探索技术动作规律，达到预期教学目标的一种常用教学手段。

**理论基础：游泳教学中运用讲解教学法时需要注意的事项**

发挥游泳教师主导性的同时，注意学生的引导式教育。讲解教学法是以教师活动为主的教学模式，但是讲解教学并不是"填鸭式教学"，教师在进行技术讲解的过程中不能一味地向学生灌输知识，否则会造成学生被动学习，并且久而久之会使他们失去游泳学习的兴趣。游泳教师在讲解技术动作要领时，要启发和引导学生积极思考"为什么要这么做？怎么能做到最好"，通过这种互动的教学方式使学生能够充分理解教师讲解的游泳理论知识和技术动作形成规律，进而能够更为快速、准确地掌握游泳技术动作要领。例如，爬泳高肘划水教学过程中，教师讲解完高肘划水的动作要领之后，可以反问学生"为什么高肘划水能够产生更大推进力"，这样就可以使学生理解游泳阻力推进力的原理，加深学生对爬泳划臂路线的认知。

游泳教师运用生动形象的技术动作讲解，可以避免学生因枯燥的学习而降低游泳学习的兴趣，特别是针对低龄儿童的游泳教学过程中要尽量采用形象、有趣、比喻、夸张的语言对其进行教学，这样不但能吸引儿童的注意力，让其认真听讲，还能帮助儿童快速地理解技术动作要领，建立正确、完整的动作表象。例如，蛙泳手臂划水教学中的三维立体划水路线"学生很难掌握，此刻教师可以通过让学生在站立、手臂并拢上伸的姿势上，通过"拉开窗帘洗把脸"的形象描述使学生快速理解蛙泳手臂的划水路线。此外，在讲解生动形象的同时还要注意言语的简明扼要，即用最简短的语言来描述技术动作要领，方便学生的理解和记忆。例如，呼吸时保持"慢吐快吸"、蛙泳手臂与呼吸配合要"先划臂后抬头"；爬泳呼吸时保持"独眼斜嘴""咬肩"，这些典型的、精练的言语运用到讲解教学中，可以使游泳教学效果事半功倍。

**实践应用：游泳教学中应如何更好地运用讲解教学法**

根据游泳教学对象不同，合理运用讲解教学法。游泳教师在上课前要认真备课，备课不但包括备教学内容、教学方法、教学组织，重点还要备教学对象，做到对学生了如指掌。针对不同年龄、不同游泳基础的学生运用讲解教学法时也要有所差异。例如，针对低龄游泳初学者进行技术动作讲解时要"形象有趣,多比喻和描述,少理论和分析";针对成年游泳初学者进行技术动作讲解时要"简明扼要,多引导和探讨,少灌输和重复";针对游泳提高者进行技术动作讲解时要"突出重点,关注细节,启发引导"。

运用讲解教学法时应以陆地讲解为主,水中讲解为辅。游泳教学是在水环境中进行的教学活动,由于水的干扰,学生在水中时注意力不易集中,难以听清教师对技术动作的讲解,影响教学效果;同时,当技术动作讲解需要较长时间时,学生在水中静止不动的情况下容易冷,影响听课效果。所以,教师应在学生下水前对本次课的技术动作要领、要求、练习方法进行陆地讲解,学生下水后尽量不进行水中集中讲解,除非遇到共性错误,教师才让学生在水中集合,并针对错误技术动作产生的原因和纠正方法进行简明扼要的讲解。

讲解教学法与示范教学法要结合使用。游泳教学过程中讲解教学法与示范教学法一般是配合使用的,它们之间相辅相成、相互补充。陆地教学过程中可以边讲解边示范,水中教学可以先示范后讲解、先讲解后示范。同时,教师可以根据学生的年龄结构、游泳基础、技术动作的难易程度,在实际游泳教学过程中不断变换讲解与示范的比重,这种教学方式可以加强学生的感官刺激,有助于学生快速掌握游泳技术动作。

**三、分解教学法**

分解教学法是游泳教学过程中的减难教学,它是根据游泳技术特点、技术动作路线、技术难易程度,将一个完整的技术动作科学、合理地分解成几部分,然后按分解的各个部分逐一进行教学,最终使学生完整地掌握技术动作。

**理论基础:游泳教学中运用分解教学法时有哪些优缺点**

任何教学方法都不是完美的,所以为了更好地在游泳教学中运用分解教学法,就要充分了解分解教学法的优缺点,这样游泳教师才能更好地利用其优点、避其缺点,在游泳教学过程中最大限度地发挥分解教学法的积极作用。

(1)分解教学法的优点是:简化教学过程,降低动作难度,突出动作重难点。在游泳教学过程中,每一种泳姿、每一个技术都是非常复杂的,同时由于水环境的影响还要充分考虑水的阻力、浮力,这种情况下游泳初学者想要快速、准确、完整地掌握技术动作要领就会变得难上加难。所以,分解教学法此刻最大的优势就是把复杂的技术动作进行合理切割,然后根据技术动作形成的规律进行分解学习、逐个击破,降低游泳技术动作学习难度的同时,可以提升学生学习的兴趣,提升游泳教学质量。例如,在流线滑行技术教学过程中,可以把该技术分解成陆地流线模仿、扶边流线漂浮、蹬底流线滑行、单脚蹬壁流线滑行、完整流线滑行五部分,每一个分解的部分都有其对应的教学重点、难点,最终使学生正确、高效地掌握流线滑行技术。此外,从宏观角度来看,游泳教学日历的合理设计就是对游泳技术的科学分解。例如,蛙泳教学日历就是把完整的蛙泳技术分解为蛙泳腿技术、蛙泳手技术、蛙泳配合技术。从微观角度来看,每一个具体的游泳技术动作可以再次分解,例如蛙泳腿技术可以再次分解为收腿、翻脚、蹬夹三个环节。所以,分解教学法极大降低了游泳复杂技术的学习难度。

(2)分解教学法的缺点是:如果运用不当容易割裂动作技术,破坏动作技术结构,影响正确动作技能的形成。所以,在运用分解教学法时,游泳教师要充分考虑各部分技术动作的联系,教学中使学生明确技术动作划分的几部分之间的内在关系、先后顺序、重点难点。例如,爬泳腿技术动作可以分为上打和下打两部分。进行上打分解练习时教师要强调直腿、放松;进行下打分解练习时教师要强调鞭腿、发力,同时要告知学生上打是为下打做准备的,所以下打才是爬泳腿的重点。此外,通过分解教学法掌握了技术动作后,要引导学生逐步向完整动作练习过渡,毕竟分解练习是教学过程,完整掌握才是教学目的。

**实践应用:游泳教学中应如何更好地运用分解教学法**

游泳教师要充分了解技术动作路线、要领、重难点,做到科学、合理分解技术动作。游泳教学过程中对于较难的技术动作可以分解再分解,对于简单的技术动作尽量不要分解,以保动作的完整性。例如,进行蛙泳手臂与呼吸配合教学时,较为复杂的抬头划手部分可以分解为抬头、外划、下划、内划四部分,避免学生抬头与划手节奏错误;较为简单的低头移臂技术就不需要进行分解,确保低头与移臂的完整性。此外,对于粗略掌握技术路线的泛化学习阶段要尽量少分解,而对于强化技术动作细节的分化、提高阶段要多分解。

游泳教师要具备将分解的技术动作,科学、合理再组合的能力。游泳教学过程中,当学生掌握了分解的技术动作后,游泳教师要对分解的动作进行组合,这种组合包括部分组合和完整组合两种方式。其中,部分组合是指将小的分解动作组合成大的分解动作;完整组合是指将大的分解动作组合成完整技术动作。例如,学生掌握蛙泳腿的收腿、翻脚、蹬腿、夹水四个分解动作后,游泳教师可以把四个分解动作组合成两个大的分解动作——收腿翻脚、蹬腿夹水,待学生掌握两个大的分解动作后,教师再次把两个大的分解动作组合成完整的技术动作,此时只是需要强调一下配合节奏的问题,即收腿翻脚要慢、蹬腿夹水要快。

**四、完整教学法**

完整教学法是指在游泳教学过程中不对技术动作进行分解,从开始到结束完整地进行技术教学的一种教学方式,多运用于简单技术、不易分解技术的游泳教学过程中。

**理论基础:游泳教学中运用完整教学法时有哪些优缺点**

(1)完整教学法的优点是:能够最大限度保证游泳技术动作的完整性,在不破坏技术动作结构、路线、节奏的前提下,使学生快速、完整地掌握正确的游泳技术动作。完整教学法的这一优点在儿童初学者、游泳短训班的教学过程中尤为明显,因为此阶段的游泳教学目标是让学生初步掌握游泳技术动作要领,对游泳技术动作的细节要求不高,运用完整教学法可以使学生能够快速、完整、粗略地掌握游泳技术动作。例如,在儿童爬泳手臂教学过程中,可以让儿童做"手臂前伸抱住球,手臂向后推出球"的完整爬泳手臂技术动作,虽然整个教学过程中没有体现爬泳手臂入水、前伸、下划、抓水、抱水、推水这些具体的动作细节,但是对于儿童初学者来说,这种形象、完整的教学方法可以使他们快速掌握爬泳手臂的划水路线,建立完整、清晰的动作表象,能够达到预期的游泳教学目标。

(2)完整教学法的缺点是:不易掌握较难的游泳技术动作,影响技术动作提高阶段的细节教学。游泳技术教学过程中,大部分的技术动作都具有复杂性,学生如果要想系统、正确、高效地掌握其动作要领,必须把复杂的技术动作进行分解学习,否则掌握的游泳技术动作只能是片面的、肤浅的、低效的。特别是在游泳学习的分化、提高阶段,游泳教师在教学过程中如果发现学生技术动作出现错误、低效的情况，应立即停止其完整动作的练习，并将技术动作进行分解，通过分解后的错误动作纠正使其建立正确的动作表象，学生掌握其技术动作的重点、难点后，游泳教师再让学生进行完整的技术练习。

**实践应用：游泳教学中应如何更好地运用完整教学法**

游泳教师在教学过程中首先要区分可分解技术、不可分解技术、不必分解技术，避免因盲目运用完整教学法而影响学生游泳技术动作学习的效果。可分解技术是指较为复杂的技术动作，这类技术动作一般由几个不同的运动环节构成，而且在时间、空间上具备可分解的条件，例如腿部技术动作、手臂技术动作、配合技术动作；不可分解技术动作是指虽然该技术也具备复杂性，但是在时间、空间上不具备可分解性，例如游泳出发技术，起跳、腾空、入水、滑行四个环节就无法严格地进行分解练习，这时可以采用多媒体视频、动画和图片的方式进行分解替代教学；不必分解技术是指比较简单的游泳技术动作，该技术教学过程中通过教师的讲解、示范，学生可以快速地掌握技术动作要领，例如熟悉水性的抱膝悬浮技术，蹬地、抱膝、悬浮三个环节学生可以一起完成，因此就不需要再进行额外的分解教学。

游泳教学过程中要把分解教学法与完整教学法结合使用。任何的单一游泳教学方法都无法达到良好的教学效果，采用何种教学方法要根据游泳技术动作的复杂程度和学生的接受能力而定。复杂的游泳技术动作教学，要优先考虑分解教学法；简单的游泳技术教学，要优先考虑完整教学法；针对具有一定游泳基础、接受能力较强的学生，教学过程中可以增加完整教学的比例；针对初次接触游泳、接受能力较差的学生，教学过程中要多运用分解教学法降低学习的难度，循序渐进地使学生逐步掌握游泳技术动作。所以，完整教学法和分解教学法在游泳教学过程中是相辅相成的关系。在游泳教学过程中一般是两种结合运用："完整—分解—再完整"，学生先进行完整技术模仿，初步掌握完整技术路线后，通过分解练习掌握其动作要领，然后再次转入完整练习；"分解—完整—再分解—再完整"的方式，这种练习模式针对的是复杂技术动作，通过反复的分解与完整练习，使学生逐步体会技术动作的重点、难点，最终完整、正确地掌握游泳技术动作。

**五、纠错教学法**

游泳教学过程中，学生在学习新的技术动作时难免会出现错误。整个游泳教学过程就是一个不断产生错误、纠正错误的反复循环。此时，如果游泳教师对学生的错误动作不进行及时纠正，就会导致学生技术动作的错误定型，影响其正确技术动作的掌握。

**理论基础：游泳教学过程中，导致技术动作错误的原因有哪些**

游泳教学过程中，产生技术动作错误的原因主要有两个：一是游泳教师的问题；二是学生自身的问题。

(1)游泳教师在进行技术讲解、示范时，由于讲解概念模糊、示范动作错误就会导致学生产生错误的动作表象，形成错误的技术动作；游泳教师进行复杂技术教学时，分解教学法与完整教学法运用不合理、不科学，就会导致学生产生技术动作脱节、不连贯的错误；此外，游泳教师的责任心不强，没有对学生的动作细节进行耐心指导，也是产生错误动作的主要原因。

（2）学生的问题主要体现在身体素质和心理状态两方面，游泳技术对身体的柔韧性和力量素质要求较高，如果学生自身力量、柔韧性较差，势必导致无法正确地模仿教师的动作示范，无法更好地完成技术动作路线，长此以往就会因技术不标准而产生错误的动作定型。例如，学生上肢力量、背部力量较差，在爬泳手臂学习中就无法体会到“加速推水”的动作要领；学生肩关节柔韧性较差，在蝶泳手臂学习过程中就无法体会“低平移臂”的动作要领。此外，学生的心理因素也是产生错误技术动作的主要原因。例如，学生的怕水心理会导致学生无法集中注意力、动作僵硬、动作不协调，影响其对游泳技术动作的正确掌握。

**实践应用：游泳教学中纠正学生错误动作的方法有哪些**

在纠正学生错误动作之前，游泳教师首先要提升自身专业素养，丰富自己的游泳理论知识，提升自己的游泳专业技能，深入研究游泳教学方法的运用，从根源上改正错误技术动作。学生的游泳错误技术动作可以通过以下几种方法进行纠正。

（1）体能练习法。如果学生的错误技术动作是因为身体素质较差而导致的，那么在游泳课上和游泳课下就要有针对性地开展相应的体能训练。例如，学生腿部力量不足导致蛙泳腿蹬夹无力，那么就需要加强其股四头肌、臀大肌、腘绳肌的训练，因为这几块肌肉的主要功能是伸膝、伸髋，而蛙泳腿的蹬夹动作其实就是一个快速伸膝、伸髋的过程。

（2）条件限制法。条件限制法是指学生在学习游泳技术动作时，游泳教师采用一定的方法从外界对学生的技术动作进行强制限制，通过限制条件使学生的注意力完全集中在指定的技术动作上，增加正确技术动作要领的感知度，避免或减少错误技术动作的反复出现，从而提高游泳技术动作的练习质量，使学生快速、准确地掌握正确的技术动作要领。例如，学生蛙泳手臂学习过程中无法正确感知高肘姿势，这时教师可以让学生俯卧岸边，将双手伸向泳池，腋窝与岸沿齐平，此刻再强制要求学生做每一次蛙泳手臂划水时，双手的手掌和前臂必须接触池壁，这样就可以通过限制的方式改正学生蛙泳平肘划水的错误。

（3）矫枉过正法。矫枉过正法是指在游泳教学过程中，如果遇到无法正常解决的顽固错误时，教师可以要求学生朝着自身错误动作的另一个极端去做，这样往往会做出一个正确的动作，类似于中医治疗的“以毒攻毒”。例如，学生在做蛙泳腿练习时，总会因大腿收腿过多而导致撅屁股现象，此时教师可以要求学生在蛙泳腿收腿过程中只收小腿、不收大腿，这其实是另一个极端错误动作，但是针对大腿收腿过多的错误来说，就会形成一个正确的收腿幅度。

（4）安全防护法。由怕水而产生的错误动作，必须从心理层面消除其根源。例如，游泳教学过程中可以通过循序渐进的方式，让怕水学生在浅水区先进行简单技术的学习，待建立自信后再逐步过渡到深水区域的复杂技术教学，增强学生的游泳安全感。

## 第五节　游泳教学组织

### 一、游泳教学分组

游泳教学分组是在游泳授课前期，根据游泳教学场地、学生游泳基础、游泳师资力量、游泳教学目标等综合因素把学生分成若干的教学单位。科学合理的游泳教学分组有利于游泳教师更好地组织游泳课堂教学，实施游泳教学方法，提升游泳教学质量。

**理论基础：游泳教学中常见的分组方式有哪几种**

游泳教学过程中最常见的分组可以归纳为两类：可选择性分组和不可选择性分组。其中，可选择性分组是指在游泳分组过程中可以充分考虑游泳教师和学生的意愿，有目的、有针对性地选择游泳教学班级和游泳教学泳姿，游泳教学设计、游泳教学目标比较灵活；不可选择性分组是指在游泳教学过程中有较为固定的游泳教学设计、游泳教学目标和游泳考核方式，学生必须按照预期分配的固定教学小组进行具体泳姿的学习，完成既定的游泳学习任务。下面从学校体育和社会体育两个领域来具体分析可选择性分组和不可选择性分组。

（1）学校体育领域中的游泳教学分组，既包括不可选择性分组，也包括可选择性分组。中小学开展的游泳教学有明确的教学大纲、教学计划、教学内容、考核标准，所以一般是以自然班的形式开展游泳教学，即不可选择性分组；高校游泳教学一般采用的是可选择性分组，这与高校体育教学的教学模式有很大关系，高校体育教学一般采用选修课的方式进行，学生可以根据自己的兴趣爱好选择一项或几项体育项目进行学习，所以学生可以选择不同泳姿、不同水平的游泳教学班，例如蛙泳初级班、蛙泳提高班、爬泳初级班等。

（2）社会体育领域中的游泳教学分组，以可选择性分组为主，不可选择性分组为辅。游泳馆、游泳俱乐部开设的游泳培训班，首先要考虑的是游泳人群的健身需求、年龄特点、游泳动机、闲暇时间等综合因素，所以在进行预开课的游泳教学分组时要给予学员充分的选择空间，并根据不同的游泳教学班确定合理的教学计划、教学内容。例如，针对儿童开设的游泳启蒙班、游泳速成班；针对成年人开设的游泳健身班、游泳减肥班、游泳救生班、游泳提高班；针对老年人开设的游泳理疗班、游泳康复班等。

**实践应用：针对不同的游泳教学分组，应如何提高游泳教学质量**

（1）不可选择性分组的优点是：游泳教师可以按照游泳教学大纲和游泳教学计划循序渐进、按部就班地完成既定教学任务，对于游泳初学者来说效果较好。缺点是：无法满足游泳技术水平较高、接受能力较强学生的学习需求，影响其学习积极性。所以，游泳教师在进行游泳教学过程中，可以给游泳技术较好、学习能力较强的学生安排一些提高性练习，在满足其游泳学习需求的同时，提升其学习的积极性。此外，也可以让班级游泳技术、游泳基础较好的同学担任小组长，协助游泳教师进行游泳教学、游泳指导，这一方面可以提升全班的游泳教学效果，另一方面也可以锻炼小组长的游泳教学和游泳组织能力，而这一能力对于体育教育专业、社会体育专业的学生来说尤为重要。

（2）可选择性分组的优点是：由于班级学生的游泳水平、游泳基础相差不大，游泳教师在教学进度、教学内容、教学方法、运动负荷的安排上基本可以做到一致。缺点是学生的自主选择方式，不利于游泳教师对学生游泳技术水平的全面掌握，影响其游泳教学的进度和效果。例如，在蛙泳提高班的教学中，教师发现有些学生的蛙泳配合技术有明显的错误，这时不但不能对其进行蛙泳提高教学，反而要对其蛙泳基本技术进行“回炉教学”，这样势必会影响整个班级的游泳教学进度。所以，学生进行自主选择游泳教学分组时，游泳教师要提前制定相应的选择标准、达标要求，必要时可以进行分组前测试。

**二、游泳教学顺序**

首先，无论何种泳姿的教学，熟悉水性的练习永远是游泳教学的第一步，也是最重要的环节；其次，要充分考虑学生年龄、游泳基础、教学目标等因素，合理安排泳姿学习顺序；最后，根据游泳教学规律再次安排具体泳姿和技术的学习顺序。

**理论基础：游泳教学中应如何选择首学泳姿**

游泳教学过程中到底应该首先选择哪种泳姿？这个问题一直是很多游泳教师和游泳教练关注的问题，同时也是广大游泳初学者困惑的问题。目前，游泳界较为普遍认同的观点是：蛙泳、爬泳、仰泳都可以作为首学泳姿进行教学，而蝶泳一般作为最后教学泳姿。虽然除了蝶泳外的三种泳姿都可以作为首学泳姿，但是还要根据游泳教学实际情况进行选择。

（1）蛙泳作为首学泳姿进行教学。如果游泳教学的目标是使初学者快速掌握一项游泳技能、具备基本的自救能力，那么蛙泳是首选。一般在学校游泳教学、假期游泳培训班中通常把蛙泳作为首学泳姿，由于蛙泳"抬头吸气、低头吐气"的呼吸方式比较自然、简单，在每个动作周期内还可以利用充分的滑行缓解机体疲劳，因此初学者可以在较短的时间内快速掌握蛙泳基本技术。同时，由于蛙泳动作与救生技术中的踩水、反蛙泳动作极其相似，因此掌握了蛙泳技术有利于踩水、反蛙泳技术的学习。但需要注意的是，由于蛙泳技术动作结构复杂、动作路线多变、游进阻力较大，虽然初学者可以快速地掌握蛙泳基本技术，但是要想提高蛙泳动作质量、提升游速则需要长时间训练。

（2）爬泳作为首学泳姿进行教学。如果游泳教学的目标是系统地掌握四种竞技泳姿、提升游泳竞技比赛能力，那么爬泳是首选，其较常见于游泳长训班和专业队训练中。爬泳作为首学泳姿的优点是：身体姿势高平、阻力小，动作配合简单、推进力大，适合游泳训练过程中的热身环节、放松环节和有氧耐力训练；此外，掌握爬泳技术后对于动作极其相似的仰泳和蝶泳学习，可以起到技术动作的正迁移效果。但是，爬泳作为首学泳姿有一个致命的难点，那就是爬泳的侧向呼吸技术，这种呼吸技术不但要求熟练地掌握呼吸技术，还需要掌握呼吸与身体侧转的协调配合，所以游泳初学者需要花费大量的时间进行练习。

（3）仰泳作为首学泳姿进行教学。仰泳作为首学泳姿并不常见，一般在面对怕水的初学者时首先采用仰泳教学，例如菲尔普斯初学游泳时，由于不敢把头放入水中，就是先学习的仰泳。仰泳作为首学泳姿的优点是：呼吸时头部始终位于水面之上，呼吸方式简单，手臂配合技术也很容易掌握；但是缺点也很明显，首先仰卧漂浮是初学者需要克服的第一个难关，其次就是由于没有过"游泳呼吸"这一关，因此身体一旦由仰卧姿势变为俯卧姿势，往往会引起恐慌，甚至会出现身体下沉、喝水呛水的情况。因此，如果选择仰泳作为首学泳姿，游泳教师一定要做好安全防护工作，同时要让学生掌握游泳的踩水技术确保安全。

**实践应用：游泳教学过程中具体泳姿、具体动作的教学顺序**

游泳教学过程中，当我们确定了首学泳姿后，就要开展具体泳姿的教学，无论哪种泳姿都是由身体姿势、腿部技术、手臂技术、配合技术（局部配合、完整配合）、出发技术、转身技术构成的。由于人体漂浮于水中，重心靠近下肢、浮心靠近上肢，重心与浮力的力矩影响会首先导致下肢下沉、进而拉动整个身体下沉，因此，游泳教学的顺序首先是腿部技术学习，因为腿部技术直接影响具体泳姿的学习效果；打好腿部基础后，过渡到手臂技术学习、手臂与呼吸技术学习，然后进行配合技术（局部配合、完整配合）学习；最后，学习出发技术和转身技术。那么，对于具体的技术动作的教学顺序是：首先进行陆地教学，通过教师讲解、示范使学生建立正确的动作表象；其次进行半陆半水教学，通过固定支撑和无固定支撑的方式使学生粗略掌握动作要领；最后进行徒手水中练习，使学生熟练掌握游泳技术动作。

**三、游泳教学进度**

游泳教学进度是游泳教学大纲的具体表现，它根据游泳授课学时，将游泳教学大纲中的具体教学内容，依据其难易程度、教学顺序、技能形成规律平均分配到每次游泳课中；游泳教学进度安排的合理性、科学性，会直接影响游泳课的教学效果。

**理论基础：如何理解游泳技术学习过程中的正迁移与负迁移**

动作迁移是一种动作技术的学习对另一种动作技术的学习产生积极或消极影响的现象。若两种游泳技术动作在动作要领、动作路线、发力方式方面有很多相同之处，那么学生掌握一种技术动作后就会对另一种技术动作的学习产生积极影响，出现游泳技术动作的正迁移。例如，掌握爬泳的高肘推水技术后，仰泳的反高肘推水技术就比较容易掌握。相反，当两种游泳技术动作在动作要领、动作路线、发力方式方面有很多不同之处时，则会因相互干扰而产生技术动作的负迁移。例如，蛙泳呼吸的方式是抬头换气，而爬泳的呼吸方式是侧向呼吸，学生掌握了蛙泳呼吸技术后，学习爬泳呼吸就会导致头部上抬的错误动作，产生负迁移。因此，在游泳教学进度安排上，游泳教师还要充分考虑技术动作迁移的影响因素。

**实践应用：游泳教学过程中常见的三种教学进度安排**

（1）单一泳姿教学进度安排。单一泳姿教学是指在一个教学周期内只教授一种泳姿，该教学进度安排的优点是：教学内容清晰明确、教学重难点突出，学生可以在较短时间内通过集中学习，快速掌握一种泳姿，适用于学时分配少、学生游泳基础薄弱的教学班级。缺点是：教学内容、身体负荷比较单一，容易造成学生练习时的局部疲劳，影响学习的积极性，所以在进行单一泳姿教学时，教师要根据实际情况合理变换练习方法、运用多种教学方法更替教学，必要时可以在游泳教学过程中穿插一些游戏来缓解疲劳。单一泳姿教学进度安排如表 1-5-1 所示。

**表 1-5-1 单一泳姿（蛙泳）教学进度安排**

| | 教学内容 | 1 | 2 | 3 | 4 | 5 | 6 | 7 | 8 | 9 | 10 | 11 | 12 |
|---|---|---|---|---|---|---|---|---|---|---|---|---|---|
| 蛙泳 | 熟悉水性 | √ | √ | √ | √ | | | | | | | | |
| | 蛙泳腿 | | √ | √ | √ | √ | √ | | | | | | |
| | 腿与呼吸 | | | | √ | √ | √ | √ | | | | | |
| | 蛙泳手 | | | | | | | √ | √ | √ | | | |
| | 手与呼吸 | | | | | | | | √ | √ | √ | | |
| | 完整配合 | | | | | | | | | √ | √ | √ | √ |
| | 出发转身 | | | | | | | | | | | √ | √ |

（2）平行泳姿教学进度安排。平行泳姿教学是指在游泳教学过程中，同时进行两种以上的泳姿教学，当学生基本能够掌握一种泳姿的动作要领后，立即进入第二种泳姿的学习；当学生基本掌握第二种泳姿后，再次进入第一种泳姿的技术提高教学，如此反复，直至教学周期结束为止。平行泳姿教学的优点是：教学内容丰富，教学形式、教学方法多样，学生可以在一个教学周期内掌握两种及以上的泳姿，学生学习积极性较高。平行泳姿教学的缺点是：对于游泳基础和身体素质较差的学生来说，平行泳姿教学内容较多、练习密度较大，会对这类学生的身体、心理产生较大的压力，影响其游泳学习的效果。所以，游泳教师在平行泳姿教学进度安排上，要充分考虑学生的游泳基础、身体素质、学习能力、学时分配等因素，避免盲目追求多种泳姿的教学而导致游泳教学质量差、游泳技术动作出现交叉错误的现象。应特别注意的是，交叉泳姿教学的前提是保证足够的学时，否则无法取得较好的效果。平行泳姿教学进度安排如表 1-5-2 所示。

**表 1-5-2　平行泳姿（蛙泳与爬泳）教学进度安排**

| | 教学内容 | 1 | 2 | 3 | 4 | 5 | 6 | 7 | 8 | 9 | 10 | 11 | 12 | 13 | 14 | 15 | 16 | 17 | 18 | 19 | 20 |
|---|---|---|---|---|---|---|---|---|---|---|---|---|---|---|---|---|---|---|---|---|---|
| 蛙泳 | 熟悉水性 | √ | √ | √ | √ | | | | | | | | | | | | | | | | |
| | 蛙泳腿 | | √ | √ | √ | √ | √ | | | | | | | | | | | | | | |
| | 腿与呼吸 | | | | √ | √ | √ | √ | | | | | | | √ | √ | √ | | | | |
| | 蛙泳手 | | | | | | | √ | √ | √ | | | | | | | | | | | |
| | 手与呼吸 | | | | | | | | √ | √ | √ | | | | | | √ | √ | √ | | |
| | 完整配合 | | | | | | | | | | √ | √ | √ | | | √ | √ | √ | √ | √ | √ |
| 爬泳 | 爬泳腿 | | | | | | | | | | √ | √ | √ | | | | | | | | |
| | 腿与呼吸 | | | | | | | | | | | √ | √ | √ | | | √ | √ | √ | | |
| | 爬泳手 | | | | | | | | | | | | | √ | √ | | | | | | |
| | 手与呼吸 | | | | | | | | | | | | | √ | √ | √ | | √ | √ | | |
| | 完整配合 | | | | | | | | | | | | | | √ | √ | √ | √ | √ | √ | √ |
| 出发转身 | | | | | | | | | | | | √ | √ | | | | | | | √ | √ |

（3）相似泳姿教学进度安排。相似泳姿教学与平行泳姿教学比较类似，唯一的区别是相似泳姿教学是在技术动作正迁移理论基础上开展的游泳教学活动，教学过程中把具有相同、类似技术动作的泳姿放在一个教学周期内，提升学生学习兴趣的同时，使学生快速、准确地掌握游泳技术动作要领。相似泳姿教学进度安排如表 1-5-3 所示。

表 1-5-3 相似泳姿(爬泳与仰泳)教学进度安排

| | | 1 | 2 | 3 | 4 | 5 | 6 | 7 | 8 | 9 | 10 | 11 | 12 | 13 | 14 | 15 | 16 | 17 | 18 | 19 | 20 |
|---|---|---|---|---|---|---|---|---|---|---|---|---|---|---|---|---|---|---|---|---|---|
| 爬泳 | 熟悉水性 | √ | √ | √ | √ | | | | | | | | | | | | | | | | |
| | 爬泳腿 | | √ | √ | √ | √ | | | | | | | | | | √ | | | √ | | |
| | 腿与呼吸 | | | | | √ | √ | √ | √ | | | | | | √ | | | √ | | √ | |
| | 爬泳手 | | | | | | | | √ | √ | | | | | | √ | | | √ | | |
| | 手与呼吸 | | | | | | | | | √ | √ | √ | | | √ | | | | | | |
| | 完整配合 | | | | | | | | | | | | √ | √ | | | √ | √ | | √ | |
| 仰泳 | 仰泳腿 | | √ | √ | √ | √ | | | | | | | | | | √ | | | √ | | |
| | 腿与呼吸 | | | | | √ | √ | √ | | | | | | | √ | | | √ | | √ | √ |
| | 仰泳手 | | | | | | | | √ | √ | | | | | | √ | | | √ | | |
| | 手与呼吸 | | | | | | | | | √ | √ | | | | √ | | | | | | |
| | 完整配合 | | | | | | | | | | | √ | √ | √ | | | √ | √ | | √ | √ |
| 出发转身 | | | | | | | | | | | | | | | √ | √ | | | | √ | √ |

# 第六节 游泳教学准备

## 一、游泳教学场地

游泳教学场地就是指开展游泳教学的游泳池。游泳池根据所外环境可以分为室内游泳池和室外游泳池。由于北方地区气候较寒冷,教学多选择在室内游泳池进行;南方地区气候较温暖,所以游泳教学既可以选择室内游泳池,也可以选择室外游泳池。此外,游泳池根据使用功能又可以分为竞技游泳池和休闲游泳池。其中,竞技游泳池大小、深浅有明确的标准,以开展游泳竞技比赛为主;休闲游泳池在规格上没有具体的要求,以开展游泳健身、游泳娱乐为主。但是,无论是室内游泳池还是室外游泳池,也无论是竞技游泳池还是休闲游泳池,游泳教师在授课前期一定要对游泳教学场地的大小、深浅、水温、安全措施了如指掌,保障游泳教学的顺利开展。

**理论基础:游泳教学过程中,如何安全、有效地利用游泳教学场地**

(1)熟悉游泳场地环境。游泳教师在授课前期不但要自己熟悉游泳池的环境、大小、深浅,更要对学生进行详细的介绍,使学生了解游泳教学场地的基本情况。例如,告知淋浴区、更衣区的具体位置,避免学生因环境不熟悉而影响上课;告知浅水区与深水区的分界线,避免学生因盲目入水造成呛水、溺水的情况;此外,还要对游泳救生设施的位置及使用方法、救生员的位置进行一一介绍,提高游泳教学的安全系数。

(2)划定游泳教学区域。游泳教学过程中,不可避免地会遇到多班同时授课的情况,这时游泳教师之间要提前沟通,根据游泳班型大小、游泳授课内容、学生游泳基础等因素,提前划定每个班级的固定游泳授课区域,避免影响游泳教学组织和游泳教学效果。例如,蛙泳初级班与爬泳提高班同时授课时,从安全的角度考虑应将蛙泳初级班划定到浅水区域教学,爬泳提高班划定到深水区域教学。除此之外，对于面向社会开放的游泳池，游泳教学期间还会遇到很多游泳健身人群同时出现在游泳池中的情况，这种情况下游泳教师要提前与工作人员进行沟通，利用标志桶、分道线划分游泳教学区域，避免其对游泳教学的影响，如果条件允许可以让学生着统一颜色、统一款式的泳装，便于游泳教师随时对班级学生的掌控。

（3）充分发挥游泳场地优势。不同的游泳教学场地有其独特的环境特点，游泳教师在教学过程中要充分挖掘并发挥其优势、避其劣势，最大限度提升游泳教学效果。例如，在标准游泳池中教学，可以利用其分道线进行自然分组，使游泳教学组织更为有序，同时分道线还可以提升游泳安全系数，当体力不支或呛水时可以抓住分道线自救（非紧急情况下，不允许拉分道线）；而一般的休闲游泳池则没有分道线，那么教师可以充分利用其没有分道线的优势更好地开展游戏教学，快速提升学生的水感，这对初级班的游泳教学更为有利。

**实践应用：如果游泳教学场地是深池，应如何开展游泳教学**

游泳教学过程中，当教学对象是初学者或儿童时，游泳教学场地一般会优先选择浅水区域；但是，有的时候受游泳场地、教学班级数量的影响，游泳教师不得不选择深水教学。那么，游泳教师应如何安全、有效地开展深水教学呢？

首先，深水教学时一定要让学生佩戴浮袖、背漂等装备，确保学生能够漂浮于水面，避免因无法站立池底而产生恐惧心理；其次，教师教学的重点也要由熟悉水性转移到具体技术动作的学习，这是因为浮具的佩戴不利于学生对水感的培养，但是有利于其游泳技术动作的学习；最后，当学生基本掌握游泳配合动作后，将浮袖的空气放掉一部分，将背漂的浮板撤掉一块，通过这种加难的方式循序渐进地减小浮具的浮力，进而增强学生游进时的水感，直至完全撤去浮具，实现徒手配合游进。

## 二、游泳教学装备

游泳教学装备是进行游泳学习的基础保障，选择安全、实用、舒适的游泳教学装备可以从很大程度上提升游泳学习效率，有利于游泳教学的顺利开展。游泳装备一般包括泳衣（泳裤）、泳帽、泳镜、鼻夹耳塞、浮具等。

**理论基础：游泳教学前期，应该如何正确选择游泳装备**

（1）泳衣（泳裤）的选择。泳衣（泳裤）分为竞技款和休闲款，竞技款泳衣（泳裤）的优点是款式简单、材料防水、摩擦阻力小，缺点是比较紧；休闲款泳衣（泳裤）的优点是款式美观、穿着舒适，缺点是易吸水、摩擦阻力大。所以在泳衣（泳裤）的选择上，如果游泳是为了系统地掌握竞技泳姿、业余训练、专业比赛，建议选择竞技款泳衣（泳裤）；如果游泳是为了休闲、娱乐、健身，建议选择休闲款泳衣（泳裤）。此外，无论是竞技款泳衣（泳裤）还是休闲款泳衣（泳裤），尽量避免选择浅色的，因为浅色的泳衣（泳裤）遇水后会有透明感。最后注意，泳衣（泳裤）不要用热水清洗，避免防水涂层脱落，游泳后用凉水清洗、自然风干，这样可以延长泳衣（泳裤）的使用寿命。

（2）泳帽的选择。游泳时佩戴泳帽是为了避免头发脱落造成泳池循环系统的堵塞，同时也是对游泳者的保护，防止泳池中的氯对头发的危害，最重要的一点是佩戴泳帽可以减小游泳过程中的摩擦阻力，这一点对于专业运动员来说尤为重要。那么，我们应如何选择合适的泳帽呢？泳帽一般分为布质泳帽和硅胶泳帽两种。其中，布质泳帽的优点是价格便宜、透气性好、佩戴舒服，缺点是防水不好、弹性较差、摩擦阻力大、容易脱落，所以适合休闲游泳使用；硅胶泳帽的优点是防水性好、弹性较大、摩擦阻力小、不易脱落，缺点是透气性差、比较紧，所以适用于游泳训练、游泳比赛。另外，佩戴硅胶泳帽时不要用手指撕扯泳帽，正确的方式是双手成半圆形撑住泳帽再进行佩戴。

（3）泳镜的选择。游泳时佩戴泳镜可以使游泳者更好地在水中观察前方情况，避免发生碰撞。此外，为了保证游泳池水的质量，须定期投放消毒药、调节 pH 值，游泳时如果不戴泳镜，含有化学物质的水会对眼睛造成伤害，引发眼部感染。泳镜按其使用功能可以分为竞技泳镜和休闲泳镜。其中，竞技泳镜的优点是镜面小、流线型好、外形阻力小，缺点是对眼部的压力较大；休闲泳镜的优点是镜面大、视野好、佩戴舒适，缺点是外形阻力大。另外，泳镜按其使用环境又分为镀膜泳镜和无镀膜泳镜。其中，镀膜泳镜防强光、防紫外线，一般在光线较强的室外泳池使用；无镀膜泳镜视野清晰，一般在光线较暗的室内游泳池使用。此外，眼睛近视的游泳者可以选择近视泳镜，切勿佩戴隐形眼睛，避免泳镜进水后引起眼睛感染。

（4）鼻夹耳塞的选择。鼻夹耳塞在游泳学习过程中尽量不要佩戴，因为长期佩戴会产生依赖，后期难以摘下。此外，鼻夹耳塞的佩戴会影响游泳时的呼吸和听力，不利于游泳的学习。因此，除一些有慢性鼻耳疾病的游泳者可以在医生指导下合理佩戴外，其余人尽量不戴。

**实践实用：游泳教学过程中，应如何正确使用游泳装备**

游泳装备除了必备的泳衣（泳裤）、泳帽、泳镜外，还包括增加浮力、保证安全、提升推进力的一些装备，包括浮板、浮袖、背漂、呼吸管、划手掌、脚蹼等。游泳教学过程中使用游泳装备的原则是“增浮尽量不用，增阻科学使用”，“增浮尽量不用”是因为浮具的使用会降低初学者的水感，虽然能快速掌握游泳技术动作，但是不利于后期的完整配合游进，除非在深水区教学或游泳者身高较矮无法站立池底的情况下使用。“增阻科学使用”，划手掌、脚蹼这类可以提升游泳速度的装备，一定要在游泳者掌握基本的游泳技术的动作后使用，否则会因阻力增加产生技术动作的变形。最后，游泳教师还要根据教学目标、教学内容、教学方法科学合理使用“增浮”与“增阻”装备。

## 三、游泳教学纪律

游泳教学纪律是游泳教学过程中游泳教师和学生必须遵守的条例，它是保证游泳教学有序开展、避免游泳运动损伤、提高游泳教学质量的前提条件。

### （一）教师纪律要求

（1）课前充分备课。游泳教师课前要根据游泳教学大纲、教学计划和教学内容，合理分配教学时间、科学选用教学方法、有效运用教学组织，进而达到预期游泳教学目标。此外，游泳教师还要全面掌握教学班的基本情况，例如班级人数、男女比例、游泳基础、特殊人群等重要信息，这样可以在游泳教学过程中做到心中有数。

（2）安全牢记心头。游泳教师在对学生进行必要的游泳安全教育后，教师自身也要高度重视游泳安全。课前要认真检查教学场地、器械是否存在安全隐患，检查游泳医疗急救箱内药品、器械是否完备；教学过程中要随时观察学生的状态，禁止学生做与教学无关的危险动作、禁止嬉戏打闹，并随时做好处理突发情况的准备。

（3）执行持证上岗。游泳教师除了具备扎实的理论知识和精湛的技术技能外，必须持国家颁发的游泳教练员证和游泳救生员证上岗，这是由游泳教学水环境和游泳安全隐患决定的硬性规定，特别是在游泳馆、游泳俱乐部任课的游泳教练，双证上岗是应聘的基本要求。游泳教师只有具备基本的游泳急救和游泳教学能力，才能更好、更安全地开展游泳教学工作。

（二）学生纪律要求

（1）泳前健康体检。学生在开始游泳学习前一定要到正规的医院进行体检，患有心脏病、皮肤病、中耳炎、传染性疾病的学生不宜参加游泳运动。在学校游泳教学过程中，不宜参加游泳学习的学生要向游泳教师出具正规医院的证明，配合老师做好免修、免试工作。

（2）泳前安全保护。游泳课开始前，学生要在淋浴间进行淋浴、更换泳衣（泳裤），检查好自己的泳衣（泳裤）、泳帽、泳镜后，再到教学地点集合；因感冒、拉肚等特殊原因不能下水的学生，在课前要向游泳教师请假；游泳前应做好热身活动，避免练习技术动作时出现肌肉拉伤；自备浴巾、宽松的衣裤，做好保暖工作，避免遇冷感冒。

（3）不做危险动作。游泳学习过程中，严谨做跳水、潜水、追逐、打闹、拉扯、推搡等危险性动作，特别是游泳初学者不具备漂浮、站立、踩水等游泳基本技能，很容易造成喝水、呛水甚至溺水的危险事故。另外，分道线是由钢丝绳和若干个浮标组成的，拉分道线会把钢丝绳和浮标压入水中，游泳时会割伤脚或手，所以为了自己和他人的安全，游泳过程中严禁拉压分道线（紧急情况下除外）。

（4）做到文明游泳。为了保证游泳池的卫生，游泳过程中禁止在泳池内擤鼻涕、吐痰、小便等不文明行为。此外，游泳池的门口有净脚池，池水里的氯有消毒作用，能够杀灭细菌，所以不能图省事而直接迈过去，必须做好拖鞋和脚部的消杀环节。

（5）服从教学安排。游泳教学过程中，由于水的声音和人的声音交织在一起，这会对游泳教学带来一定的负面影响（室内游泳池尤为突出）。所以，在游泳学习过程中要严格遵循教师的安排，无论是集体练习还是分组练习，一定要听从安排、服从指挥，不擅自行动、不随意更改教师布置的练习任务。另外，为了避免游泳练习时发生碰撞、合理利用游泳教学场地、更好地进行教学组织和管理，游泳教师一般会根据班型、场地、性别、学生游泳基础对游泳教学班进行课前分组（一般 5~8 人为一组），学生在教师分组后要严格遵循不串组、不串道的原则，避免游泳安全隐患的同时，更好地提升游泳学习效果，完成既定游泳学习任务。

# 第二章　水性教学实践

熟悉水性是游泳教学的重点，也是游泳教学的难点。对于初次接触游泳的学生来说，只有通过了水性练习阶段，才能进一步学习游泳技术。熟悉水性的教学内容包括水中行走跳跃、水中呼吸技术、水中漂浮技术、水中滑行技术。熟悉水性的教学目的是使学生感受水的阻力、浮力和升力，从而使学生熟悉水的环境、克服怕水心理、培养游泳学习兴趣。熟悉水性阶段的教学内容比较枯燥、练习方法比较单一。因此，游泳教师在此阶段应运用多种教学方法，通过水中游戏、教学比赛的方式来丰富教学内容，提升游泳学习的主动性和积极性。

## 第一节　水中行走跳跃

水中行走跳跃是熟悉水性的第一步。游泳初学者第一次下水后会感觉身体在水中无法保持平衡，特别是水到胸部位置的时候会感觉呼吸困难，这些都是由于心理因素和水的物理特性导致的。水中行走跳跃的练习，可以使游泳初学者体会并适应水的阻力、浮力和压力，从而逐步适应水、熟悉水，进而消除怕水心理。

### 一、水中行走

（一）动作要领

水中行走时，水的深度不能低于髋部，不能高于肩部；两脚前后开立，重心位于两腿中间；双手位于体侧，掌心向下；行进时，身体略前倾，双手在体侧缓慢地向后划水，后腿屈髋屈膝缓慢向前迈出一步，后脚向前迈步站稳后再提另一只脚；行走过程中步伐不宜过大、速度不宜过快，保持身体重心的移动速度与行走的移动速度相匹配。

（二）教学重点

水中平衡站立；水中平衡行走。

（三）教学难点

水中行走时，重心与步伐的协调配合。

（四）教学组织

（1）陆地模仿练习。教师陆地讲解、示范水中行走的动作要领，学生进行陆地模仿练习。

（2）水中平衡站立。学生下水后，两脚前后开立、重心位于双腿中间，双臂左右伸展位于体侧，身体呈现“十字站位”的姿势感受水中平衡。

（3）水中平衡行走。掌握水中平衡站立后，身体重心略前倾，双脚配合划手缓慢向前行走；待动作配合熟练后，在保证身体平衡的前提下加快行走速度，感受水的阻力。

（4）水中接力比赛。在学生熟练掌握水中行走后，把学生分成人数相同的小组进行水中行走接力比赛，通过游戏教学法检验学生学习效果，提升学生对游泳的学习兴趣。

（五）易犯错误及纠正方法

（1）水中站立不稳，无法保持身体平衡。游泳初学者在水中由于不习惯水的浮力，因此无法像在陆地那样“踏实”地站在池底，特别是受到水浪的拍打，身体在水中更是无法保持平衡，导致摔倒现象。解决措施是：采用双脚开立略大于肩、双臂外展于体侧的“十字站位”姿势来保持身体平衡，这种站姿可以避免身体前后、左右的倾倒，维持身体水中平衡。

（2）水中行走时重心控制不稳，导致身体前摔。行走前摔的主要原因是双腿迈步与身体移动速度脱节，导致重心、浮心没有处于一条垂直线。解决措施是：双臂后划水时、双腿屈髋屈膝缓慢迈步，保持重心始终处于两腿之间。

（六）技术应用与探索

**水中行走在有氧健身、水疗康复中的应用**

水中行走是一种简便、有效的有氧健身方法。人在齐腰的水中行走时，下肢需要克服水的阻力，进而可以增加下肢的肌肉力量；人在齐胸的水中行走时，在克服水阻的同时，胸部还要去承受水的压力，进而能够提升心肺功能。此外，由于水温与体温的温差，人在水中行走时消耗的热量比陆地行走要大，对于减脂健身人群来说效果较好。

水中行走是一种安全、实用的康复手段。对于一些腰、膝、踝关节损伤的人群来说，陆地项目训练会加剧病情、不利于机体恢复；水中行走时，由于水的浮力可以减小腰、膝、踝关节的负荷，这样既能达到运动康复的目的，又能减少运动损伤的风险。

运用水中行走进行健身、减脂、康复训练时，要根据水深、行走距离、练习时间来合理地安排运动负荷。例如，儿童与老年人选择齐腰的水深即可，避免过深的水对其心肺功能造成过大的负荷、不利于安全；腰、膝、踝关节损伤人群，不宜较长时间、较长距离进行水中行走练习，因此安排运动负荷时要循序渐进、量力而行，避免加重病情。

**二、水中跳跃**

（一）动作要领

（1）垂直跳跃。准备阶段：站立水中，两脚左右开立、双腿屈膝屈髋，双臂置于水中前伸、掌心向下。起跳阶段：快速伸膝伸髋，双脚蹬离池底，双臂向下划水置于体侧位置，身体垂直向上跳起。下落阶段：保持身体的稳定性，快速恢复到起跳准备姿势。

（2）流线跳跃。流线跳跃是指在熟练掌握垂直跳跃后，采用流线型姿势进行跳跃。准备阶段：站立水中，两脚左右开立、双腿屈膝屈髋，双臂上举伸直、双手叠加、上臂位于脑后位置。起跳阶段：快速伸膝伸髋，双脚蹬离池底，双臂保持流线型姿势不变，头部固定、目视前方。下落阶段：身体垂直落入水中，保持身体平衡、稳定的同时，不破坏躯干和上肢的流线型。

（二）教学重点

上下肢协调配合；起跳后平衡稳定。

（三）教学难点

流线跳跃时的身体平衡。

（四）教学组织

（1）陆地模仿练习。教师陆地讲解、示范垂直跳跃、流线跳跃的动作要领，学生进行陆地模仿练习，熟练掌握跳跃技术的肢体配合以及身体的稳定性。

（2）水中垂直跳跃。学生站立水中做好跳跃准备，听到教师哨音后快速垂直跳跃，跳跃的高度随着技术的熟练逐步增加，学生重点体会跳跃时水的阻力、下落时水的浮力。

（3）水中流线跳跃。掌握水中垂直跳跃后，学生双臂上举伸直、双手叠加、上臂位于脑后位置，保持上肢与躯干的流线型。在听到教师的哨音后，双脚蹬离池底向上跃起，此时头部要固定不动、目视前方，重点体会跳跃后身体的流线型姿势以及下落后的身体稳定性。

（4）水中跳高比赛。学生熟练掌握水中跳跃技术后，教师可以组织学生在水中进行加难跳跃比赛。例如，向上跳跃比高度、向前跳跃比远度、旋转跳跃比角度，这些练习方式不但能提升学生的水感，还可以使学生更好地控制身体在水中的平衡，同时提升学习游泳的兴趣。

（五）易犯错误及纠正方法

（1）垂直跳跃时身体向前、向后倾倒。垂直跳跃时身体倾倒的主要原因是起跳角度不对，起跳时身体前倾即向前倾倒；起跳时身体后仰即向后倾倒。解决措施是：起跳过程中要求学生下蹲时，保持躯干垂直于水面，起跳时保持目视前方、保持头部的稳定性。

（2）流线跳跃时无法控制身体平衡，身体流线姿势较差。流线跳跃时要求手臂上举、双手叠加，这个姿势本身就不利于起跳后的平衡，如果此时学生起跳角度再出现错误，就容易导致起跳后身体平衡失调、身体流线型较差。解决措施是：首先让学生在水中进行流线蹲起练习，流线蹲起时要求手臂、躯干要保持一条直线、垂直水面，上臂位于脑后、头部稳定、目视前方；学生熟练掌握水中蹲起流线练习后，再进行向上的流线型跳跃，跳跃的高度可以由低到高，通过这种分解练习，使学生循序渐进地掌握流线跳跃技术。

（六）技术应用与探索

**水中跳跃可以解决双腿肌力不平衡的问题**

双腿肌力不平衡是指两腿肌肉力量不一致，对于大多数人来说这是一个普遍存在的现象。不经常参加体育运动的人一般很难发现自己的双腿肌力不平衡，甚至一些经常参加体育运动的人也会忽略这个问题。轻微的双腿肌力不平衡不会对我们的生活和运动带来过大的影响，但是如果不加以重视和进行针对性的训练，势必会影响其身体姿态，特别是对于身体处于发育阶段的少年儿童来说，一定要及时发现、及时进行训练纠正。

水中跳跃能够及时发现双腿肌力不平衡的问题。水中跳跃时如果双腿肌力大小不一，跳跃后身体就会向无力腿一侧偏移。例如，右腿的肌力大于左腿的肌力，那么水中跳跃后身体就会向左侧偏移，导致学生跳跃后无法垂直站立水中，出现向左侧摔倒的现象。由于游泳是对称性、周期性体育项目，因此双腿肌力不平衡不仅会影响游泳学习的效果，甚至会导致错误技术动作的产生。例如，蛙泳腿蹬腿过程中要求双腿同时、同一水平面向后蹬夹，如果学生双腿肌力不一致，就会导致蹬腿不同步、游进方向偏移的问题。特别是在少年儿童游泳教学过程中，很多学生做蛙泳腿时身体前进方向不能保持直线向前，这时游泳教师就要充分考虑到学生双腿肌力不平衡的问题。

双腿肌力不平衡可以采用陆地单腿跳跃、单腿支撑的方式进行锻炼。但是，对于年龄小、体质弱的人群来说，陆地单腿跳跃、单腿支撑势必会加大其膝、踝关节的负荷，甚至在陆地练习的过程中很多人根本无法完成单腿跳跃、单腿支撑的练习任务。因此，水中跳跃的练习方法就可以有效弥补陆地练习的缺陷，由于人体在水中受到水的浮力，因此可以轻松地做出水中单腿跳跃、单腿支撑的技术动作，虽然运动负荷没有陆地那么大，但是可以通过延长运动时间、增加运动量的方式来解决双腿肌力不平衡的问题。

## 第二节　呼吸技术教学

呼吸技术是熟悉水性教学阶段的重点和难点，是所有游泳初学者的必过之关。只有掌握了呼吸技术才能进行具体的泳姿学习，只有掌握了呼吸技术才算真正踏上游泳学习之路。游泳呼吸技术包括蛙泳、蝶泳的抬头呼吸技术和爬泳的侧向呼吸技术两种，无论哪种呼吸技术都与人们所习惯的陆地呼吸方式不同。所以，游泳呼吸技术其实是改变了人们习以为常的呼吸节奏和习惯，因此这一部分的教学一定要加以重视，并贯穿于整个熟悉水性教学阶段。

### 一、抬头呼吸技术

（一）动作要领

抬头呼吸技术是针对蛙泳、蝶泳的呼吸技术。抬头时用嘴快速吸气，头部浸入水中后进行短暂的闭气，伴随着头部抬起用嘴或鼻缓慢吐气，待嘴即将露出水面后快速将肺中残留气体全部吐出，按照“快吸—稍闭—慢吐—猛吐”的呼吸节奏重复呼吸技术动作。

（二）教学重点

水中充分吐气；水面快速吸气。

（三）教学难点

呼吸的节奏配合。

（四）教学组织

（1）陆地模仿练习。教师陆地讲解、示范抬头呼吸动作要领；学生双脚左右开立、双手扶膝、躯干尽量保持与地面平行，按照“快吸—稍闭—慢吐—猛吐”的节奏练习呼吸技术。

（2）俯卧池边练习。学生俯卧岸边，将头部位于水面上方、肩部以下位置位于岸上，用嘴快速吸气后，快速将头部浸入水中进行短暂的闭气，抬头过程中用嘴或鼻进行缓慢的吐气，当嘴即将露出水面后快速吐气，然后用嘴进行快速的吸气，依次循环进行呼吸技术练习。

（3）站立水中练习。学生手扶池边、面向池壁站立水中，身体下蹲保持肩部浸入水中，此时按照呼吸的动作要领练习呼吸技术。练习过程中，让学生充分体会肩部不动、抬头呼吸的技术动作，避免以后游泳过程中呼吸时身体上抬过高，导致腿部下沉，破坏身体流线型。

（五）易犯错误及纠正方法

（1）鼻子吸气，导致呛水。鼻子吸气是长期养成的呼吸习惯，若要短时间内改变这个习惯很难,所以在陆地教学过程中,教师要频繁地采用语言提示法提醒学生用嘴吸气;必要情况下可以告诉学生“忘记自己的鼻子”,无论是吸气还是吐气都用嘴完成,逐步纠正用鼻吸气的错误。

(2)吐气不充分,导致假呼吸现象。假呼吸的根本原因是吐气不充分,导致肺部残留气体过多而影响吸气,具体表现为学生在进行几个呼吸动作后无法进行正常的水中换气。解决措施是:强调吐气的重要性,每一次吐气时,当嘴将露出水面时大声喊“啪”,这个爆破音可以快速地将肺内残留气体排出,进而完成快速的吸气动作。

(六)技术应用与探索

**抬头吸气技术可以有效缓解、治愈颈椎病**

颈椎病是伏案型工作人群常见的慢性疾病,此类人群由于长期处于低头工作的状态,导致颈部肌肉长时间处于紧张状态而无法得到放松,长此以往就会引起颈部和肩部的不适,甚至出现疼痛。蛙泳、蝶泳的抬头呼吸技术可以使颈部在每次呼吸过程中处于后伸姿势,有效缓解长期低头造成的颈部肌肉疲劳,因此经常进行蛙泳、蝶泳锻炼可以有效缓解颈椎病。但是,对于颈椎病较为严重的人群要在医生的建议下合理进行游泳锻炼。

**二、侧向呼吸技术**

(一)动作要领

侧向呼吸技术是针对爬泳的呼吸技术。吸气时利用身体的转动带动头部侧转,嘴在头部顶出的水窝中进行吸气、嘴略向上方倾斜,此时一眼位于水面下方、一眼位于水面上方。因此,爬泳的呼吸方式可以形象地比喻成“独眼斜嘴功”。侧向呼吸与抬头呼吸一样,依然采用的是“快吸—稍闭—慢吐—猛吐”的呼吸节奏。

(二)教学重点

呼吸时保持头部的稳定性。

(三)教学难点

呼吸时头部与身体的协调转动。

(四)教学组织

(1)陆地模仿练习。教师陆地讲解、示范侧向呼吸动作要领;学生双脚前后开立(以左腿前、右腿后为例)、左手扶膝、右臂前伸、躯干尽量保持与地面平行,手臂向后做爬泳划手动作时,伴随着身体的侧转完成侧向呼吸动作。

(2)水中站立练习。学生站立在水中,动作要领与陆地模仿练习一样。唯一不同的是:在做侧向呼吸时由于身体没有向前游进,因此头部无法顶出提供呼吸的水窝,在呼吸过程中做不出“独眼斜嘴”的动作要领,此时通过让学生用嘴“咬肩”的练习方法来体会头部侧向呼吸技术。

(3)水中行进练习。学生水中双脚前后开立、双臂并拢前伸、头部和躯干浸入水中,向前迈步的过程中配合手臂向后划水完成侧向呼吸动作,呼吸时要保持头部的稳定性,不能出现抬头动作,转头与转体配合要协调一致。

（五）易犯错误及纠正方法

（1）侧向呼吸抬头，导致身体下沉。侧向呼吸抬头的原因是没有掌握正确的呼吸要领，特别是学习完抬头呼吸技术后，学生在做侧向呼吸练习时会出现技术动作负迁移，总是习惯性地进行抬头呼吸。侧向呼吸抬头的解决措施是：学生在进行陆地模仿、水中站立练习过程中，教师一手位于学生后脑位置，一手位于其下颌位置，当学生进行侧向呼吸时，教师通过双手的协调转动让学生体会头部的侧向转动，多次重复练习后使学生形成正确的肌肉记忆。

（2）头部侧转不充分，导致呼吸时喝水。头部侧转不充分的原因是转头时肩部没有进行充分的转动，进而影响头部侧转的幅度。解决措施是：学生陆地立正姿势站立，先做肩部不动的向右、向左看齐，体会肩部不转、头部转动时的幅度；然后让学生做肩部转动下的头部向后转动，体会转肩时头部的转动幅度；学生水中侧向呼吸练习时，在转肩的过程中，让学生用嘴去做"咬肩"的动作，进而提高转肩、转头的配合时机。

（六）技术应用与探索

**侧向呼吸技术教学过程中要注意双侧呼吸的练习**

侧向呼吸技术既包括左侧呼吸，也包括右侧呼吸。游泳初学者无论先练习的是左侧呼吸还是右侧呼吸，最终都要学会双侧呼吸技术。因为如果长期采用单侧呼吸技术，呼吸一侧的肩关节运动幅度过大会造成"游泳肩"症状的产生。"游泳肩"是一种肩膀软组织（腱、肌肉、韧带）的慢性发炎，轻者引发肩部疼痛，重者限制肩关节运动幅度，这种运动损伤无论对游泳健身者还是游泳专业运动员来说都是非常不利的。此外，由于侧向呼吸"独眼斜嘴"的呼吸方式，长时间的运动会引发嘴部歪斜，这一点对于身体发育阶段的少年儿童来说尤为不利，因此游泳教师在侧向呼吸教学过程中要格外注意和重视。

## 第三节　漂浮技术教学

漂浮技术是游泳学习过程中的又一个重点和难点，游泳时人体处于仰卧或俯卧姿势，改变了我们平时习惯的直立站立姿势，这一习惯的改变就给很多游泳初学者带来极大的不适。很多游泳初学者无法利用水的浮力使自己漂浮起来、漂浮后又无法站立导致喝水，这些都是阻碍游泳学习的"拦路虎"，这一节重点介绍游泳漂浮技术的特点及练习方法，为学生进入游泳具体泳姿的学习打下一个坚实的基础。

### 一、静体漂浮与站立

静体漂浮与站立是游泳漂浮技术的基础，只有熟练地掌握了静体漂浮、平稳站立的技术动作后，才能进行悬浮、仰卧漂浮、滑行技术的练习。特别是站立技术，往往很多游泳初学者就是因为无法正确地站立导致摔倒、喝水、呛水的现象，甚至会使学生产生对水的恐惧心理，影响游泳教学的开展。因此，在练习静体漂浮与站立技术时，游泳教师要对技术动作进行详细的示范与讲解，使学生快速、准确地掌握。

（一）动作要领

静体漂浮的动作要领是双臂与肩同宽、平行前伸，吸气后头部浸入水中、目视池底、后脑与水面齐平，双脚轻轻蹬离池底、双腿上摆后并拢伸直、双脚跖屈，腰腹适当用力、腰背挺直，整个身体呈现流线型漂浮于水面；站立的动作要领是双臂缓慢向后划水，双腿做屈髋屈膝、伸髋伸膝动作，当双脚稳定站立池底后再抬头吸气，整个站立过程要缓慢、稳定，避免因抬头过早、过快而导致出现前摔、喝水的错误动作。

（二）教学重点

身体适度放松；漂浮的流线型。

（三）教学难点

漂浮与站立的配合。

（四）教学组织

（1）陆地模仿练习。教师陆地讲解、示范漂浮站立动作要领；学生双脚左右开立、双臂前伸、眼睛看向地面，模仿水中漂浮的身体姿势。教师通过向后划臂、屈膝屈髋、伸膝伸髋、脚踩地面、抬头吸气的语言提示，让学生掌握漂浮站立的陆地动作要领。

（2）手扶池边练习。学生站立水中、面向池壁，双手掌轻搭池壁、手臂伸直，吸气后低头、目视池底，双脚轻轻蹬离池底、双腿上摆后并拢伸直、双脚跖屈，腰腹适当用力、腰背挺直，整个身体呈现流线型漂浮于水面。这个练习过程中要特别注意肩部的放松，双臂要完全伸直、双肩位于水中，避免因肩部的紧张隆起而导致腿部的下沉。

（3）水中漂浮练习。学生站立水中，双臂与肩同宽、平行前伸，吸气后头部浸入水中、目视池底、后脑与水面齐平，双脚轻轻蹬离池底、双腿上摆后并拢伸直、双脚跖屈，腰腹适当用力、腰背挺直，整个身体呈现流线型漂浮于水面；站立的动作要领是双臂缓慢向后划水，双腿做屈髋屈膝、伸髋伸膝动作，当双脚稳定站立池底后再抬头吸气，整个站立过程要缓慢、稳定，避免因抬头过早、过快而导致前摔、喝水的错误动作。练习可以采用双人保护的方式进行，一人做漂浮站立，一人身旁保护，避免学生由于紧张而无法站立。

（五）易犯错误及纠正方法

（1）漂浮时头高脚低，身体沉入池底。产生这一现象的原因是学生由于害怕身体沉入水中，故意将头部抬高，进而导致头高脚低的错误动作。解决措施是：让学生明白人体漂浮水中时就像跷跷板一样，过度抬头势必会造成腿部的下沉；因此，漂浮过程中要尽量压低头部位置，这样双脚才不会下沉，身体才会更好地漂浮于水面。

（2）站立时不稳，导致前摔喝水。导致站立不稳的主要原因是学生站立时过于着急、手脚配合节奏错误。解决措施是：首先让学生进行陆地站立模仿练习，熟练掌握水中站立的动作要领；其次是让学生在水中站立时遵循“脚不踩底，头不抬起”的原则，因为过早抬头会使人体的浮心在前、重心在后，站立时会导致前摔喝水。

（六）技术应用与探索

**“天然下沉者”无法完成静体漂浮的解决措施**

“天然下沉者”是指脂肪含量较少、肌肉密度较大的一类人群，这类人群在水中无论是吸气还是吐气都会沉入水中，多见于体力劳动者和运动员（游泳运动员除外）。针对“天然下沉者”无法完成静体漂浮的问题，可以采用双人互助练习的方式进行解决，一人在水中做静体漂浮时,另一人用手轻拖其脚踝位置,避免因其腿部下沉而导致整个身体沉入水中。除此之外,也可以采用牵引练习的方法解决其身体下沉问题,当"天然下沉者"进行静体漂浮时,配合的同伴可以在他的身体前方牵引其双手,这样也可以解决身体下沉的问题。

## 二、抱膝悬浮与站立

抱膝悬浮技术是漂浮技术中的一个非常重要的环节,抱膝悬浮时身体团成球状悬浮于水中,这个技术可以使很多"天然下沉者"体会漂浮水中的感觉,进而能够更好地感受水的浮力。同时,抱膝悬浮也可以作为水中游戏的环节进行教学,提升学生游泳学习的兴趣。

### (一)动作要领

学生在水中站立,用嘴吸气后身体缓慢下蹲,低头、屈膝屈髋,双手抱膝,膝盖尽量贴近胸部,这时身体会自然漂浮于水中;站立时,手臂先前伸,再缓慢向后划水,双腿伸膝伸髋,双脚站立池底后再缓慢抬头吸气。

### (二)教学重点

抱膝悬浮;悬浮站立。

### (三)教学难点

悬浮与站立的协调配合。

### (四)教学组织

(1)陆地模仿练习。教师陆地讲解、示范悬浮站立动作要领。学生双脚左右开立、用嘴吸气后身体缓慢下蹲,低头、屈膝屈髋,双手抱膝,膝盖尽量贴近胸部;站立时,手臂先前伸,再缓慢向后模仿划水动作,双腿伸膝伸髋,当躯干与腿呈现直立状态后再缓慢抬头吸气。陆地模仿的反复练习,能使学生掌握抱膝悬浮的动作要领。

(2)水中悬浮站立。学生站立水中,用嘴吸气后身体缓慢下蹲,低头、屈膝屈髋,双手抱膝,膝盖尽量贴近胸部,这时身体会自然漂浮于水中;站立时,手臂先前伸,再缓慢向后划水,双腿伸膝伸髋,双脚站立池底后再缓慢抬头吸气。水中练习过程中要注意安全保护,教师可以把学生分成两人一组,一人练习抱膝悬浮,另一人在身边保护,消除练习的安全隐患。

(3)悬浮转圈游戏。学生熟练掌握抱膝悬浮、悬浮站立后,教师可以安排悬浮转圈游戏检验学生的学习效果,以增强游泳课堂教学的趣味性。悬浮转圈游戏可以把学生分成两人一组,一人悬浮,一人用手转动悬浮者,转动的圈数逐渐增加,转动后要求悬浮者能够稳定地站立池底。这个游戏过程中,教师要重点强调安全问题,当悬浮者转圈后出现无法站立的情况,身边的同学一定要及时扶起悬浮者,避免出现喝水、呛水的危险情况。

### (五)易犯错误及纠正方法

(1)抱膝悬浮时过度紧张,导致无法完成团身漂浮。产生这一现象的原因是学生刚开始进行抱膝悬浮时,身体会有一个缓慢下沉的过程,很多初学者就会错误地认为自己没有漂浮起来,进而导致匆忙地结束抱膝悬浮动作。解决措施是:首先,讲解抱膝悬浮的原理,抱膝悬浮时身体的重心、浮心处于一条直线,那么无论是"天然漂浮者""天然下沉者",还是"受呼吸限制漂浮者",此时都能漂浮于水中,唯一的区别是漂浮时距离水面的深浅有所差距;其次,教师可以要求学生在完成抱膝悬浮后,不管身体处于水中的哪个深度,此时闭眼默念

5个数,这个过程中身体一定会从缓慢下沉的状态过渡到自然漂浮的状态。

(2)抱膝悬浮站立不稳,出现喝水、呛水现象。导致抱膝悬浮站立不稳的错误原因是:学生抬头过猛、伸髋伸膝不及时,从而导致浮心在前、重心在后,重心与浮心形成的力矩使学生无法稳定、快速地站立池底。解决措施是:抱膝悬浮后先进行展体漂浮,手臂缓慢平行前伸、双腿向后方伸髋伸膝,待身体呈现静体漂浮姿势后,此时再完成水中站立。这个练习过程中,首先,要保证学生掌握了静体漂浮与站立技术,所以在练习游泳漂浮技术时,最先学习的漂浮技术应该是静体漂浮与站立,然后再学习抱膝悬浮与站立;其次,教师要根据学生的闭气长短,合理安排抱膝悬浮的时间,避免学生因闭气时间较短而无法完成展体漂浮技术。

(六)技术应用与探索

**抱膝悬浮时为什么要求学生睁开眼睛练习**

初学者学习抱膝悬浮时,由于身体在水中处于悬浮状态,因此身体会出现前后左右的摆动,这让很多初学者很不适应,甚至会出现眩晕的感觉,于是很多初学者练习时会选择闭眼抱膝悬浮。对此,游泳教师在进行抱膝悬浮教学时,一定要强调学生睁开眼睛练习,其目的是使学生感受身体在水中受到水的浮力、波浪阻力影响后的悬浮状态,进而可以培养学生游泳的水感,提升其身体完全浸入水中时的方位感,这对于以后学习游泳转身技术尤为重要,特别是仰泳、爬泳的滚翻技术。

## 第四节　滑行技术教学

滑行技术是熟悉水性学习过程中的最后一步,也是最为关键的一步练习。掌握滑行技术是为了让学生在漂浮滑行过程中感受身体水中平衡的能力,体验游泳过程中身体的基本姿势,进而为接下来的具体泳姿学习做好准备。

### 一、俯卧滑行技术

俯卧滑行技术是练习蛙泳、爬泳、蝶泳的基本身体姿势,俯卧滑行过程中要求学生的身体处于高、平、稳的姿势,整个身体在水中呈现出完美的流线型;俯卧滑行技术是学习游泳腿部技术、手臂技术、配合技术的基础,所以只有在学生熟练掌握俯卧滑行技术后,才能转向具体泳姿技术的学习。

(一)动作要领

学生站立水中或背向池壁,双臂并拢伸直、双手掌叠加、头部位于两臂之间,吸气低头、目视池底,当手臂、头部、躯干完全浸入水中后,双脚蹬离池底或池壁、双腿并拢伸直,滑行过程中保持身体的流线型和稳定性,滑行距离越远越好。

(二)教学重点

滑行时身体的稳定性;滑行时身体的流线型。

(三)教学难点

双脚蹬离池底或池壁的时机。

（四）教学组织

（1）双腿蹬底滑行练习。教师水中讲解、示范蹬底滑行动作要领；学生双脚前后开立、双臂并拢伸直、双手掌叠加、头部位于两臂之间，吸气低头、目视池底，当手臂、头部、躯干完全浸入水中后，后脚先发力蹬离池底、重心转移到前脚后再用前脚蹬离池底，双脚离开池底后双腿随即并拢上浮，身体呈流线型漂浮于水面。

（2）单腿蹬壁滑行练习。学生站立水中、背向池壁，一腿站立池底保持平衡，一腿屈膝屈髋将脚放在池壁上，双臂并拢伸直、双手掌叠加、头部位于两臂之间，吸气低头、目视池底，当手臂、头部、躯干完全浸入水中后，置于池壁上的腿先发力、支撑腿后发力，当双脚蹬离池壁、池底后，双腿随即并拢伸直上浮，整个身体呈流线型漂浮于水面。

（3）双腿蹬壁滑行练习。学生站立水中、背向池壁，双脚轻蹬池底后放在池壁上，双臂并拢伸直、双手掌叠加、头部位于两臂之间，吸气低头、目视池底，当手臂、头部、躯干完全浸入水中后，双脚用力蹬离池壁、向前滑行，此时身体保持良好的流线型。

（五）易犯错误及纠正方法

（1）蹬底滑行时，身体拍水、流线滑行较差。产生这一现象的原因是：学生双脚蹬离池底过早，手臂、躯干还未完全浸入水中，此时过早地蹬离池底会使身体向斜上方运动，造成身体的拍水现象，进而影响整个身体流线型姿势。解决措施是：把蹬底滑行技术分为两步完成。第一步要求学生吸气低头后，手臂和躯干完全浸入水中并平行于池底；第二步要求学生躯干、手臂、头部保持一条直线的前提下，双脚依次蹬离池底，完成水中流线滑行。

（2）蹬壁滑行时，身体无法呈现流线型滑出。产生这一现象的原因是：学生双腿蹬壁的时机不对，双腿蹬壁过早导致身体“窜出水面”，双腿蹬壁过晚导致身体“扎入水中”。解决措施是：蹬壁滑行时采用“两秒原则”纠正其蹬离池壁的时机，当学生双腿置于池壁上方、身体完全浸入水中后，学生心中默念两个数，这时手、头、躯干、髋、腿正好处于一条直线，此刻双脚再蹬离池壁，身体就会呈现流线型姿势向前滑行。

（3）滑行过程中，身体出现左右偏移。产生这一现象的原因是：学生滑行过程中身体两侧肌肉力量不一致，导致身体偏向肌肉有力的一侧。解决措施是：教师在讲授滑行技术时要求学生身体保持适度紧张，避免因两侧肌肉收缩力量不一致而导致身体左右偏移；此外，可以采用一人流线滑行、一人前方牵引的方式来使学生感受水中流线滑行技术，解决身体偏移问题。

（六）技术应用与探索

**流线滑行过程中身体处于何种深度滑行距离更长**

在流线滑行教学过程中，很多初学者会有一个疑虑，那就是为什么有的人滑行距离远，有的人滑行距离近。针对这个问题，首先，要规范流线滑行的动作要领，保证滑行过程中技术的准确性和身体的流线型；其次，人体在水中流线滑行过程中受到的两大阻力分别是外形姿态阻力和波浪阻力，身体保持流线姿势的情况下学生的外形姿态阻力相差不大，但是滑行过程中身体位于水中的深度会决定波浪阻力的大小，而波浪阻力又是影响流线滑行距离的一个重要因素。研究表明，人体在水中处于胸深（胸部到脊柱的距离）的 1.8 倍时，此时滑行过程中受到的波浪阻力最小,因此教师要根据不同学生的胸深来制定其合适的滑行深度,在减小波浪阻力的前提下提升其滑行的距离,一般来说流线滑行时的距离要达到 8~10 米。

**二、仰卧滑行技术**

仰卧滑行技术是练仰泳的基本身体姿势,仰卧滑行过程中要求学生的身体处于高、平、稳的姿势,整个身体在水中呈现出完美的流线型;仰卧滑行技术是学习仰泳腿部技术、仰泳手臂技术、仰泳配合技术的基础,所以只有在学生熟练掌握仰卧滑行技术后,才能转向仰泳技术的学习,此外仰卧滑行技术也是一项重要的游泳自救技术。

(一)动作要领

学生站立水中或面向池壁,双臂并拢伸直、双手掌叠加、头部位于两臂之间,吸气仰头、目视上方,当手臂、后脑、躯干完全浸入水中后,双脚蹬离池底或池壁、双腿并拢伸直,滑行过程中保持身体的流线型和稳定性,滑行距离越远越好。

(二)教学重点

滑行时身体的稳定性和流线型。

(三)教学难点

双脚蹬离池底或池壁的时机。

(四)教学组织

(1)双腿蹬底滑行练习。教师水中讲解、示范仰卧蹬底滑行动作要领;学生双脚左右开立、双臂并拢伸直、双手掌叠加、头部位于两臂之间,吸气仰头、目视上方,当手臂、后脑、躯干完全浸入水中后,双脚蹬离池底或池壁、双腿并拢伸直,双脚离开池底后双腿随即并拢上浮,身体呈流线型漂浮于水面。

(2)单腿蹬壁滑行练习。学生站立水中、面向池壁,一腿站立池底保持平衡,一腿屈膝屈髋将脚放在池壁上,双臂并拢伸直、双手掌叠加、头部位于两臂之间,吸气仰头、目视上方,当手臂、后脑、躯干完全浸入水中后,置于池壁上的腿先发力、支撑腿后发力,当双脚蹬离池壁、池底后,双腿随即并拢伸直上浮,整个身体呈流线型漂浮于水面。

(3)双腿蹬壁滑行练习。学生站立水中、面向池壁,双脚轻蹬池底后放在池壁上,双臂并拢伸直、双手掌叠加、头部位于两臂之间,吸气仰头、目视上方,当手臂、后脑、躯干完全浸入水中后,双脚用力蹬离池壁、向前滑行,此时身体在水面保持良好的流线型。

(五)易犯错误及纠正方法

(1)蹬底滑行时,后背拍水、流线滑行较差。产生这一现象的原因是:学生双脚蹬离池底过早,手臂、后脑、躯干还未完全浸入水中,此时过早地蹬离池底会使身体向斜上方运动,造成后背的拍水现象,具体表现为学生会仰卧后坐于水中,进而影响整个身体流线型姿势。解决措施是:把蹬底滑行技术分为两步完成。第一步要求学生吸气仰头后,手臂、后脑、躯干要完全浸入水中并尽量平行于池底;第二步要求学生躯干、手臂、头部保持在一条直线的前提下,双脚轻轻蹬离池底,完成水中流线滑行。

(2)蹬壁滑行时,身体无法呈现流线型滑出。产生这一现象的原因是:学生双腿蹬壁的时机不对,双腿蹬壁过早导致身体"窜出水面",双腿蹬壁过晚导致身体"扎入水中"。解决措施是:蹬壁滑行时采用“两秒原则”纠正其蹬离池壁的时机,当学生双腿置于池壁上方、身体完全浸入水中后,学生心中默念两个数,这时手、头、躯干、髋、腿正好处于一条直线,此刻双脚再蹬离池壁,身体就会呈现流线型姿势向前滑行。

(3)滑行过程中,身体出现左右偏移。产生这一现象的原因是:学生滑行过程中身体两侧肌肉力量不一致,导致身体偏向肌肉有力的一侧。解决措施是:教师在讲授滑行技术时要求学生身体保持适度紧张,避免因两侧肌肉收缩力量不一致而导致身体左右偏移。此外,可以采用一人流线滑行,一人前方牵引的方式来使学生感受水中流线滑行技术,解决身体偏移问题。

(六)技术应用与探索

**仰卧滑行教学中的“枕水”技术**

仰卧滑行相对于俯卧滑行来说,技术动作相对较难。特别是仰卧滑行过程中,如果没有掌握正确的技术动作,会导致鼻子呛水,造成学生的恐水心理,影响其游泳学习的主动性。所以,在仰卧滑行的初学阶段,可以要求学生鼻子始终处于水面上方,避免鼻子浸入水中后造成呛水的现象。为了避免学生鼻子浸入水中,这里需要用到一项技术,那就是“枕水”技术,具体做法是:身体在做仰卧滑行时,首先要保证后脑置于水中、目视上方,此时就像睡觉的时候我们头部躺在枕头上一样,头部与水面略呈现较小的倾斜角度。在完成“枕水”动作后,要保证手臂、后脑与水面平行,此刻双脚无论是蹬离池底,还是蹬离池壁,头部位置一直处于较为平稳的姿势,避免鼻子进水。随着仰卧滑行技术的熟练掌握,教师要不断提升仰卧滑行的难度,即仰卧滑行过程中头部要完全浸入水中,此时要求学生头部一旦进水中后要用鼻子缓慢吐气,直至仰卧滑行静止、面部露出水面。头部完全浸入水中的仰卧滑行技术是学习仰泳出发、仰泳转身技术的基础,非必要情况下仰卧滑行尽量不要佩戴鼻夹。

## 第五节　水中游戏教学

水中游戏应根据游泳活动的目的进行选择,所选的游戏内容要考虑参与游戏者的年龄、性别、生理和心理特点及水中活动的能力。例如,活动的目的旨在得到体力上的恢复和情绪上的调节,可以选择轻松、趣味性较强的游戏。如为了提高某种技术或发展某项素质,可以选择具有竞争性或对抗性的游戏。进行水中游戏首先要考虑安全因素,例如选择游戏场地要了解游泳池池底是否平整不滑,所用器材有无尖角和锐利边缘。游戏场地范围内,不能有危险物件或因素,以防发生伤害事故。

**一、水中赛跑**

游戏目的:熟悉水性,消除怕水心理,体会水的阻力。

游戏器材场地准备:游泳教学场地,水深 60 厘米至 1 米,用一水线或浮标作为终点线。

游戏方法:将初学者排成一列或两列横队于起跑线上,当听到口令后,跑向终点。

游戏规则:两脚不得同时离开池底。两手上举离开水面,不得用手划水前进。不得以任何游泳方式游进。按口令起跑,先到达终点者为胜。

注意事项:防止摔倒溺水,做好安全防护。

**二、打水仗**

游戏目的:熟悉水性,消除怕水心理,提高兴奋性。

游戏器材场地准备:游泳教学场地。

游戏方法:将初学者分成两列横队,站于齐腹深水中,左右相距两臂。两人一组面对站立,相距 1 米,听到信号后,互相用手往对方身上泼水。

游戏规则:不得后退也不得向前进,不得有任何身体接触。

注意事项:必须佩戴护目镜,防止眼睛进水。

**三、打水鸭子**

游戏目的:熟悉水性,克服怕水心理。

游戏器材场地准备:游泳浅水场地,塑料球或球胆一个。

游戏方法:初学者围成一个圆圈为“水鸭子”,一人拿球站于圆圈中心为“猎人”,“猎人”可将球投向任何人,周围的“鸭子”可左右躲闪或蹲入水中以躲避来球。当球触“鸭子”身体任何部位时即为打中。打中后“鸭子”与“猎人”交换。游戏继续进行。

游戏规则:只能在圆中心掷球,不得持球追逐“鸭子”。“鸭子”只能在划定的圆圈内躲避,不得跑出圈外。

注意事项:对象为初步掌握游泳技术者。

**四、摸石子**

游戏目的:掌握头朝下潜入水中的技术,提高水中憋气的能力。

游戏器材场地准备:游泳池或选择水较清的游泳教学场地,2.5 厘米大小的石子数块。

游戏方法:游戏者成两排相距 5 至 6 米,面相对,原地踩水,或组成一个圆圈。把石子事先放置于两排之间的水底或圆圈中点的水底。听到信号后先吸气,然后采用头朝下的入水方法潜入水中寻找石子,摸得多者为胜。潜入后必须睁眼并以一手前伸摸索,防止头撞池底或与同伴相撞。

游戏规则:听信号潜入水中,并用头朝下潜入的方法。在水中的整个时间段中必须睁眼。

注意事项:对象为初步掌握游泳技术者。

**五、扶板打水接力赛**

游戏目的:提高爬泳技术能力。

游戏器材场地准备:规格相同的打水板若干块,教学用的游泳池。

游戏方法:把游戏者分成人数相等的两队或若干队,各队第一人的一臂扶板,一臂扶槽;一脚站立,一脚贴池壁成出发前的预备姿势。听到信号时,第一人蹬壁滑行出发后,紧接着做两腿的爬泳打水动作前进 20 米,到达标志后转身返回,把板交给第二人,依次类推,直到最后一人以板触终点池壁为到达终点,先完成的队为胜。

游戏规则:两手可扶板的任何部位,但不得松开。接板者在没接到板前蹬离池壁即犯规。

注意事项:对象为掌握爬泳技术者。

**六、寒鸭潜水**

游戏目的:提高爬泳打水能力。

游戏器材场地准备:游泳教学场地,每人准备一块手帕。

游戏方法:在游泳场中规定起点与终点线,两线相距为8~13米。游戏者成一列横队站于起点线上,两手置于背后,用手帕绑住两手腕,听到信号后先吸一口气,前倒入水,用蹬池底的方法向前滑行,紧接着两腿用爬泳打水方式前进,以头部触终点线即为到达终点。先到者为胜。

游戏规则:只许用爬泳交替打水方式游泳。游进中不可抬头换气,要憋气游进。游进途中,两脚不得站立池底。

注意事项:对象为掌握爬泳技术者。

**七、首当其冲**

游戏目的:提高自由泳技术水平。

游戏器材场地准备:游泳教学场地。

游戏方法:规定一人为追逐者(如果人数较多可定两人),游戏者围成一圈,追逐者立于中心。听到开始信号时,追逐者游动并以手去触被追逐者的头部,被追逐者逃避时,只能采用自由泳姿势。追逐者可随意选择追逐对象。被追逐者被触到头部,即变为追逐者。

游戏规则:追逐者只能采用自由泳技术。任何人都不得潜泳,身体不得没入水中。被追逐者踢自由泳腿时脚不得打出水面。

注意事项:对象应有一定的自由泳技术基础,防止伤害事故。追逐者手触头部时防止触到眼睛,被追逐者打水时不得故意踢人。

**八、赛船**

游戏目的:掌握与提高仰泳划臂技术。

游戏器材场地准备:齐腰深游泳教学场地,标出两条相距7~10米的横线,为起点和终点线。

游戏方法:把游戏者分为前后两排,前后两人为一组,面相对,每组之间的间隔为1.5~2米,前排站于起点线上,背向目标。听到信号后,前排的人迅速后倒成仰卧姿势,分腿伸向同伴,后排的人将其大腿抱住,迅速迈步推其往前走,仰卧者两臂以仰泳交替划臂前进。按先后到达顺序排列名次,然后互相交换。

游戏规则:"推船者"两手必须扶住仰卧者膝关节以上部位。推时两脚不得同时离开池底。在比赛距离内,"推船者"两手必须始终托住仰卧者大腿不得离开。仰卧者以任何一手触终点线即为到达。

注意事项:对象是初学仰泳者,注意抱好,防止呛水。

**九、拖运比赛**

游戏目的:培养救护能力。

游戏器材场地准备:有一定区域的游泳池水中。

游戏方法:两人为一组,一人为溺水者,另一人为救护者。游戏开始,在规定的标志线前出发可采用侧泳或反蛙泳,将溺水者拖运到达终点。以先到终点者为胜。

游戏规则:溺水者不能做游泳动作。溺水者和救护者脚都不能触池底。

注意事项:游泳技术娴熟者。

**十、无臂将军**

游戏目的:培养动作的协调配合和集体主义精神。

游戏器材场地准备:游泳池或游泳馆。

游戏方法:分成人数相等的两组,每组最前面的人只做俯卧蛙泳划臂动作,后面的人依次以手扶住前者腰侧做蛙泳腿部动作,但动作必须协调一致,最后以先到达终点者为胜。也可以采用仰卧姿势,但仰卧时除第一人做仰泳划臂以外,其余的人两脚必须夹住后者头部靠下颌处,最后一人做仰泳踢水动作。还可以一家三口人做家庭无臂将军游戏,即前者划自由泳臂,后者踢仰泳腿,也可以大家都做蛙泳姿势游动。

游戏规则:游仰泳时脚要夹紧后者头部,除第一人外,其余的每人都在水中做小臂推水动作。所有人配合要协调,动作要一致,如果有一人破坏动作节奏都不易成龙舟。如有掉队者没全部到达终点,即算犯规。

注意事项:对象应有一定的仰泳和蛙泳技术基础,防止伤害事故或呛水。

**十一、仰卧倒游比赛**

游戏目的:加强两臂划水力量,提高划水频率。

游戏器材场地准备:游泳池或游泳教学场地。在离池壁 10~20 米处画一虚线为起游线。

游戏方法:将游戏者分为若干组,每组人数多少视场地条件而定。各组面对终点目标,左右间隔两臂距离。预备时各成仰卧姿势,头部和脚尖分别露出水面,身体的任何部分不得超出起游线。听到信号后两腿不动,两臂划水向脚的方向推进,先到者为胜。

游戏规则:头脚必须露出水面。两臂划水不得出水面。

注意事项:对象是掌握仰泳技术者。

**十二、鲤鱼跃龙门**

游戏目的:帮助掌握海豚躯干的波浪动作。

游戏器材场地准备:有水线的游泳池。

游戏方法:游戏者成一列横队站于第一泳道水线前,面向泳道,两臂上举成预备姿势。听到信号后从池底蹬起,上体前倒跃过水线,钻入水中。入水后两臂自然前伸,躯干和腿做海豚波浪打水动作,从第二水线下钻过至第三水线前,头可出水换气,随即又重复跃过各水线,直到终点,以手触池壁先者为胜。

游戏规则:两臂不得有划水动作。两腿只能做同时对称的上下打水动作,不能蹬水。必须依次钻越水线。在越过 1、3、5、7 水线前,头可出水换一次气。

注意事项:对象是海豚泳初学者。

**十三、水上手球**

游戏目的:熟悉水性,提高兴奋性。

游戏器材场地准备：8×12 米左右的游泳池，水球一个（或用其他球代替）。在场地两端放两个小球门或以其他器材代替。球门可大可小，但宽不超出 2.5 米，高不超出水面 0.8 米。

游戏方法：把游戏者分成两队，每队人数不超过 10 人，先规定一方发球，凡将球射入对方球门得 1 分，每场比赛时间 10~15 分钟。

游戏规则：进攻一方的队员不得先持球进入对方门前 2 米处，否则算越位，由对方发球。不得抱人、推人、拉人、压人，不可双手持球，不得把球压入水中。比赛时可以走动、游动，也可以从水中跃起抢球。

注意事项：对象是游泳初学者。

**十四、穿救生圈**

游戏目的：提高兴奋性，激发学习热情。

游戏器材场地准备：游泳池水深 3 米以上。

游戏方法：将救生圈放置于水面，游戏者从池边起跳，使身体穿入圈内。在一定时间内，穿入圈中次数多者为胜。

游戏规则：救生圈应散开，不应密集在一起，以免相互碰撞，但应保持距离等。穿圈时跳在圈外，或在水底穿入即算犯规。

注意事项：掌握一定水性者。

**十五、骑人打水仗**

游戏目的：提高兴奋性，发展下肢、腰腹及手臂的力量，培养拼搏精神。

游戏器材场地准备：游泳教学场地。

游戏方法：把游戏者分成人数相等的两个队，一人骑在另一人脖子上面对面站立，每四人一队，单臂或双臂相拉。听到信号后，骑在脖子上的两人立即互相撕拉，比赛若干次后，骑者没掉下或掉下少的队为胜。

游戏规则：各队在下面站着的队员只能驮着同伴，不得参与任何动作。各队骑在脖子上的队员只能用手臂同对方撕拉，腿不得参与任何动作，否则即算犯规。听到信号后无论什么原因从同伴身上掉下者，均不得再参加比赛，否则无效。

注意事项：对象为掌握一定的游泳技术者。

# 第三章　蛙泳教学实践

蛙泳是一种实用价值和健身价值很高的泳姿。蛙泳游进过程中，身体俯卧于水中，采用抬头呼吸的方式，双臂同时向后对称划水，双腿同时做对称的收腿、翻脚、蹬夹动作。由于蛙泳呼吸技术较为简单，每个动作周期内有明显的滑行距离，因此蛙泳比较容易学习。在学校游泳教学、社会游泳培训中，蛙泳往往会作为首学泳姿进行教学。同时，蛙泳还具备动作隐蔽性好、易于观察前方目标、游进方向转换迅速的优势，在军事游泳、水上作业、游泳救生等方面具有广泛的应用价值。本章主要介绍蛙泳技术的演变过程，重点分析蛙泳的技术动作、蛙泳教学与组织方法、蛙泳常见错误及纠正方法、蛙泳技术的应用与探索，力争提升体育教育专业、社会体育指导与管理专业学生蛙泳的教学与指导能力。

## 第一节　蛙泳技术特点

### 一、蛙泳技术演变

蛙泳是一种模仿青蛙游泳动作的游泳，因游泳时人体俯卧在水面，手臂划水与腿部蹬水的动作与青蛙在水中游动的动作非常相似，因此在我国将这种游泳姿势称为蛙泳。蛙泳是一种古老的游泳姿势，可以追溯到两千到四千年前，据考证，那时的中国、罗马以及埃及等地就已经有了蛙泳姿势。

英吉利海峡位于英国与欧洲大陆之间，在世界上许多著名的海峡中，横渡难度最大、横渡人数最多、影响力最为深远的当属英吉利海峡，所以横渡英吉利海峡成为游泳运动中最富挑战性、最令人神往的项目。第一个征服英吉利海峡的是 1815 年滑铁卢战役中被俘的法国士兵萨莱蒂，他历经千辛万苦，横渡英吉利海峡返回祖国，创造了人类征服大自然的奇迹。被正式承认的第一个征服英吉利海峡的英雄是英国的一名叫马修·韦布的船长，他于 1875 年 8 月 24 日从多佛出发，使用蛙泳游了 21 小时 45 分钟，于 25 日到达加来。马修·韦布横渡成功之后的 35 年间，无人步其后尘，其原因是横渡英吉利海峡要面对游进距离长、水温低、天气变化不定的困难，以及每隔 6 小时左右在大西洋与北海之间翻滚来回一次的海潮，其中最大的障碍来自冰冷的海水，失败者当中约有 80% 是因为体温降得过低而不得不中途退出。2001 年 7 月 29 日，北京体育大学教师张健成功游过英吉利海峡，用时 11 小时 56 分，横渡距离 33.8 千米，成为完成这一传统海峡横渡活动中华第一人。自从 1875 年英吉利海峡第一次被征服以来，已经有来自世界各地的 800 多人被列入成功横渡者的名单，而张健终于填补了这一名单上没有中国人的空白，也向全球展示了中国游泳人的风采。

1904 年，第 3 届奥运会将蛙泳列为正式的游泳比赛项目。

1907 年，匈牙利游泳运动员巴伦忌采用两臂划水到大腿、两腿前收到腹部再后蹬的“跑马式”蛙泳技术，创造了 1 分 24 秒的 100 米蛙泳世界纪录。

1912 年，在第 5 届奥运会上，德国运动员改进了“跑马式”蛙泳技术，采用身体姿势高平、缩短划水距离、双脚半圆形蹬夹水的蛙泳技术动作，多次刷新了蛙泳世界纪录，这一技术被称为“平航式”蛙泳。

1932 年，在第 10 届奥运会上，日本运动员采用屈臂高肘划水、快收腿快蹬夹、头肩出水晚呼吸的蛙泳技术，在世界大赛中取得了优异的成绩，这一技术被称为“高航式”蛙泳。

1936 年至 1952 年，国际泳联在对蛙泳的规则修订的基础上，允许运动员在蛙泳中两手划水后可以在空中向前移动手臂，由于此种动作类似于蝴蝶扇动翅膀，因此又被称作蝶式蛙泳，其间可以看到在蛙泳比赛中有传统的蛙泳姿势和蝶式蛙泳两种姿势。由于运动员划水后手臂在空气中向前移动时比在水中受到的阻力要小得多，因此蝶式蛙泳的速度比传统蛙泳的速度要快，在第 14 届奥运会（1948 年）上只有一个运动员在 200 米蛙泳决赛中采用传统的蛙泳姿势，在第 15 届奥运会（1952 年）的 200 米蛙泳比赛中没有一个运动员采用传统的蛙泳技术动作，传统蛙泳技术面临着被淘汰的局面。

1953 年，第 15 届奥运会后，国际泳联根据蛙泳赛场的运动员完全放弃传统的蛙泳姿势而改用蝶式蛙泳技术的现实，将蝶式蛙泳单列出来改为蝶泳项目，与蛙泳比赛作为两个不同的比赛项目，允许蛙泳可以不用将身体露出水面，此后蛙泳技术又重新得到人们的重视，出现了潜水蛙泳的新技术。由于在水下游泳可以减小运动员受到的波浪阻力，并且能使双臂最大限度发挥划水的力，可以大幅提高蛙泳的速度，因此在 1956 年的第 16 届奥运会上只有一个运动员采用在水面上的传统的蛙泳技术，其他运动员均采用潜水蛙泳的技术。

第 16 届奥运会后，1957 年，国际泳联禁止在蛙泳比赛中进行潜水游泳，除了在入水和转身时可以潜泳外，其余的每一个动作，运动员的头部都要露出水面，于是水面蛙泳技术又得到大力发展，出现了许多技术流派，其中比较有代表性的有“高航式”技术和“平航式”技术，后来又出现了“活塞式蹬水”和“提肩拉臂式”技术。

1986 年国际泳联又允许一个动作周期内运动员的头部可以潜入水中再出来，这对提高蛙泳的速度提供了规则上的支持，以我国运动员黄晓敏为代表的“前冲式”蛙泳技术、美国运动员巴罗曼为代表的“波浪式”蛙泳技术，被视为最合理的蛙泳技术。

时至今日，蛙泳作为比较成熟的竞技泳姿、比较受欢迎的健身泳姿，越来越受到人们的喜爱。本节重点介绍适合于健身的“平航式蛙泳”（平蛙）以及适合于竞技的“波浪式蛙泳”（波蛙），从身体姿势、手臂技术、腿部技术、呼吸技术、配合技术五方面分析其技术动作特点。

**二、平蛙技术分析**

（一）身体姿势

平航式蛙泳在游进过程中，其身体位置与水面几乎保持平行，在每一个动作周期内游泳者的髋部没有较大的上下起伏动作，并始终保持在水面或接近水面的位置。平航式蛙泳的呼吸是通过低头吐气和抬头吸气来完成的，在整个呼吸过程中肩部始终位于水中或稍露出水面位置，平航式蛙泳的身体姿势在游进过程中能够保持较好的流线型。

（二）腿部技术

平航式蛙泳大腿收的幅度较大，收腿结束时大腿与躯干成 120°~140° 角，两膝约与髋关节同宽,大腿与小腿之间成 40°~45° 角。这是因为平航式蛙泳的身体姿势较平,如果大腿前收的幅度太小,小腿和脚在收腿过程中就会露出水面,使身体的平衡遭到破坏。相反,如果大腿前收幅度过大,会导致大腿的挡水截面增大,进而增加大腿的外形姿态阻力,这样会使前进速度骤然下降。平航式蛙泳在蹬夹水时,为获得较大的蹬水面积,小腿和脚内旋,位于大腿的外侧,通过大腿的内旋和伸髋使大腿带动小腿向后蹬水,向外后方的蹬水直到两腿的膝关节接近伸展时。之后小腿和脚掌继续向下和向后蹬水,腿在向后蹬的同时向中间夹紧。在夹水的最后阶段,两脚由原来的背屈转为跖屈,动作快速有力才能表现出鞭状动作效果。在两脚蹬夹接近并拢时,两腿自然地从水下向上摆到接近水面的位置,使腿与躯干保持直线,准备滑行及下一次动作。

(三)手臂技术

蛙泳手臂技术包括外划、下划、内划、移臂四个环节。其中,外划时,双臂内旋、双手掌转向斜外侧,双臂向外划水至大约两倍肩宽的位置,外划动作不宜过快;下划时,前臂外旋、肘关节屈曲、掌心转向后下方,此时以肘关节为轴,手和前臂加速向下、向后划水;内划时,蛙泳手臂产生推进力为主要环节,随着下划的结束,掌心迅速转向内后方,手臂加速由外向内划水,进一步加大屈肘角度,肘关节同时向下、向后、向内夹至胸前,双肘尽量在胸前夹紧;移臂前伸,双手由胸前、经头部下方,快速向前伸展,掌心由向上转为向下。

(四)完整配合

划手腿不动,向外划手时,头部开始向上抬,内划抬头吸气,抱水完成换气,准备低头;收手再收脚,手部完成抱水动作后,开始收腿,动作要相对慢一些;先伸手臂再蹬腿,在完成抱水动作后,手臂积极快速前伸,同时,头部积极低头跟随手臂往水中钻,当手臂和头部完全进入水中后,再进行蹬腿;并拢伸直漂一会儿,这个动作最好理解,因为它没有动作。在一次蛙泳腿结束后,不要着急换气,借住蹬腿后的强大动力,腿部并拢伸直,全身保持在一个水平面上,尽可能地向前滑行。

**三、波蛙技术分析**

(一)身体姿势

波浪式蛙泳的精髓为"追逐波浪"。肩部露出水面,髋关节位置相对较低,身体与水平面形成一定的角度。根据几何学两点之间直线最短,人们会觉得直线方式在水中游进是最快的。但是,蛙泳竞赛规则的限制使蛙泳不能持续在水下前进,而人体又不可能克服重力在水面上游进,而波浪形运动却可以解决这个矛盾。自然界中,光和声的传播都是以震动的方式进行的,其速度快且穿透力强,猫科动物以奔跑迅速而见长,它们奔跑的动作轨迹也呈波浪形,而波浪的速度受对称性和波长、波幅的影响。在对称的条件下,波长越大,波幅越小,速度就越快。在波浪式蛙泳中,肩的动作轨迹从侧面看是对称的波浪形,波浪呈对称形起落,在吸气后没有突然的下落。在运动员自身条件不变的情况下,波长越大越好。事实上,肩的波浪形轨迹大部分时间是在水面上的,在水下的时间很少,肩部潜入水下的目的是使臀部和腰部上升到较高的位置。

（二）腿部技术

波浪式蛙泳的腿部技术与平航式蛙泳略有不同，波浪式蛙泳游进过程中，由于肩和背部提出水面，髋关节和腿下沉，此时大腿前收的幅度虽然很小，但是小腿和脚也不会露出水面。这样在收腿过程中，大腿与躯干形成一个较大的钝角，迎面的水流不会突然改变流动方向，使身体受到的外形阻力不会突然增大，前进速度不至于大幅度下降。波蛙速度优于平蛙速度最大的优势在于"阻力小和速度均匀"。平蛙的最大阻力来自收腿时大腿的前收，这是平蛙技术动作目前无法克服的。如果在波蛙中过早地收大腿（屈髋），就会因为波蛙上身出水时倾斜的角度而导致阻力更大。所以，波蛙的大腿收腿时机一定要晚于平蛙，并要提前收小腿，在手臂内划将近结束时再开始屈髋，波蛙收腿与平蛙收腿的最大区别是"波蛙的收腿是两步，先收小腿再收大腿"。如果在波蛙收腿时过早地屈髋反而不如平蛙的阻力小，这就是为什么有些游泳者的波蛙甚至游得不如平蛙快的原因。所以说，要想减阻力，波蛙的屈髋动作一定要晚于平蛙，这个时机掌握得好坏就是技术优劣的体现。

（三）手臂技术

波浪式蛙泳手臂技术也包括外划、下划、内划、移臂四个环节。其中，外划时，双臂内旋、双手掌转向斜外侧，双臂向外划水至大约两倍肩宽的位置，动作不宜过快；下划时，前臂外旋、肘关节屈曲、掌心转向后下方，此时以肘关节为轴，手和前臂加速向下、向后划水；内划是蛙泳手臂产生推进力的主要环节，随着下划的结束，掌心迅速转向内后方，手臂加速由外向内划水，进一步加大屈肘角度，肘关节同时向下、向后、向内夹至胸前，双肘尽量在胸前夹紧；移臂，此时与平航式蛙泳最大的区别是，双臂在前伸过程中有一个"猫扑"的动作，使身体向前呈现波浪式前进。

（四）完整配合

与传统蛙泳的"划水—蹬腿"配合节奏不同，波浪式蛙泳的配合节奏是"划水—前冲—蹬腿"。前冲是波浪式蛙泳的独特之处，它发生在划水和蹬腿之间，手和前臂正好在水平面上并与水面平行快速前伸。波浪式蛙泳与传统蛙泳的显著区别在于：当身体持续向前滑行时，头和躯干上部离开了水面。身体最宽的部分——肩部提出了水面。此外，双肩拱起至几乎碰到耳朵，这些都有助于更好地保持身体的流线型。当手臂前伸到 3/4 时开始蹬腿，蹬腿的方向是直接向后，没有向下的分力。波蛙是四式泳姿中唯一一个划手动力与蹬腿动力脱节的泳姿，如何在两个技术动作中用前冲将其连接到一起，才是它速度优于平蛙的另一大优势体现——"速度的均匀性"，不正确的收腿或者是过晚的蹬腿都会使游泳者在划手与腿部动作间失速。虽然波蛙跟蝶泳都是一个讲究游泳节奏的泳姿，但是它对于配合时机的掌握比蝶泳更有难度和挑战性，国外一直把蛙泳放到蝶泳之后学是有道理的。不要再以为只要上身起得高就是波浪式蛙泳，而要想游好波浪式蛙泳，把握好精准的配合时机才是最关键的。

## 第二节　蛙泳腿部教学

蛙泳腿部技术是蛙泳游进过程中产生推进力最大的手段，也是整个蛙泳技术教学中的重点和难点。蛙泳腿技术的好坏会直接影响蛙泳呼吸技术、蛙泳手臂与呼吸配合技术、蛙泳完整配合技术、蛙泳游进速度。本节内容重点阐述蛙泳腿动作要领、蛙泳腿教学组织、蛙泳腿易犯错误及纠正方法，本节的学习可使学生理解并掌握正确的蛙泳腿技术动作、蛙泳腿教学流程及方法，特别是蛙泳腿常见错误产生的原因及具体纠正方法。此外，在技术应用与探索环节，通过解剖学“动作分析法”探讨人体的骨骼、肌肉、关节在完成具体蛙泳技术动作过程中的机械运动规律，使学生了解蛙泳运动过程中关节活动的特点和幅度，参与肢体运动的骨骼肌群及其工作特征，为学生快速理解蛙泳技术动作特点、掌握蛙泳技术动作规律，从而有针对性地进行蛙泳腿肌肉力量、柔韧性的训练提供解剖学理论支撑。

**一、动作要领**

蛙泳腿的技术动作可以分为收腿、翻脚、蹬夹、滑行四个环节。

（1）收腿阶段。蛙泳的收腿是为后续的翻脚和蹬夹动作做好准备，在身体呈流线型姿势向前滑行过程中开始收腿动作。收腿时，两腿伸直放松，大腿自然下沉，双膝和双踝边收边分，双脚和小腿稍向内旋，足跟向臀部靠拢；收腿时小腿和脚要在大腿和臀部的后面，藏在大腿投影截面内，收腿力量要小，速度要慢，以减少收大腿的外形姿态阻力，收腿是通过屈膝屈髋来完成的。收腿结束后，大腿与躯干成 120°~140° 角，两膝内侧与髋关节同宽，足跟靠近臀部，大腿与小腿之间成 40°~45° 角，小腿与水面几乎垂直。蛙泳的收腿动作是为了把腿收至最有利于蹬水的位置，它不但不产生推进力，而且还产生很大的阻力，所以收腿时要考虑尽量地减小阻力。

（2）翻脚阶段。翻脚是蛙泳收腿与蹬水之间的连接动作，通过向外翻脚可以增大对水面积，为蹬夹创造有利条件。脚外翻动作既是收腿的继续，也是蹬夹动作的开始，翻脚效果直接影响蛙泳腿蹬夹的效果。当腿收至足跟接近臀部时，大腿内旋，双膝内扣，膝关节和踝关节随着向后蹬腿的动作而向外转动，双脚做背屈旋外，此时双脚位于臀部的外侧，形成脚和小腿的内侧对准水，为接下来的蹬夹动作做好准备。

（3）蹬夹阶段。蹬夹是产生推进力的主要阶段，是由蹬和夹两个动作构成的，蹬腿应先伸展髋关节，然后是膝关节，最后是踝关节，在向后蹬的同时向内夹水，直至双腿并拢伸直。蹬夹过程中两腿保持勾脚动作，只在双腿即将蹬直并拢时，两脚踝关节才由原来的背屈转为跖屈，同时，两腿自然地从水下向上摆到接近水面的位置，使腿与躯干保持直线。蹬夹结束后，两腿应并拢伸直，蹬腿动作方向是先向外向后蹬，然后转入向内向后蹬，最后阶段是向内、向后和向下的蹬夹腿，由此形成蛙泳的蹬夹水是呈弧线形的鞭状蹬腿动作。由于蹬夹水能产生较大的推进力，因此应用较大的力量和较快的速度完成。

（4）滑行阶段。蹬夹结束后，由于蹬腿的惯性作用，两腿有一个短暂的滑行阶段。这时两腿应尽量伸直并拢，腿部肌肉和踝关节自然放松，借助蹬腿惯性向前滑行。

**二、教学重点**

蛙泳腿收腿幅度；蛙泳腿翻脚动作；蛙泳腿蹬夹方向。

**三、教学难点**

蛙泳腿蹬夹节奏；蛙泳腿发力顺序。

## 四、教学组织

(一)陆地跪压蛙泳腿

双腿分开跪在地面或软垫上,双臂后撑,两膝分开略与肩宽,双脚背屈、脚尖指向两侧,在身体重力的作用下缓慢下压,尽量保证小腿和脚的内侧贴近地面或软垫。这个练习主要是锻炼膝关节和踝关节的柔韧性,从而使学生体会正确的翻脚动作。但是,中老年人不要采用这种练习方法,因为中老年人身体柔韧性较差,容易造成膝踝韧带拉伤。

(二)陆地坐姿蛙泳腿

学生坐在地面或软垫上,身体后倾、双臂后撑、双腿并拢伸直,双腿模仿蛙泳腿的收腿、翻脚、蹬夹技术动作。陆地坐姿蛙泳腿练习的优点是:在坐姿模仿蛙泳腿练习时,收腿、翻脚、蹬夹腿的动作完全在学生视野之内,蛙泳腿动作完全可以通过学生的视觉信息反馈,进而使其更好地掌握蛙泳腿技术动作,形成正确的蛙泳腿动作表象和肌肉记忆。

(三)陆地站姿蛙泳腿

学生原地站立,一腿支撑,一腿做蛙泳腿的收腿、翻脚、蹬夹技术动作。收腿要慢且在收腿时保证小腿和脚的内侧朝向地面,蹬夹动作要快,蹬夹后保持双腿并拢伸直。陆地站姿蛙泳腿练习的优点是:眼睛目视前方、无法观察腿部技术动作,进而蛙泳腿的路线和节奏完全靠动作表象和肌肉记忆完成,这个练习能够使学生快速地掌握蛙泳腿技术动作。

(四)陆地卧姿蛙泳腿

学生俯卧在凳上或出发台上,双腿并拢伸直,双腿模仿蛙泳腿的收腿、翻脚、蹬夹技术动作。陆地卧姿蛙泳腿练习的优点是:学生的身体姿势更接近于水中游进状态,俯卧姿势的蛙泳腿陆地模仿,使学生更为真切地感受蛙泳腿技术动作,为半陆半水蛙泳腿练习、水中蛙泳腿练习做好准备。值得注意的是,俯卧蛙泳腿练习不能直接趴在地面或软垫上,因为这种姿势会使学生的大腿无法前收,从而出现不收大腿的错误动作。

(五)坐卧池边蛙泳腿

学生坐在池边、双腿放在水中,身体后倾、双臂后撑、双腿并拢伸直,双腿模仿蛙泳腿的收腿、翻脚、蹬夹技术动作。坐卧池边蛙泳腿练习的优点是:学生可以较为真切地感受水的阻力和阻力推进力,收腿时会感受到水的阻力,因此收腿动作要放慢;蹬夹时会感受到水的反作用力(阻力推进力),因此蹬夹速度要快。

(六)俯卧池边蛙泳腿

学生俯卧池边,双腿并拢伸直,双腿放在水中,模仿蛙泳腿的收腿、翻脚、蹬夹技术动作。俯卧池边蛙泳腿练习的优点是:学生能够在感受蛙泳游进身体姿势的同时,体会收腿的幅度与阻力的关系、蹬腿的节奏与速度的关系,从而能够更好地掌握蛙泳腿动作节奏。

(七)扶边漂浮蛙泳腿

双手轻搭池边,身体在水中呈现流线漂浮状态,此时双腿模仿蛙泳腿的收腿、翻脚、蹬夹技术动作。在这个练习过程中,教师要让学生在每一次蛙泳腿技术动作后,配合一次蛙泳的呼吸技术,即一次蛙泳腿动作、一次蛙泳呼吸技术。这个练习的重点是蛙泳腿与呼吸的配合,进而为下一步的滑行蛙泳腿与呼吸配合做好准备。

（八）闭气滑行蛙泳腿

学生充分吸气后、蹬离池底或池壁，在保证身体流线滑行的基础上，完成蛙泳腿的收腿、翻脚、蹬夹技术动作。这个练习的主要目的是：让学生体会蛙泳腿的动作效果，检验蛙泳腿是否走水，如果发现身体无法前进或前进速度较慢，教师就要观察学生蛙泳腿技术动作是否出现错误，并针对其错误进行及时纠正，避免错误的蛙泳腿动作定型。

（九）扶板滑行蛙泳腿

扶板滑行蛙泳腿是蛙泳腿练习的最后阶段，也是蛙泳腿与呼吸配合的重要练习环节。学生双手扶板、充分吸气后低头、蹬离池底或池壁，在保证身体流线滑行的基础上，先完成一次蛙泳呼吸动作，再做一次蛙泳蹬腿动作，一个动作周期后身体要充分向前滑行。在这个练习过程中，要让学生深刻体会蛙泳腿对呼吸技术的辅助作用，很多初学者蛙泳呼吸技术不好的主要原因是蛙泳腿技术不正确、不达标。

**五、易犯错误及纠正方法**

（一）蛙泳翻脚不到位或不翻脚

由于日常生活中人们很少做小腿和脚的外翻动作，因此导致很多蛙泳初学者出现翻脚不到位、不翻脚、脚尖蹬水的错误动作。产生这一错误的原因是：膝、踝关节的柔韧性较差、腿部肌肉发力错误而导致蹬夹一开始双脚就做跖屈动作。具体的解决措施是：做陆地跪压蛙泳腿的练习（中老年人群不适宜），提高膝、踝关节的柔韧性；蹬腿过程中，强调学生双脚始终处于背屈状态，双腿、双脚并拢伸直后，双脚再做跖屈动作；教师或同伴抓握练习者双脚，强制进行翻脚错误动作纠正，使学生形成正确的翻脚动作肌肉记忆。

（二）大腿收腿过大，导致臀部露出水面

很多初学者为了使用更大的力量向后蹬腿，往往会不自觉地向前使劲地收大腿，这个错误动作会导致臀部露出水面，而且会因大腿前收幅度过大而产生额外的外形姿态阻力。具体解决措施是：采用矫枉过正法纠正其大腿前收过大的错误，此时让学生俯卧地面或软垫上做蛙泳腿的技术动作，由于身体处于俯卧姿势，因此学生的大腿无法前收，而本身大腿不前收是一个错误动作，但是结合学生大腿前收过多的错误动作，就可以让学生掌握一个正确的大腿前收幅度，这个方法就是矫枉过正法，也可以理解为中医理疗中的“以毒攻毒”。

（三）大腿收腿过小或不收大腿，导致小腿露出水面

由于平航式蛙泳的身体姿势几乎与水面平行，在蛙泳腿收腿过程中如果大腿前收过小或不收大腿，那么就会导致小腿露出水面，这样小腿和脚向后蹬夹过程中就会蹬到空气（由于空气密度较小，蹬空气没有蹬水产生的阻力推进力大），影响其蛙泳腿蹬夹效果。具体的解决措施是：让学生俯卧池边，大腿上部 1/3 处位于岸上，学生先进行屈髋，保持大腿前收，随后让学生进行屈膝，使足跟向臀部靠拢，这样的反复练习使学生养成屈髋屈膝的习惯，进而改正只屈膝不屈髋的错误动作，改正不收大腿或大腿收腿过小导致小腿露出水面的错误。

（四）蛙泳腿平收腿错误，导致蹬水效果不好

蛙泳平收腿是蛙泳腿常见错误，这个动作类似于青蛙的收腿动作，也称为青蛙腿（蛙泳腿与青蛙腿从技术上来说完全不同）。产生这一错误的原因是：收腿时两膝盖过度外展，从

而导致蹬水路线短、蹬水时小腿内侧未对准水而导致阻力推进力较小。解决措施是：陆地模仿结合水中练习，收腿时强调两膝下沉、与肩同宽，避免膝盖外展。此外，可以采用双腿夹板练习的方式进行纠正，此时如果学生双膝外展，势必会导致两腿间距较大、浮板会脱离双腿，这个练习是为了强制纠正学生收腿过程中两膝外展过宽的错误。

**六、技术应用与探索**

**影响蛙泳腿力量的主要肌肉及其练习方法**

蛙泳腿是蛙泳前进动力的主要来源，蛙泳腿技术的好坏直接影响整个蛙泳的游进速度的快慢。很多初学者在蛙泳游进过程中往往会感觉速度很慢、双腿容易疲劳，这一方面是由于蛙泳腿技术动作的错误导致的，另一方面是由于在做蛙泳腿时相关肌肉力量、柔韧较差导致的。由于蛙泳技术是四种泳姿中最为复杂的游泳技术，因此要想通过提高蛙泳技术来提升蛙泳速度是一个较为漫长的过程。对于蛙泳初学者来说，在其蛙泳技术没有明显的错误后，游泳教师可以通过加强其蛙泳腿技术动作的相关肌群力量和柔韧性的训练，逐步提升其蛙泳腿在每一个动作周期内的实效性，使学生具备蛙泳持续长游的能力，从而在游进过程中体会蛙泳的乐趣，提升学生的蛙泳学习积极性。特别是针对蛙泳健身人群来说，适当地进行肌肉力量和拉伸训练，不但可以提升其蛙泳长游能力，更好地进行健身减脂，而且可以预防蛙泳健身过程中出现的运动损伤。通过解剖学“动作分析法”对蛙泳腿技术进行环节受力分析可知，由于蛙泳腿产生推进力的阶段主要是蹬夹阶段，因此影响蛙泳腿蹬夹效果的主要肌肉包括臀大肌、腘绳肌、股四头肌、小腿三头肌。

（一）臀大肌结构特点及锻炼方法

臀大肌位于臀部皮下，为一四方形肥厚的扁肌。起自髋骨外面和骶骨背面，纤维斜向外下，覆盖大转子，止于股骨的臀肌粗隆。肌纤维向外下方斜行，上部肌纤维越过大转子，以腱膜移行于髂胫束的深面，下部肌纤维以肥厚的腱板止于股骨臀肌粗隆。此肌的作用是：近固定时，主要使大腿后伸，其次为内收和外旋；远固定时，使骨盆后倾，躯干伸，维持人体直立姿势。此肌在跑跳时伸大腿起重要作用。采用后踢腿、后蹬跑、俯卧背腿等练习可发展臀大肌的力量。

1. 后踢跑

上体正直或稍前倾，两臂前后自然摆动。足前掌着地，离地时足前掌用力扒地，离地后小腿顺势向后踢与大腿折叠，膝关节放松，足跟接近臀部。

2. 后蹬跑

上体正直或稍前倾，两臂前后有力摆动。充分伸展髋关节，膝、踝关节蹬伸在后，后蹬力量大，重心前移，身体较放松。摆动腿积极向前上方摆动至水平或接近水平部位时，带动同侧髋充分前送，同时膝关节放松，大腿积极下压。小腿前送至足前掌着地，缓冲，迅速转入后蹬。

3. 俯卧背腿

俯卧在地板或垫子上，两腿并拢伸直，髋部支撑，两臂自然伸直置于体侧，连续做两腿向后上振起动作。

(二)腘绳肌结构特点及锻炼方法

腘绳肌就是大腿后侧的肌群,包括半腱肌、半膜肌、股二头肌,腘绳肌与强有力的股四头肌相对应。股二头肌长头、半腱肌、半膜肌起于坐骨结节,股二头肌短头起于股骨粗线。股二头肌长头和短头止于胫骨外面;腓骨、半腱肌、半膜肌止于胫骨内侧髁。股二头肌长头、半腱肌、半膜肌收缩动作是髋伸展和膝屈曲,股二头肌短头收缩动作是膝屈曲。它收缩的主要功能就是屈膝和后伸髋关节,是维持膝关节稳定性,尤其是防止胫骨过度前向错动的重要动力性稳定结构,运动员易发生腘绳肌的扭伤、撕裂等形式的损伤。练习腘绳肌的方法如下所列。

1. 反向腿屈伸

这个动作建议用器械完成,如果没有器械,哑铃也可以。身体趴在凳子上,上半身保持稳定,双脚并拢,用足跟处夹住哑铃。双脚发力、弯曲膝盖,将哑铃从大腿后侧提起,直至小腿垂直地面。缓慢下放哑铃,下放过程身体始终贴紧凳面。这个动作中只有膝盖角度发生了变化,其他部位不参与动作,这样可以孤立腘绳肌发力。所以,这个练习既要保证上半身身体的稳定,也要注意臀部的位置。

2. 弓箭步

双手分别握 1 个哑铃放于身体两侧,掌心面向身体。挺胸收腹,双脚自然站立。向前迈出左腿,屈膝至大腿平行地面,右腿随之弯曲,脚尖点地保持好平衡。伸膝将身体还原,顺势将右腿向前迈出,动作全程不要弯腰、前后晃动。这个动作更贴合日常生活习惯,行走时单侧发力,可以着重发展身体后侧的臀腿力量,改善身体稳定性。

3. 哑铃硬拉

双脚自然站立,站距比肩略宽。双手握住哑铃放于身体前侧,挺胸收腹。腰背挺直,向后顶出臀部,同时屈膝,将哑铃沿着大腿向下移动,直至感觉到大腿后侧明显的拉伸感。控制好身体不要弯腰,还原动作至站立状态。

4. 保加利亚深蹲

两腿前后站立,站距略宽。左脚踩地,右脚脚背放到凳上,上半身挺直。双手分别握住哑铃,屈膝让身体竖直下降,直至大腿平行地面。左脚掌心发力将身体向上还原,重复动作后换右腿完成。

(三)股四头肌结构特点及锻炼方法

股四头肌是人体的大腿肌肉,位于大腿肌肉前面,要使大腿强壮首要是发展股四头肌,因为股四头肌是人体最大、最有力的肌肉之一。股四头肌由四块独立的肌肉组成:股直肌、股内侧肌、股外侧肌和股中间肌。这四块肌肉的起点不同,但拥有共同的止点,在下方汇聚包绕髌骨,在髌骨下方形成髌腱,止于胫骨粗隆。股四头肌的功能是使小腿伸、大腿伸和屈,伸膝(共同作用)屈髋(股直肌),并维持人体直立姿势,维持膝关节稳定。

1. 深蹲跳

身体直立,双脚距离与肩同宽,双臂在身体两侧自然下垂。背部挺直,面朝前方。保持背部挺直,弯曲双腿,臀部向后,做深蹲动作,同时吸气,并且双手在胸前呈抱拳姿势。直至大腿与地面平行或者更低。然后用前脚掌跖骨发力，尽可能高地向上跳起，同时呼气，并且手臂向下伸直。落地后马上再次深蹲，缓冲向下的冲力并且为下次起跳蓄力。

2. 杠铃深蹲

双脚比肩稍宽站立，脚尖与膝盖同方向，全程保持腰背挺直，双臂握住杠铃放于颈后。缓慢下蹲，从侧面看膝盖不要过分超过脚尖，蹲至大腿与地面平行。起身时脚趾抓地挺髋蹲起，重心始终位于脚底中部，腰腹背始终收紧。

（四）小腿三头肌结构特点及锻炼方法

小腿三头肌由腓肠肌和比目鱼肌组成，其中，腓肠肌有内、外侧两个头，两头会合后约在小腿中点移行为腱性结构；比目鱼肌位于深层，肌束向下移行为肌腱，两肌腱合成粗大的跟腱。小腿三头肌为小腿肌的重要组成部分，主要生理作用是屈踝关节和膝关节、避免身体前倾，有利于人体进行站立、行走等活动。小腿三头肌可以通过站姿提踵、负重提踵进行训练。

## 第三节 蛙泳手臂教学

蛙泳手臂的动作是推动身体前进的重要因素，现代蛙泳尤其重视发挥手臂划水的作用。蛙泳的划水路线从水下看，像一个“倒心形”。根据划水过程中用力方向的变化将划水分为外划、内划、移臂三个阶段。本节内容重点阐述蛙泳手动作要领、蛙泳手教学组织、蛙泳手易犯错误及纠正方法，本节的学习可使学生理解并掌握正确的蛙泳手技术动作、蛙泳手教学流程及方法，特别是蛙泳手常见错误产生的原因及具体纠正方法。此外，在技术应用与探索环节，通过解剖学“动作分析法”探讨人体的骨骼、肌肉、关节在完成具体蛙泳手动作过程中的机械运动规律；为学生快速理解蛙泳手技术动作特点、掌握蛙泳手技术动作规律，从而有针对性地进行蛙泳手肌肉力量、柔韧性的训练提供解剖学理论支撑。

### 一、动作要领

蛙泳手的技术动作可以分为外划、内划、移臂三个环节。

（1）外划阶段。外划时两臂内旋使掌心转向外下方，并同时直臂对称地向外向后向下方划水。两手分开超过肩宽时，手臂略外旋，屈肘，屈腕，手掌从朝外下方转为朝向外后和下方，此时手掌和前臂应有抓住水的感觉。抓水动作主要是为后面的划水创造条件，对上体有支撑和平衡作用，并能产生一定的推进力。随着两臂的继续外划，手臂外旋，逐渐加大屈肘程度，两手沿向外、向下、向后方向划水。当两手划至肩的前侧下方时达到最宽点，这时两臂分开大约 120°，外划结束，紧接转入内划。外划的整个过程应始终保持两手之间的距离大于两肘之间的距离，肘高于手，划水速度逐渐加快，肘关节随外划的进行不断加大弯曲的程度，到外划结束时，肘关节屈至 90°~120°，手位于肩的前下方。

（2）内划阶段。内划是外划的继续，正确的内划动作不但可以产生推进力，也可以产生使身体上升的力。外划结束时，手臂向外旋转，手同时由向外、向下、向后划水快速转为向内、向上和向前的划水，两手掌转为斜相对。内划结束时，两手位于头的前正下方，肘的位置低于手，肘关节弯曲成锐角。手臂的这一快速转变动作方向的动作也称为“收手”或“回臂”。内划产生的推动力是划水过程中最大的。在内划过程中,当两手的划水动作由向外和向下转为向内和向上时,肘关节应随手沿向下、向内、向上的运动方向做夹肘动作。由于内划阶段推进作用大,因此应尽量延长这一阶段的划水路线,双手要划至颌下方接近合拢时才开始伸臂,避免过早进入伸臂阶段而减小推进力。内划动作应强调手掌划水带动向内夹肘动作,即手掌内划早于夹肘的动作。

(3)移臂阶段。伸臂是在内划的基础上进行的,当两手内划至下颌下方接近并拢时开始前伸。伸臂是通过夹肘动作和手指前伸动作,完成向前伸肘、伸肩直至两臂成伸直姿势。伸臂开始时掌心相对,在伸臂即将结束时掌心转为向下,伸臂结束时手腕自然伸直,两手并拢。伸臂动作一般在水下或接近水面完成,但也有运动员为减小阻力采用在水面上伸臂的方法。快速向前伸臂是现代蛙泳技术特点之一,它紧密配合腿的动作,在伸臂的同时,向前伸肩,伸臂动作中间不能有停顿。

**二、教学重点**

蛙泳手划水路线;蛙泳手高肘划水。

**三、教学难点**

蛙泳手与呼吸配合技术。

**四、教学组织**

(一)原地蛙泳手臂练习

学生站在陆地或水中,上体略前倾,双臂做蛙泳划水技术动作,划水时按照外划、内划、移臂三个阶段进行,可先进行分解练习,再过渡到完整练习。蛙泳划臂动作要求连贯、流畅,每一个动作周期后有一个明显的停顿;重点体会“心形”划水路线和高肘划水技术。

(二)行进蛙泳手臂练习

学生两腿前后开立,上体略前倾,双臂做蛙泳划水技术动作,每一次划臂要求配合一次蛙泳呼吸,具体要求是手臂外划时要抬头吸气、手臂前伸时要低头吐气。在这个练习中,每一次的划臂呼吸要配合一次向前迈步,初步建立蛙泳腿与手臂和呼吸的配合节奏。

(三)夹板蛙泳手臂练习

学生双腿夹板,蹬离池底或池壁,此时身体处于流线滑行姿势。通过双臂的蛙泳划臂技术使身体向前游进,每一次划臂配合一次呼吸,划臂节奏可以由慢到快,每一个动作周期后要有明显的滑行动作。这个练习的优点是:通过夹板的方式使学生处于水中俯卧姿势,学生能够更好地感受蛙泳游进过程中的身体姿势和划臂与呼吸的配合,为学生以后的蛙泳完整配合技术的学习打下基础。

**五、易犯错误及纠正方法**

(一)蛙泳手臂外划时,双臂距离过宽或过窄

蛙泳手臂外划的动作比较容易犯的错误就是划水过宽或者过窄,虽然外划的宽度决定了内划路线的长短,但是过宽的划手可能会使你的抱水时间过长,并且过于向后不利于内划动作的进行,如果你的力量比较薄弱,也很可能会使你抱不动水,而过窄的外划会缩短你的内划路线,从而减小内划所能提供的推进力,所以过宽和过窄的外划都不是一个好的选择。

解决措施是：蛙泳外划的正确动作应该是使用适宜的宽度，两倍于你的肩宽或者是做完外划时单侧手臂与同侧肩膀延长线的角度在15°角为宜。在外划阶段时不要过于用力，采用相对于内划动作较慢的动作进行，如果你的力量较好，可以适当地提高宽度，但是切忌过宽。

（二）蛙泳手臂内划速度较慢，肘关节过早夹紧

蛙泳的内划是蛙泳向前推进的主要动力来源，此步骤容易犯的第一个错误是速度过慢，内划的速度应该是整个划手周期中最快的，推进力完全取决于内划的技术和速度，所以内划阶段一定要加速进行以便获取最大推进力。解决措施是：内划动作应该加速进行，并且手在任何情况下都不能划到肩部以后，但是肘关节应该在肩部后侧，而在肘关节夹水阶段，一定要使手先向中间并拢，在手几乎碰到一起时肘关节才结束夹水并且在双肩以内。

（三）蛙泳手臂划水时摸水，没有形成高肘姿势

这个错误在蛙泳初学者中最常见，双手外划后没有抱水的动作，而是用手掌去摸水，没有形成有效的高肘抱水动作。解决措施是：让学生俯卧池边，腋窝位于池沿位置，双臂水中前伸，此时做蛙泳手的外划、内划、移臂动作，要求学生每一次内划时双手和前臂要贴近池壁，这个练习可以强制学生做出高肘姿势，多次反复的练习使学生形成手臂的高肘姿势。

**六、技术应用与探索**

**影响蛙泳手臂划水技术效果的肌肉及其训练方法**

由于蛙泳手臂产生推进力的主要阶段是内划阶段，通过解剖学“动作分析法”对蛙泳手臂技术进行环节受力分析，蛙泳手臂内划主要靠屈肘、肩关节内收来完成，因此影响蛙泳手臂内划效果的主要肌肉包括肱二头肌、胸大肌、背阔肌。

（一）肱二头肌结构特点及锻炼方法

肱二头肌位于上臂前面浅层，上部被三角肌和胸大肌遮盖，肌腹呈梭形，屈肘时，其轮廓清晰可见。该肌有长、短两个头，肌束平行列，为双关节肌。长头以长腱起于肩胛骨的盂上结节，通过肩关节，经结节间沟下降；短头起于肩胛骨的喙突，止于桡骨粗隆和前臂筋膜。近固定收缩时，能使上臂在肩关节处屈，使前臂在肘关节处屈；当前臂处于旋前位时，能使前臂旋后；远固定收缩时能使上臂向前臂靠拢。肱二头肌可以通过杠铃和哑铃进行练习。

1. 杠铃肱二头肌卷曲

学生双腿开立与肩同宽，双手反握杠铃、手臂自然下垂于腹部，在保证身体直立的情况下，通过肘关节的屈曲将杠铃向胸部卷曲，当杠铃与胸部齐平后，将杠铃恢复到起始位置。这个练习可以锻炼学生的肱二头肌和肱肌的力量，肱二头肌和肱肌的主要功能是屈肘，这对于蛙泳手臂的外划、内划环节有很大帮助。在这个练习过程中，一定要避免身体的后倾，要完全靠肱二头肌和肱肌的收缩完成屈肘动作。

2. 哑铃肱二头肌卷曲

学生坐姿、双腿平行开立，双手反握哑铃、手臂自然下垂，上体保持直立，一次一只手臂，通过肘关节的屈曲将哑铃向胸部卷曲，当哑铃与胸部齐平后，将哑铃恢复到起始位置，依次双臂交替进行锻炼。这个练习区别于杠铃肱二头肌卷曲的最大优点是：双臂可以交替进行，

避免肱二头肌疲劳，同时也可以解决学生两臂力量不一致的问题，对于弱势一侧的手臂可以加大训练次数，进而达到两臂力量的均衡，提升蛙泳手臂技术动作。

（二）胸大肌结构特点及锻炼方法

胸大肌位于胸前皮下，浅层位置，覆盖胸廓前壁的大部，为多羽状扇形扁肌，宽而厚。起于锁骨内侧半、胸骨侧缘和上位6肋软骨、腹直肌鞘前壁，纤维向外后方集中，止于肱骨大结节嵴。近固定收缩时，向内前拉引肱骨使上臂屈、内收和旋内；远固定收缩时，拉引躯干向上臂靠拢，如引体向上动作，或提肋助吸气。胸大肌可以通过标准俯卧撑和杠铃卧推的方式进行训练。

1. 标准俯卧撑

练习时，学生双手分开略比肩宽，双臂伸直、垂直地面，双臂与躯干成45°夹角；双腿并拢、前脚掌支撑地面，此刻保持头、躯干、下肢处于一条直线；同时，腰腹部要适当收缩用力、避免塌腰。在准备姿势正确的前提下，身体随着屈肘动作缓慢下降、直至胸部触及地面；然后通过伸肘、肩关节前屈，使身体恢复到准备姿势，完成一次俯卧撑动作。标准俯卧撑除了练习胸大肌之外，还练习肱三头肌和三角肌前束；在蛙泳的移臂前伸环节，肘关节伸直、肩关节前屈，这个动作需要胸大肌、肱三头肌和三角肌前束共同完成。

2. 杠铃卧推

练习时，学生平躺在卧推凳上，两腿分开成45°角平放在地上，臀部收紧，绷紧腹部，肩胛骨后缩下沉使上背紧贴卧推凳，双眼要竖直向上看，双手采用正握姿势，双手距离大约两倍肩宽。吸气憋住，发力将杠铃移至锁骨正上方；缓慢下落至胸肌正上方，杠铃与身体间隔1~2厘米；稍作停顿后，发力推起至锁骨正上方，上背仍然紧贴卧推凳。这个练习需要注意的是双手的握距，握距较宽时，杠铃杆的运动距离会缩短，不能完成全幅度的卧推；握距较窄的时候，会导致肱三头肌参与过多，而减弱了胸大肌的发力感。杠铃卧推与俯卧撑相比，其最大的优点是可以选择负重；俯卧撑是克服自重的练习，而杠铃卧推时学生根据自身情况可以选择合适的负重，可以提高胸大肌的锻炼效果。

（三）背阔肌结构特点及锻炼方法

背阔肌位于腰背部和胸部后外侧皮下，呈扇形，为全身最大的扁阔肌，该肌上内侧部被斜方肌遮盖，肌束呈放射状排列。起于第6胸椎至骶骨的所有椎骨棘突、髂嵴，纤维向外上前方集中，止于肱骨小结节嵴。近固定收缩时，使上臂伸、内收、旋内；两上臂处于上举位时，远固定收缩，则拉引躯干向上臂靠拢、提肋助吸气。背阔肌可以通过引体向上、单臂划船的方式进行练习。

1. 引体向上

学生双手正握或反握单杠，双手距离略比肩宽，双脚交叉、一脚位于另一脚上方，身体保持悬垂直立，通过屈肘和肩关节后伸，将身体向上牵引直至下颚超过单杠后，身体缓慢下降至悬垂姿势，完成一次引体向上动作。引体向上动作与蛙泳手臂划水动作路线极其相似，都是做屈肘和肩关节后伸动作，所以通过引体向上练习可以提升学生蛙泳手臂划水力量；相反，通过长时间的蛙泳练习，也可以提升学生引体向上的能力，对于中学生中考体育达标、大学生体质测试都起到积极的促进作用。

2. 单臂划船

学生一腿跪在凳上，同侧手支撑凳面；一腿站立地面，同侧手握住哑铃；保持躯干平行于地面。通过屈肘和肩关节后伸，将哑铃向上提起至胸部外侧，然后将哑铃下放到起始位置。两臂交替练习，根据实际情况控制练习的数量和控制练习的负荷。练习过程中，要保持头部和躯干的稳定性，就像蛙泳游进过程中保持身体的流线型姿势一样。

## 第四节　蛙泳配合教学

蛙泳配合技术是蛙泳教学的重点和难点，在学生掌握蛙泳呼吸技术、蛙泳手臂技术、蛙泳腿部技术之后，就要过渡到蛙泳完整技术配合的教学。由于蛙泳竞赛规则规定，蛙泳游进时两臂和两腿应同时、在同一水面上做对称运动，不得有任何交替动作，且在蛙泳的每一个动作周期内必须是一次蹬腿、一次划手、一次头部露出水面（呼吸）的配合，因此，在蛙泳配合教学过程中要循序渐进、由简入难地进行。为了使学生快速、准确地掌握蛙泳配合技术，可以将蛙泳的配合技术编成一个口诀：划手腿不动，收手再收腿，先伸手臂再蹬腿，并拢伸直漂一会儿。

### 一、动作要领

学生蹬离池底或池壁，保持身体在水中流线滑行；低头匀速吐气的同时、缓慢抬头、手臂外划；手臂内划夹肘结束后做收腿动作；低头、移臂前伸到 2/3 处时开始腿部蹬夹动作；双臂、双腿伸直后在水中进行充分的滑行。蛙泳完整配合的一个要素是"头在手前、手在腿前"，即先抬头再划臂，先划臂再蹬腿，确保呼吸、手臂、腿部的正确配合时机。

### 二、教学重点

呼吸与手臂配合；手臂与腿部配合。

### 三、教学难点

蛙泳完整配合时机。

### 四、教学组织

（一）陆地模仿练习

学生站立岸边，双腿并拢伸直；双臂上举伸直、双手叠加、目视前方。抬头吸气时，手臂外划、腿不动；手臂内划至胸前，一腿屈髋屈膝做蛙泳腿收腿、翻脚技术动作；手臂前伸时，低头做伸膝伸髋的蛙泳腿蹬夹动作；手臂、双腿伸直后，保持身体流线型姿势。陆地模仿蛙泳配合练习可以使学生建立正确的动作表象，为下一步的水中配合练习打下基础。

（二）多腿一臂练习

学生在水中蹬离池底或池壁，在保持身体流线滑行的基础上，通过多次蛙泳腿、一次手臂动作、一次呼吸动作的配合，使学生初步掌握蛙泳的完整配合技术。多腿一臂练习的优点是：避免蛙泳初学者因技术不熟练、心理恐惧，导致身体在蛙泳游进过程中出现下沉的现象。在这个练习过程中，游泳教师要特别强调，所谓的多腿是指根据学生自身情况而采用的蛙泳蹬腿次数，如果学生感觉身体下沉，就可以通过持续的蛙泳蹬腿使身体处于水面较高的位置，有的时候采用三次腿或四次腿，其最终目的是保证身体俯卧水面的前提下蹬腿次数越少越好。

（三）两腿一臂练习

在学生熟练掌握多腿一臂一呼吸的练习后，游泳教师要求学生在接下来的蛙泳完整配合过程中采用两腿一臂一呼吸的技术。这个练习的目的是：通过减少蛙泳蹬腿的次数来提高蛙泳腿的质量，使学生用较少的蛙泳蹬腿来实现身体接近于水面的教学目标，进而为学生学习下一步的一腿一臂一呼吸的完整配合技术打下基础。

（四）蛙泳完整练习

学生在水中蹬离池底或池壁，在保持身体流线滑行的基础上，通过一次蛙泳腿、一次手臂动作、一次呼吸动作的配合，练习蛙泳的完整配合技术。在这个练习过程中，游泳教师可以让学生先做 3 次完整的配合，再根据实际情况逐渐增加蛙泳完整配合的次数，进而使学生慢慢地掌握蛙泳完整配合的动作要领和配合节奏。在学生基本掌握蛙泳配合动作要领后，要求学生逐渐增加游进距离，通过长游的练习方法巩固学生的蛙泳配合技术。

**五、易犯错误及纠正方法**

（一）手臂划水过早，没有滑行动作

这个蛙泳配合错误的具体表现是：初学者由于过度紧张或着急抬头吸气，双手移臂前伸后没有进行充分的滑行、手臂前伸后即开始划臂，破坏了蛙泳游进中的流线型。解决措施是：游泳教师要对学生强调蛙泳手臂前伸后要做短暂的滑行，然后才能开始手臂划水动作，纠正的方式可以采用陆地模仿和半陆半水的方式进行。此外，如果学生的这个错误动作无法有效纠正或已经形成了错误的动作定型，游泳教师也可以采用条件限制的方法进行纠错，要求学生在手臂伸直后心里查两个数，然后再进行下一个划臂动作；也可以两人一组，练习者俯卧岸边或水中，辅助者抓住练习者双手，强制其在双臂伸直后停顿两个数，纠正其错误动作。

（二）蛙泳手与蛙泳腿配合错误，导致游速较慢

这个错误的主要表现形式是：学生划手时即开始收腿、导致收腿的阻力抵消了划手的推进力，进而使蛙泳的游速急剧下降。此外，移臂的同时进行蹬腿，此时躯干还与水面呈现较大的角度，蛙泳腿蹬夹产生的推进力会因躯干的外形姿态阻力而减小。具体解决措施是：游泳教师要求学生熟记“划手腿不动，收手再收腿，先伸手臂再蹬腿，并拢伸直漂一会儿”的蛙泳配合口诀，并通过反复的陆地配合练习来形成正确的肌肉记忆。

**六、技术应用与探索**

**蛙泳完整配合的三种技术**

随着学生对蛙泳完整配合技术的逐渐熟练，游泳教师可以为学生进一步介绍蛙泳的三种配合方式，分别是滑行式蛙泳配合、连接式蛙泳配合、重叠式蛙泳配合。这三种蛙泳配合技术各有千秋，在不同的场景进行蛙泳游进时会采用不同的蛙泳配合技术。

（一）滑行式蛙泳配合

滑行式蛙泳配合是最为常见的蛙泳配合节奏，其最大的优点就是节省体能，在做完一个动作周期后让身体向前滑行一小段距离后再开始划手，这种配合方式的最大优势就在于可以在滑行中让你的身体得到一个短暂的休息，这也是初学蛙泳就能迅速增加游距的一个重要原因。

（二）连接式蛙泳配合

连接式蛙泳配合节奏相对于滑行式蛙泳配合来说，在游进速度上有了一个明显的提升，所以如果说滑行式蛙泳配合适合于游泳健身，那么连接式蛙泳配合更适合竞技蛙泳。在连接式蛙泳配合中，当游泳者做完蛙泳腿、双腿伸直并拢后，手臂立即进入下一阶段的划水动作环节，游泳者身体没有明显的滑行动作。这种配合虽然在蛙泳速度上有了一定的提升，但是对于游泳者的技术、体能要求较高，所以在蛙泳学习的初级阶段并不建议学生做连接式蛙泳配合，避免学生产生“同手同脚”的错误动作。

（三）重叠式蛙泳配合

重叠式蛙泳配合，顾名思义，是指游泳者在蛙泳腿蹬夹技术完成之前就开始手臂划水动作，划手和蹬腿间没有明显停顿，所以标准的重叠式配合节奏就是当你的双脚到达肩部以内开始跖屈的时候就要立即开始蛙泳手臂的外划动作，蛙泳划手和蛙泳蹬腿产生的推进力比较持续，能够更大程度地提升蛙泳的游进速度。所以，相对于连接式蛙泳配合来说，重叠式蛙泳配合更适用于短距离蛙泳比赛（50米）。但是，在这个练习过程中学生的蛙泳水平一定要处于技术自动化阶段，游泳教师一般在蛙泳专业训练中采用这种蛙泳配合技术。

## 第五节　蛙泳转身教学

蛙泳转身技术是蛙泳的一个重要技术，往往在蛙泳教学、蛙泳培训中被游泳教师、游泳教练所忽略。熟练地掌握蛙泳转身技术对于提升蛙泳速度、保证蛙泳锻炼的连贯性有着重要的作用。特别是运用蛙泳健身的人群，掌握了蛙泳转身技术就可以在有氧锻炼过程中，保证游泳锻炼的时间、游泳的距离，避免因不会转身而导致每次到边后站立池底再向前蹬出游进的尴尬。

蛙泳转身技术包括游近技术、触壁技术、转身技术、蹬离技术四部分。本节内容主要介绍蛙泳转身技术的动作要领、蛙泳转身技术的重难点、蛙泳转身技术的教学组织、蛙泳转身技术的易犯错误及纠正方法。

### 一、动作要领

（1）游近技术。学生即将游近池壁时要注意观察与池壁的距离，根据自己的蛙泳划距和距离池壁的距离来调整蛙泳技术动作；尽量在一个动作周期完成时，保证双臂在前伸时触壁，避免多余动作的产生而影响转身的速度。在游近时，需要游泳教师重点提示的是不要减速，最后一个动作要快速、积极地完成，通过双手同时用力地触壁来使身体获取较大的转动动能。

（2）触壁技术。双手同时触壁后，通过肘关节的屈曲、肩关节的后伸来进行缓冲，此时头部尽量接近池壁，为下一阶段的蛙泳转身提供必要的转动动能。这个触壁阶段是一个难点，因为游泳竞赛规则规定：蛙泳在转身过程中，两手应在水面、水上或水下同时触壁，触壁前两肩应与水面平行，所以游泳教师在教学初期就要纠正学生两手一前一后接触池壁的错误动作，这一错误在蛙泳初学者中尤为常见。另外，由于学生在游近池壁阶段的减速，导致双手触壁后无法较好地完成屈肘、伸肩的动作，进而会影响下一阶段的转身动作。所以，在触壁阶段教学过程中，游泳教师需要重点强调的技术就是“用力触壁、加速缓冲”。

（3）转身技术。蛙泳转身时可以进行右侧转身，也可以进行左侧转身，练习过程中根据学生的个人习惯进行选择。以左侧转身为例，在双手触壁、缓冲后，左臂在水下快速地向后伸直，此时头部向左侧转动，右手快速推离池壁的同时，头部露出水面吸气；当躯干摆动入水后，双手在水中会和，双脚接触池壁的同时，用力蹬离池壁，身体由侧卧转为俯卧滑行。

（4）蹬离技术。身体流线蹬离池壁后，通过一次水下长划臂、一次蝶泳腿、一次蛙泳腿、一次双手向前移臂动作，完成蛙泳的转身。

**二、教学重点**

蛙泳触壁技术；蛙泳转身技术。

**三、教学难点**

蛙泳转身后的水下技术。

**四、教学组织**

（一）陆地原地练习

学生面对墙壁站立，双手接触墙壁。以左侧转身为例，学生右脚提起蹬在墙壁上，身体左转，手臂屈肘后向前方伸直，身体向左侧倾倒的过程中向左侧摆头，右臂经头部上方向前方移臂伸直，双臂并拢夹住头部，双手叠加、上体处于流线姿势，身体由侧卧姿势转为俯卧姿势，右脚蹬离墙壁，随即向前迈步行进。

（二）陆地行进练习

学生距离池壁5米距离，此时模仿蛙泳划臂动作向前行进，当双手接触池壁后运用上述的动作要领来完成蛙泳转身动作。值得注意的是，在行进间蛙泳转身练习时，游泳教师要重点强调学生游近池壁的距离感，避免多余动作的产生，为接下来的水中转身练习打下基础。

（三）水中原地练习

学生面向池壁，站立水中，双手首先接触池壁。以左侧转身为例，学生右脚提起蹬在池壁上，身体左转，手臂屈肘后向前方伸直，身体向左侧倾倒的过程中向左侧摆头，完成吸气，右臂经头部上方向前方移臂伸直，双臂并拢夹住头部，低头闭气，双手叠加，上体处于流线姿势，身体由侧卧姿势转为俯卧姿势，右脚蹬离墙壁，随即向前流线滑行。

（四）水中滑行练习

学生面向池壁站立，距离池壁大约3米，此时蹬离池底向前流线滑行，当双手接触池壁后，屈肘缓冲的同时，一臂经水下向前伸直，一臂经空中配合抬头吸气向前移臂，此时通过身体的摆动将双脚放在池壁上，当身体在水中呈现流线型姿势后，双脚蹬离池壁。

(五)完整滑行练习

学生面向池壁站立,距离池壁大约10米,此时蹬离池底向前游进,当双手接触池壁后,屈肘缓冲的同时,一臂经水下向前伸直,一臂经空中配合抬头吸气向前移臂,此时通过身体的摆动将双脚放在池壁上,当身体在水中呈现流线型姿势后,双脚蹬离池壁。这个练习过程中,首先要培养学生游近池壁的距离感和转身的节奏感,其次要在蹬离池壁后要求学生做一次水下长划臂、一次蝶泳腿、一次蛙泳腿、一次双手向前移臂动作,进而使学生系统、完整地掌握蛙泳转身技术。

## 五、易犯错误及纠正方法

(一)手还未触壁就开始转身

手还未触壁就转身的错误原因是:蛙泳转身技术动作不熟练,游近时对身体距离池壁距离掌握不好,学生着急转身从而导致手部还未触壁身体就开始转体。具体解决措施是:陆上加强触壁后的蹬壁训练。在水中计算5米开始到池边的动作次数,在最后一次蹬腿结束时,不减速地游近池壁,两臂前伸,在正前方高于身体重心的地方触壁。

(二)转身过程中没抬头吸气

导致这一错误的原因是:学生在双手触壁后身体没有一个向前推进的力,缺乏惯性,导致头部很难出水面。具体解决措施是:随着惯性屈肘、屈膝团身,同时身体沿纵轴向左侧转动,并抬头吸气。

(三)转身时蹬滑或蹬离偏向

产生这个错误动作的原因是:学生在蹬离池壁的过程中,由于动作过于匆忙,导致身体还没有调整到侧卧姿势就开始蹬离,进而导致蹬离方向不是直线。此外,由于身体摆动速度较慢,学生在蹬离池壁时,身体无法呈现较好的流线型滑进,影响蹬离的效果。具体解决措施是:游泳教师通过正确的示范、讲解,为学生展示转身的蹬离时机和蹬离方向。同时,教学过程中多采用分解练习来让学生熟练掌握转身的动作要领,使其形成正确的蛙泳转身肌肉记忆。

## 六、技术应用与探索

### 运用蛙泳健身时,常见运动损伤及预防

蛙泳是普及性比较广泛的游泳技术,很多游泳健身人群采用的首选泳姿就是蛙泳。但是,由于蛙泳独特的技术动作,在游泳教学和蛙泳健身指导中,需要注意一些运动损伤的预防。蛙泳常见的运动损伤就是膝关节损伤,这种损伤有时伴有剧烈的疼痛,损伤产生的原因是蛙泳蹬腿时,为了使小腿内侧对准水,蹬腿动作必须使膝和胫骨外旋,而内侧副韧带的主要功能是防止膝关节外翻和胫骨外旋。当蹬腿用力不当时,内侧副韧带承受不了这一大强度工作就会引起损伤。此外,蛙泳初学者或游泳运动员,由于局部负担过重,动作技术不正确,用力不合理,如单一集中的蛙泳教学,蹬腿的训练比例过高或主项蛙泳训练量过多,就会由局部的疲劳引起运动损伤。

具体解决措施是:加强下肢力量训练,特别是要加强大腿内收肌群的力量;训练前做好充分的准备活动,如多做膝绕环、下蹲、左右侧压腿等练习;此外,在蛙泳练习中,可把划手和

蹬腿的动作交替穿插起来进行练习；最后，蛙泳的训练比重要适当，不可过分集中训练单一蹬腿动作，以防局部肌肉疲劳而引起损伤，教学或训练时一旦发生膝关节损伤，应立即减少运动量或停止训练，运用其他泳姿练习来缓解局部肌肉疲劳，等损伤治愈后再进行练习。

# 第四章　爬泳教学实践

爬泳是最符合流体力学的一种泳姿，它阻力小，速度均匀、快速，是最省力、速度最快的一种游泳姿势，在竞技游泳、游泳健身、游泳救生中被广泛运用。游爬泳时，人在水中成俯卧姿势，两腿交替上下打水，两臂轮流划水，动作很像爬行，所以称为"爬泳"。由于爬泳是四种竞技游泳技术中速度最快的一种姿势，因此在游泳比赛的自由泳项目中(游泳比赛中不设置爬泳项目，只有自由泳项目)，运动员为了取得优异的成绩都会采用爬泳技术，人们习惯性地称爬泳为"自由泳"。爬泳的起源历史悠久，从我国和世界其他国家的古代遗物中，都可以发现类似于今天的爬泳技术的游泳姿势。

## 第一节　爬泳技术特点

### 一、爬泳技术演变

在1870年至1890年期间，英国游泳员特拉金去南美洲从印第安人那学来了爬泳。但是，当特拉金参选英国比赛时，他错误地使用了蛙泳的腿踢动作。此后，他做的这种姿势被称为了"特拉金式"泳势。此泳势比蛙泳快，而且被英国人接受，很快成为游泳主流姿势。"特拉金式"泳势后被澳大利亚游泳员改善，被称为"澳大利亚爬泳"。虽然经历一百多年的更改，但是现在的爬泳姿势与"澳大利亚爬泳"极为相似。

在1896年第1届奥运会上只设有自由泳比赛项目，运动员可以采用任何泳姿进行比赛，比赛中运动员有些采用了单手出水的侧泳技术，有些采用两臂轮流划水空中移臂配合两腿蹬夹的技术。在1900年第2届奥运会上，匈牙利人左丹·哈尔梅采用了两臂轮流划水、拖着两腿的爬泳姿势获得了200米自由泳第二名，又在1904年奥运会上获得100米自由泳的第一名。1902年之后，澳大利亚、英国、美国相继出现采用爬泳臂和两腿有节奏向后下打水的技术，这是现代爬泳技术的雏形。美国人丹尼尔斯最先使用规则的两次划水、六次打水技术，在1904年奥运会获得了200米和400米自由泳金牌，并在1908年第4届奥运会上获100米自由泳金牌并创世界纪录。美国运动员韦斯穆勒在1922年成为第一个男子100米自由泳突破1分钟大关的人，开创了爬泳技术的新纪元。1924年，他把100米自由泳的世界纪录提高到了57.40秒，这一记录保持了10年之久。之后经过不断实践和改进，在技术配合和风格上出现了多种不同的形式，例如先后出现的"6∶2∶1"配合、"4∶2∶1"配合、"2∶2∶1"配合、"不规则打水"配合等技术，爬泳技术不断得到发展、完善。

现在，奥运会的自由泳比赛项目包括50米、100米、200米、400米、800米、1 500米、4×100米接力、4×200米接力8项。自由泳项目在全部游泳比赛项目中占比最大，而且混合泳和混合泳接力中也包括自由泳，因此自由泳往往被看作衡量一个国家游泳水平的标志。在现代所有自由泳比赛中，运动员都采用速度最快的爬泳技术，所以在本章的技术介绍和技术讲解中，将全部以爬泳这个泳姿名称来进行界定，因为自由泳并不是一种泳姿，确切地说自由泳包括所有的游泳姿势。

**二、爬泳技术分析**

（一）身体姿势

爬泳的身体姿势与其他泳姿一样，都要保持良好的流线型姿势，尽量减少其游进阻力。但是，爬泳的身体姿势也有其独特的要求，概括来说就是身体要尽量保持“高、平，直、长”。其中，高、平姿势，是指身体在水中要尽量保持接近水面的位置并几乎与水面平行，这个姿势可以最大限度减小爬泳游进过程中的外形姿态阻力，避免因头高脚低的身体姿势而导致打腿消耗过多的能量。所以，游爬泳时要保证头、肩、髋、膝、踝尽量处于同一水平面，游泳者的眼睛要垂直看向池底，水面与后脑齐平。直、长姿势，是指身体在水中保持充分的伸展，形象的比喻就是“手要用力向前伸，伸得越长越好”，被拉长的身体可以减小身体的外形姿态阻力。此外，游进过程中要保持身体的直线性，感觉身体就好像在“一个圆形的管道中游进”，避免由于身体的左右摇摆增加挡水截面，产生额外的阻力，这一错误动作在爬泳初学者中比较常见，具体改进措施将在（三）手臂技术部分进行介绍。

此外，爬泳游进过程中还要保持身体有节奏地转动。研究表明，身体处于侧卧姿势比俯卧姿势所产生的阻力要小，所以爬泳游进时要保持身体的“圆木式”转动，在转的过程中充分利用核心力量，通过肌肉的协调发力保持头、肩、髋的同时转动，就像水中的圆木一样。同时，身体的转动也是保证爬泳呼吸技术的前提，没有充分的身体转动就不能更好地完成爬泳呼吸技术，进而影响整个爬泳配合节奏。

（二）腿部技术

爬泳腿是爬泳的重要技术之一，虽然它的推进力没有蛙泳腿那么大，但是在维持身体平衡、协调手臂划水过程中有着重要的作用，特别是对于爬泳初学者来说，爬泳腿是首先要学习的内容，只有在熟练地掌握爬泳腿技术后才能进行爬泳手臂和爬泳配合技术的学习。爬泳腿的技术动作比较简单，分为向上打水和向下打水两部分。其动作要领是：双腿并拢伸直，双脚内旋，以髋关节为轴进行上下交替鞭状打水，打腿幅度一般为 30~40 厘米；向下打腿时，通过核心肌群的发力带动髋关节运动，然后大腿带小腿、小腿带动脚踝依次发力，下打腿要用力，这个阶段是产生推进力的重要环节；向上打腿时，也是通过核心肌群的发力，通过伸髋的动作来完成，上打时要放松、无须过度发力，将脚打到接近水面的位置即可。

1. 向上打水

向上打水是为了向下打腿做好准备，这个阶段不产生任何推进力，所以要放松地完成，这样可以缓解爬泳长时间打腿练习时产生的疲劳。上打过程中，大腿带动小腿向水面移动，当大腿接近于水面或与水面几乎平行时，大腿停止上打动作，进而转入下打腿阶段。此时，小腿和脚在大腿引领的惯性作用下继续上抬，膝关节由伸转入屈曲状态，当小腿和脚接近于水面或与水面几乎平行时完成上打动作，随机跟随大腿进入下打阶段。上打腿时需要注意的问题是：小腿和脚不要出水，虽然游泳竞赛规则没有此项限制，但是小腿和脚的出水会导致下打时只能打到空气，影响下打过程中阻力推进力的产生（水的密度远大于空气），同时还会导致身后大量气泡的产生，增加游进时的压差阻力。

2. 向下打水

向上打水结束后，大腿开始下压进行下打阶段，下打腿开始时髋关节前屈、膝关节屈曲、踝关节趾屈，打水的方向是朝向后下方。当大腿下打到最低处时，随即转入上打阶段，此时小腿和脚正处于下打阶段，当膝关节完全伸直后，完成下打动作，小腿和脚在大腿的带动下进入上打阶段。这个阶段需要注意的是：下打过程中踝关节一定要趾屈、不能背伸，因为踝关节趾屈打腿时脚背的朝向是后下方，这样可以产生向前的阻力推进力；而踝关节背伸打腿时脚背的朝向是正前方，这样会产生向后的阻力，影响打腿时的身体前进速度。

此外，爬泳腿的上打和下打动作其实没有明确的界限，无论是大腿还是小腿，在上打还未结束时就已经开始了下打动作，在下打还未结束的时候就开始了上打动作，如果强行进行上下打腿的界限分割，就做不出鞭状打腿的动作。但是，在爬泳腿教学过程中，根据实际情况可以利用分解教学法进行爬泳腿上打和下打的单独练习，这样方便游泳初学者掌握爬泳腿的技术路线和动作要领。

（三）手臂技术

爬泳手技术是爬泳教学中的重点，也是爬泳教学中的难点。爬泳手技术的好与坏直接影响爬泳的游进速度，因为爬泳手所产生的推进力是决定爬泳游进速度的关键，特别是在长距离爬泳游进过程中爬泳手技术更为重要。因为爬泳手臂划水所消耗的能量要远远小于爬泳打腿所消耗的能量，而爬泳手臂划水产生的推进力却远远大于爬泳打腿产生的推进力，所以爬泳手臂技术的好坏对于游泳健身人群、竞技游泳运动员来说，都具有非常重要的意义。此外，爬泳手技术也会影响爬泳呼吸技术，由于爬泳呼吸采用的是较难的侧向呼吸，呼吸时要求头部不能有明显的上下起伏，这是爬泳学习的一个难点，而正确、协调的爬泳手臂技术配合身体的转动，就可以使爬泳侧向呼吸更为顺畅、容易地完成，解决爬泳初学者的呼吸问题。

根据爬泳手臂的技术路线特点，爬泳教学中一般把爬泳手臂技术分为入水、下划、内划、上划、移臂五个环节。

1. 入水

入水时，手臂在空中呈现高肘姿势，手指自然并拢伸直、掌心向下，入水点要控制在手臂完全伸展的3/4处、头和肩的延长线之间，入水的顺序依次是手、肘、肩，入水动作要连贯、顺畅；入水后，随着身体做“圆木”式的滚动，手臂继续向前伸展，手的前伸位置越远越好，这样不但能拉长身体、减小阻力，而且可以延长爬泳手臂划水距离、增加推进力。

2. 下划

下划是入水的后续动作，同时也为内划做好准备，当手随着身体的转动达到最远处的时候就开始了向下、向后的下划动作。下划时，通过屈腕、屈肘动作使手掌和前臂向后对准水，下划结束后保持肘略高于手的姿势，为接下来的高肘内划做好准备。需要注意的是：很多爬泳初学者盲目追求爬泳划手的“S”型划水路线，进而导致下划时划水路线靠外，这个动作会破坏爬泳划臂的连贯性、身体的直线型，影响爬泳的游进速度，对于短距离爬泳比赛的影响更为严重。所以，游泳教师要向学生讲明，爬泳划手的“S”型划水路线并不是特意做出来的，而是通过身体的合理转动而出现的，所以不必刻意去模仿。

3. 内划

当下划动作完成后，此时手和前臂处于向后对准水的位置，随即开始内划。内划时手臂会产生向前的推进力。此时，手臂保持高肘的姿势，随着肩关节的内收，手臂沿着向内、向下、向后的角度进行划水，当手臂划到身体中线、胸部下方的时候，内划结束。内划开始时，游泳者就需要募集更多的胸背部大肌群参与做功，避免采用单一的肱二头肌做屈肘动作，这样不但会影响划水的效果，而且会导致手臂肌肉的局部疲劳。

4. 上划

上划阶段是爬泳划臂产生推进力最大的阶段，游泳教学中有时也把它称为推水。手臂在完成内划后立即开始向后、向外、向上的上划动作，上划动作通过伸肩、伸肘的动作完成，上划时要沿着身体中线划动，直至手掌划到大腿外侧，此时上划结束，进入移臂阶段。需要注意的是：上划过程中要控制好手掌的方向，进入上划动作的结尾阶段，掌心要逐渐由向后转为向内，避免出现掌心向上的错误动作。

5. 移臂

爬泳移臂技术是进行下一周期划臂的恢复阶段，从出水到移臂，从移臂到下一次入水，中间不能有停顿，要连贯完成。移臂时，采用高肘的方式，肘关节微屈、手腕放松、掌心朝向后上方、手掌接近于水面，上臂带动前臂，向上、向前、向外移动手臂，整个移臂过程要保持手臂的充分放松、肘部始终要高于手和肩。爬泳的移臂阶段就好像手从裤兜里面拿出一样，通过提肩、提肘的动作来完成，如果学生无法掌握爬泳移臂技术，可以多采用陆地“手插兜”的练习来使其掌握移臂的动作路线。此外，除了高肘移臂技术外，还有一种技术叫做直臂移臂技术，主张直臂移臂的观点认为，直臂移臂的速度会更快，而且可以借助一定的惯性增加前进的动量，有个别运动员甚至采取一臂是高肘、一臂是直臂的技术动作，他们通常在换气侧采用直臂技术，而在不换气侧采用高肘移臂。单臂或者双臂均采用直臂移臂技术的运动员也有获得过冠军或者打破过纪录（通常在短距离的自由泳比赛中）的例子，但是这只是少数，大部分运动员还是采用高肘移臂技术，个例并不代表全部。因此，主张移臂时不能使用直臂技术的观点认为，通常直臂移臂会使游泳者的身体侧转幅度变小，你可以在站立时尝试将手臂直臂从身体侧方大腿位置移动到头上，然后再和屈肘移动做一下比较，如果不允许手超过肩线以前，你会发现屈肘移动时身体会很自然地转动较大的幅度，而直臂移臂却不然。在目前的技术理论范畴内，身体转动所带来的优势是被公认的，所以在不主张直臂移臂的理由里，这是其一；其二，如果直臂移臂，那么通常在游进时手臂的位置会比较靠外，如果手臂过分靠外就会导致身体左右摆动从而影响侧向直线性，以上两点大体就是直臂移臂带来的弊端。

（四）完整配合

1. 爬泳双臂配合

爬泳流畅、协调的双臂配合技术是保持身体匀速前进最重要的条件。由于爬泳划水时采用的是双臂交替划水动作,因此爬泳两臂产生的推进力比较均匀,避免了游进过程中时快时慢的速度变化,这是爬泳快于其他泳姿的一个显著特征。根据爬泳在划水过程中双臂所处的位置,爬泳的划臂配合可以分为前交叉、中交叉和后交叉三种配合方式。

“前交叉”是指当一臂入水时,另一臂处于肩前方与水平面成 30° 角左右,刚进入内划阶段的配合形式。这种配合形式是当一臂出水经空中前移时,另一臂正进行前伸抓水,比较容易维持身体平衡,有利于转头呼吸和掌握两臂交替的动作,所以比较适合初学者采用。但因一臂空中移臂和入水时,划水的手臂尚未进入最有效的划水阶段,在这个两臂都不产生推进力的空隙,游进速度将会下降,影响爬泳游进速度的均匀性。“中交叉”是指当一臂入水时,另一臂划至肩部下方,处于内划结束上划开始的配合形式。这种配合形式可以使手臂在另一臂推水结束前就完成抓水,因而两臂的有效划水阶段略重叠,从而能持续不断地产生推进力,保持身体在水中的匀速前进。“后交叉”是指当一臂入水时,另一臂划至腹部下方与水平面成 150° 角左右,处于上划阶段的配合形式。这种配合形式是:一臂提肘出水时,另一臂前伸抓水,两臂的交替比较连贯紧凑,两臂的有效划水阶段基本上能互相衔接,因而速度均匀性比“前交叉”好。但因抓水和下划阶段产生的推进力不大,所以此阶段会有一个短暂的减速,总体推进效果不如“中交叉”。

2. 手臂与呼吸配合

吸气侧的手臂入水前伸时稍闭气;随着划水动作,用口、鼻在水中缓缓呼气。当该臂划至肩下开始推水时,随着身体往吸气侧的转动,头也开始往吸气侧转动加速呼气。当该臂提肘出水时身体转动达到最大幅度,脸部侧对着水面,口处于由向前游进所产生的头部的波谷之中,此时迅速张口吸气。当手臂经空中前移超过肩部准备入水时,随着躯干的转动,转头还原使脸部浸入水中,开始下一个呼吸周期。吸气时要注意,头应随着身体的转动而转动,不要向前向上抬头;转头的动作也不宜过大过猛,以免造成身体扭摆,破坏身体的流线型。

3. 手臂与腿部配合

爬泳划臂和打腿配合的形式有“2∶6”配合、“2∶4”配合、“2∶2”配合等。第一种最常用的是 2∶6 配合技术,也就是说双臂各划 1 次水,双腿各打 3 次。第二种配合形式是 2∶4 配合,也就是说双臂各划 1 次水,双腿各打 2 次,这种配合方式由于可以减少腿部的负担量,也时常被人采用。第三种配合形式是 2∶2 配合,也就是说双臂各划 1 次水,双腿各打 1 次水,这种配合的主要特点是有利于发挥加快手臂动作的频率。还有一种配合形式是不规则配合,就是说划臂动作和打腿的次数没有固定的比例,这种方式在游泳练习和比赛中也有不少人采用。

手腿配合技术熟练后,可以采用一侧呼吸或双侧呼吸技术,完成爬泳的完整技术配合。

## 第二节　爬泳腿部教学

爬泳腿的技术动作路线和技术动作要领比较简单,但是由于爬泳的侧向呼吸技术和“圆木”式转动的身体姿势比较难,因此在爬泳腿的教学过程中,爬泳腿教学和练习要与爬泳呼吸和身体转动一起配合完成，提升爬泳腿学习的效果。教学过程中通过讲解、示范、陆地模仿、半陆半水、水中扶边、水中扶板、水中徒手方式，使学生掌握爬泳腿技术动作、爬泳腿与呼吸配合、爬泳腿与身体转动配合，最终达到25米以上扶板爬泳打腿的教学目标。

## 一、动作要领

爬泳打腿时，双腿并拢伸直、双脚趾屈内扣，直腿上抬、屈腿下压，下打时通过核心肌群发力，带动髋、膝、踝关节做链状运动，进而呈现出大腿带小腿、小腿带脚踝的鞭状打水动作；打水深度为30~40厘米，打腿频率要快，双腿、双脚不能打出水面，整个打腿过程中打出的水花就像烧开水时翻滚的水花一样，但是不能出现水花四溅的情况。

## 二、教学重点

上打时直腿放松；下打时鞭腿用力。

## 三、教学难点

体会核心肌肉力量（腰腹肌群）在打腿中的运用。

## 四、教学组织

### （一）坐姿陆地打腿

学生坐在地面，双臂后撑、身体后倾，双腿并拢伸直、双脚趾屈内扣，直腿上抬（由于学生是仰卧状态，因此此时的直腿上抬实质上就是爬泳的下打腿技术）距离地面30~40厘米，直腿下压（爬泳的上打腿技术）至距离地面3~5厘米处停止，模仿爬泳打腿技术动作路线。游泳教师可以采用分解教学方式，先进行上抬，再进行下压，待学生掌握爬泳技术动作路线后，再进行完整的爬泳打腿模仿练习。由于学生双腿处于悬空状态，因此每组练习时间不宜过长，游泳教师根据教学实际情况进行运动负荷的合理安排即可。需要注意的是，这个练习中所采用的下打腿技术是直腿上抬，这么练习是防止爬泳初学者由于肌肉过度紧张、肌肉发力不协调而导致“蹬车轮”的错误打腿动作，所以从爬泳腿的初期教学开始，要一直采用直腿打腿技术，直至后期学生熟练掌握爬泳腿技术动作后，会自然而然地过渡到爬泳腿鞭状下打。

### （二）坐姿半陆半水打腿

学生坐在岸边，双臂后撑、身体后倾，双腿并拢伸直、双脚趾屈内扣，将髋关节以下位置放在水中，然后按照爬泳腿技术动作进行直腿打腿练习。这个半陆半水练习与陆地练习相比，在练习过程中增加了水环境的因素，使学生体会爬泳打腿过程中水的浮力、阻力对打腿的影响，有助于学生建立正确的打腿动作表象、形成稳定的肌肉记忆，进而更好地体会爬泳打腿时肌肉的发力顺序和发力特点。需要注意的是，在这个练习过程中要控制打腿的幅度，教师要提示学生打腿时水面要出现翻滚的水花，而不是水花四溅（小腿和脚打出水面），学生可以通过眼睛的观察纠正自己的错误动作，直至快速、准确地掌握爬泳腿的动作要领。

### （三）俯卧姿陆地打腿

学生俯卧于垫上，双臂并拢前伸、上臂夹住头部，双腿伸直并拢、双脚抬离地面，眼睛直视地面，整个身体呈现出流线型，模仿爬泳水中游进的姿势，在游泳教师的口令下开始爬泳打腿练习，练习的次数、组数根据实际情况进行合理安排。这个练习相对于坐姿爬泳腿来说，学生的眼睛此时不能观察到自己的爬泳腿，因此爬泳打腿的动作路线要完全靠前期形成的肌肉记忆来完成，这就加大了爬泳腿练习的难度，所以，游泳教师还是要先组织学生进行分解练习上打和下打技术，然后再组织学生进行完整配合打腿练习。值得注意的是，此阶段的爬泳打腿依然要采用直腿打腿技术，因为学生的爬泳腿技术动作还处于泛化学习阶段，过早地采用鞭状打腿练习，会导致“蹬车轮”的错误打腿动作，影响后期爬泳腿的学习效果，游泳教师在教学过程中要加以控制和引导。

（四）俯卧姿半陆半水打腿

在学生掌握爬泳陆地俯卧姿打腿技术后，随即进入俯卧姿半陆半水打腿练习，学生身体姿势、打腿技术动作要求没有变化，唯一的变化是学生要将髋关节以下位置放在水中，然后按照爬泳腿技术动作进行直腿打腿练习。这个练习最为接近爬泳游进过程中的爬泳打腿，唯一不同的是学生躯干位于岸上，不用考虑身体下沉的问题，可以把所有的注意力放在打腿的动作上，有助于快速掌握俯卧打腿技术动作，为后期的水中练习打下扎实基础。值得注意的是，此练习阶段也是学生技术动作从泛化掌握向分化掌握的重要阶段，因此，在教学过程中，游泳教师要让学生重点体会爬泳打腿的动作路线、肌肉发力的顺序。为避免学生出现错误动作定型，练习时可以采用两人一组、一人打腿一人纠错的方式，随时纠正练习者的错误动作，通过反复的练习—纠错—再练习—再纠错的方式，使学生建立稳定的爬泳打腿动作表象，形成正确的爬泳打腿技术动作定型。另外，此阶段的打腿方式依然要采用直腿打腿技术，待学生完全进入水中练习后，再逐渐过渡到爬泳鞭状打腿环节。

（五）扶边漂浮打腿与蛙泳呼吸配合

学生双手轻扶岸边，身体站立水中，吸气后，双脚轻轻蹬离池底，此时保持手臂伸直、双肩放松，头部完全浸入水中、目视池底，腰腹适当收缩，双腿并拢伸直，身体呈现流线姿势漂浮于水中。教学过程中，游泳教师先进行技术动作讲解、示范，然后组织学生按照爬泳打腿动作要领进行连续打腿练习。值得注意的是，在教学的开始阶段，教师要求学生进行闭气爬泳打腿练习，教师进行陆地巡视观察，发现学生打腿错误动作要及时进行纠错。待学生基本掌握扶边闭气爬泳打腿后，要求学生采用蛙泳换气与扶边水中打腿的配合练习，一般要求6~10次连续爬泳打腿后进行一次抬头蛙泳换气，进而保持爬泳打腿练习的连贯性。在此阶段，游泳教师要特别强调，采用蛙泳呼吸时要控制抬头的幅度，避免过度抬头而破坏爬泳的身体流线型，造成学生双腿下沉、破坏爬泳打腿的连续性，影响爬泳打腿效果。

（六）扶板滑行打腿与蛙泳呼吸配合

学生双手扶板，站立水中，双腿蹬离池底或池壁，在身体流线滑行过程中，按照爬泳打腿动作要领做连续的爬泳打腿动作，一般按照6~10次爬泳腿配合一次蛙泳抬头换气。这个练习是对前期爬泳打腿学习效果的一个检验，如果发现学生出现打腿不走水的现象，游泳教师要终止其扶板滑行打腿练习，分析学生错误动作产生的原因并及时准确地纠正，避免错误技术动作的定型。此外，当学生能够基本掌握扶板滑行打腿与蛙泳呼吸配合后，游泳教师要通过讲解、示范鞭状打腿技术动作，引导学生在此练习中由直腿打腿过渡到鞭状打腿。需要注意的是，在此练习阶段，无论是对打腿距离的要求，还是对鞭状打腿的要求，切不可采用“一刀切”的教学方式，因为学生存在个体差异性，游泳教师要根据实际情况循序渐进地组织教学，避免盲目追求教学进度而打击学生学习的积极性，影响游泳教学效果。

（七）扶边漂浮打腿与爬泳呼吸配合

学生一手扶边、一手置于体侧位置，吸气低头后，保持身体流线型漂浮于水中，此时按照爬泳打腿动作要领进行6~10次打腿，当要换气时，整个身体向体侧有手臂一侧转体，身体成侧卧姿势，保持同侧的肩和髋露出水面，进而转头用嘴进行侧向吸气；继续保持身体侧卧姿势，连续打腿6~10次后，身体转向俯卧姿势，然后依次进行重复练习。这个教学过程主要是使学生在保持连续打爬泳腿的同时，练习爬泳的侧向呼吸技术，熟练掌握爬泳腿与侧向呼吸配合，为接下来的滑行爬泳打腿与呼吸配合打下基础。需要强调的是，由于学生身体处于漂浮状态，此时嘴无法在头部顶出来的“水涡”中进行吸气，因此练习时学生头部转动幅度要大一些，但是也不要超过身体侧卧的垂直面。

（八）扶板滑行打腿与爬泳呼吸配合

学生一手扶板、一手置于体侧位置，站立水中，双腿蹬离池底或池壁，在身体流线滑行过程中，按照爬泳打腿动作要领做连续的爬泳打腿动作，一般按照6~10次爬泳腿配合一次爬泳侧向换气。换气时，整个身体向体侧有手臂一侧转体，身体成侧卧姿势，保持同侧的肩和髋露出水面，进而转头用嘴进行侧向吸气；继续保持身体侧卧姿势，连续打腿6~10次后，身体转向俯卧姿势，然后依次进行重复练习。在这个练习过程中，游泳教师要重点强调学生侧向呼吸时头部不要有上下的起伏动作，改变扶边漂浮打腿与爬泳呼吸配合时转头幅度过大的问题，在身体游进过程中，头部要在头顶出的“水涡”中进行吸气，让学生在练习过程中充分体现“独眼斜嘴”的爬泳呼吸技术。

（九）徒手滑行打腿与爬泳呼吸配合

学生一手前伸、一手置于体侧位置，站立水中，双腿蹬离池底或池壁，在身体流线滑行过程中，按照爬泳打腿动作要领做连续的爬泳打腿动作，一般按照6~10次爬泳腿配合一次爬泳侧向换气。换气时，整个身体向体侧有手臂一侧转体，身体成侧卧姿势，保持同侧的肩和髋露出水面，进而转头用嘴进行侧向吸气；继续保持身体侧卧姿势，连续打腿6~10次后，身体转向俯卧姿势，然后依次进行重复练习。在这个练习过程中，学生脱离了扶板，所以游泳教师在教学组织过程中，首先要强调学生的流线滑行身体姿势，前伸手臂一定要充分伸展、完全浸入水中，通过加速打腿的动作使身体获得更多的前进动力和升力，避免因缺少扶板的浮力支撑而导致学生身体下沉的现象。另外，还需要游泳教师注意的问题是，在这个练习过程中一定要让学生进行双侧呼吸练习，即左侧体位打腿与呼吸配合练习后，立即转入右侧体位打腿与呼吸配合练习。双侧呼吸与滑行爬泳打腿的配合练习是为进一步的爬泳完整配合学习打下基础。

## 五、易犯错误及纠正方法

（一）打腿时出现“蹬车轮”错误动作

爬泳打腿时出现“蹬车轮”动作是所有爬泳初学者最容易犯的一个共性错误，其产生的原因是学生在没有熟练掌握爬泳打腿路线和动作要领的情况下，过早地追求“鞭状打腿”而导致的关节运动顺序错误、肌肉配合不协调形成错误的“蹬车轮”动作。“蹬车轮”错误动作的具体表现为：打腿过程中忽视“髋关节先行”的原则，导致爬泳打腿时髋、膝、踝关节同时运动，用脚掌向后蹬水，类似于骑自行车的腿部动作。这个错误打腿动作，不但不会产生向前的推进力，而且会额外增加打腿时的运动负荷、加速肌肉疲劳，导致身体不走水、身体下沉的现象。具体解决措施是：采用直腿打腿的方式，通过陆地模仿、半陆半水和水中练习，使学生建立“髋关节先行”的打腿理念，无论是下打还是上打，都应该首先通过髋关节的带动来完成打腿动作，这个过程是一个漫长的过程，学生不应求之过急地去追求“鞭状打腿”动作。当学生熟练掌握爬泳打腿的髋关节带动发力、肌肉协调配合后，经过重复练习爬泳打腿就会自然过渡到爬泳的“鞭状打腿”动作。

（二）打腿时“大腿不动、小腿打水”的错误动作

打腿时“大腿不动、小腿打水”的错误动作与“蹬车轮”错误动作相比较，都与髋关节的错误运动有关，这一错误的主要原因是学生在做爬泳打腿过程中，髋关节没有任何屈、伸运动，整个打腿过程都是靠着膝踝关节的屈伸来完成的。这个错误的具体表现为：打腿时由于大腿没有上下运动、比较接近水面，这会导致小腿上打出水、下打无力，打腿时往往会出现水花四溅、身体前进缓慢的情况。这一错误动作也会因打腿时参与肌群较少（屈髋、伸髋肌群没有参与），导致局部肌肉快速疲劳（屈膝、伸膝肌群），影响爬泳打腿的学习效果。

具体解决措施是：依然采用直腿技术进行纠正，练习的方式可以参照解决“蹬车轮”错误动作的具体方法。由此可见，爬泳腿在练习的初期采用直腿打水的技术非常必要，游泳教师一定要对学生加以理论讲解和技术引导，遵循游泳教学的循序渐进教学原则，万不可过早地强调“鞭状打腿”技术，避免产生上述的错误动作而影响爬泳腿的教学效果。

（三）打腿时出现“勾脚”打水的错误动作

打腿时出现“勾脚”打水的错误动作，其产生的原因是：一是技术动作掌握不到位引起的；二是脚踝柔韧性较差引起的。错误的具体表现形式为：打腿时踝关节没有趾屈，脚趾朝向池底，打水的方向是前方，进而导致打水效果较差，影响前进速度。具体解决措施是：如果是因为技术动作的原因，游泳教师要多安排学生进行坐姿陆地打水练习，要求双脚趾屈、脚尖内扣、打水受力点为脚背，坐姿陆地打水可以使学生清晰地观察其脚踝的状态，形成正确的肌肉记忆；如果是因脚踝的柔韧性较差引起的，那么就不应操之过急，教师要通过陆地跪压踝关节的练习，逐步改善学生的踝关节柔性性，进而有效地解决“勾脚”打水的错误动作。需要注意的是：在进行中老年人爬泳健身指导过程中，由于年龄、身体素质的原因，尽量避免采用跪压踝关节的练习，否则会导致运动损伤，而且在爬泳教学中不必过度追求技术动作的完美性和爬泳的游速，只要能够达到爬泳健身的目的即可。

## 六、技术应用与探索

### 爬泳腿解剖学技术动作分析与肌肉训练法

爬泳腿是维持爬泳身体姿势、产生向前推进力的重要技术。学生在基本掌握爬泳腿技术动作后，决定爬泳打腿打腿距离长短、爬泳腿打腿力量大小的主要决定因素就是游泳者的肌肉力量和肌肉耐力问题。而往往很多爬泳健身人群只是重视通过加强爬泳腿部力量训练

来提高爬泳腿的打腿效果，往往忽略了对爬泳腿力量起决定作用的核心力量因素，从而在爬泳腿力量训练过程中，没有从本质上解决爬泳腿打腿过程中力量、耐力不足的问题。根据爬泳腿的技术动作分析，产生推进力的主要阶段是下打阶段，而下打动作是通过人体的屈髋、伸膝、踝关节背伸三个环节运动来完成的鞭状打腿，下面就这三个环节运动进行分析。

（1）屈髋阶段，完成屈髋的主要肌群包括髂腰肌、股直肌、缝匠肌、阔筋膜张肌、耻骨肌、长收肌、短收肌。锻炼屈髋肌群最好的练习方法是仰卧屈膝收腹举腿，动作要领是：学生仰卧练习凳或垫子上，双手位于体侧，依靠腹肌和屈髋肌的收缩，完成屈膝举腿至大腿与躯干垂直，然后缓慢还原到起始位置，循环反复进行。如果学生上肢力量较好，也可以采用悬垂举腿的方式进行练习，这个练习在游泳专业队的屈髋力量训练中应用较多。

（2）伸膝阶段，完成伸膝的主要肌群是股四头肌。练习股四头肌的方法在蛙泳腿力量训练环节已经介绍，这里不再赘述。

（3）踝关节背伸阶段，完成踝关节背伸的主要肌群是胫骨前肌、拇长伸肌、趾长伸肌。踝关节背伸肌群的练习主要通过脚背负重背伸的方式进行，学生坐在高处、保持双腿悬空、小腿垂直地面，在脚背位置悬挂负重物体（重量不宜多大），然后进行踝关节背伸运动发展其背伸肌群，提升爬泳下打腿时的踝关节肌肉力量。

## 第三节　爬泳手臂教学

爬泳手技术是爬泳教学中的重点，是产生爬泳推进力的最大阶段，学生只有掌握正确的爬泳手技术动作，才能更轻松、更快速地进行爬泳泳姿的游进。爬泳手技术也是初学者解决爬泳侧向呼吸技术这个难点的有效途径，较好的爬泳手臂可以产生更大的推进力，进而使爬泳初学者能够很舒服地在头部顶出的“水涡”中进行吸气，所以爬泳手技术掌握得好与坏直接影响爬泳侧向呼吸技术，进而影响整个爬泳的完整配合。在本节的教学内容安排中，学生在简单地掌握陆地爬泳手臂技术路线和动作要领后，游泳教师一定要将呼吸技术融入爬泳手臂练习中，提升学生爬泳手臂与呼吸的配合，为以后的爬泳完整配合打下基础。教学过程中通过教师的讲解示范，学生采用陆地模仿练习、水中原地练习、水中行进练习、滑行夹板练习的方式，使学生快速掌握爬泳手臂技术动作、爬泳手臂与呼吸配合，最终完成熟练掌握爬泳手臂与呼吸配合的游泳教学目标。

### 一、动作要领

爬泳手采用的是双臂交替、连贯划水的技术动作。入水时手掌朝向水面，在头和肩的延长线之间斜插入水中，入水点在手臂伸直的2/3处；入水后手臂顺势前伸，向下向后抓水；当手臂处于“肘高于手”的高肘姿势时，手臂向内、向后、向下划水；当前臂位于胸部下方、垂直池底时，手掌和前臂加速向后、向上、向外划水，直至手掌划至大腿外侧、掌心朝向大腿；手臂划直后通过提肩、提肘动作完成出水，出水后手臂经空中采用直臂或屈臂的方式向前移臂，进入下一个划臂循环。

## 二、教学重点

划水时的动作路线；划水时的肌肉发力。

## 三、教学难点

高肘划水技术、划臂与呼吸配合节奏。

## 四、教学组织

### （一）陆地划臂模仿练习

学生原地站立，两腿左右开立，略与肩宽，身体前倾，尽量与地面平行，两臂前伸、掌心向下、拇指相对，做好预备姿势。划臂时，一臂前伸保持不动，另一臂按照爬泳手臂划水动作进行模仿划水；先练习单侧手臂划水，当一侧手臂疲劳后转换成另一侧手臂划水。在整个手臂划水练习中，头部始终保持不动、目视下方；划臂练习时不加入爬泳侧向呼吸技术，避免学生由于手臂和呼吸技术动作配合不熟练，导致爬泳划臂路线和动作的错误。需要注意的是：由于此练习采用的是双腿左右开立，因此在手臂划水时想做出转髋的动作较难。游泳教师在进行教学组织时，只需强调学生划臂时配合转肩即可，提示学生每一次的向后推水时要充分做伸肩的动作，延长划水的路线。特别需要游泳教师注意的是：由于学生刚开始接触爬泳手臂技术，处于泛化学习阶段，因此对于爬泳划臂技术不宜要求过于严格、细致，教师可以将爬泳手臂粗略划分为“入水、抱水、推水、移臂”四个环节，在学生练习过程中配合教师语言、哨声提示，让学生先从技术分解练习开始，逐步转移到技术完整练习。

### （二）陆地划臂与呼吸配合练习

学生原地站立，两腿前后开立（以左腿前、右腿后为例）、双腿略大于肩宽，身体前倾、尽量与地面平行，左手扶在左膝上，右臂前伸、掌心向下，头部保持不动、目视下方，做好预备姿势。划臂时，右臂按照爬泳手臂划水动作进行模仿划水，当眼睛看到右手掌划经身下时，双眼要一直跟随右手的划水进行移动（眼睛要锁定右手），这个“眼锁定手”的动作要通过转肩、转髋的动作来完成，此时头部不要有上抬的动作。随着划水手臂的不断伸肩、伸肘，头、肩、髋都要向划水手臂一侧转动，当手臂完成划水动作后，也完成了侧向吸气，此时学生的嘴几乎靠近划水手一侧的肩部，爬泳手臂教学中俗称为“咬肩”技术。当手臂经空中向前移臂时，头部随着转髋、转肩的运动，恢复到准备姿势，此时手臂开始入水，进入下一个周期的手臂与呼吸的配合。这个教学过程中，游泳教师要注意让学生采用两脚前后开立的站立方式，这种站立方式的好处是：学生可以通过充分的转髋、转肩运动完成爬泳侧向呼吸与手臂推水的配合。此外，在手臂入水时，也可以通过转髋、转肩运动使学生体会爬泳手臂入水充分前伸的技术动作，延长爬泳手划水路线。练习中，游泳教师要组织学生进行左右侧交替手臂与呼吸配合练习，初步培养学生爬泳的两侧呼吸技术，为下一步的水中手臂与呼吸配合练习打下基础。

### （三）水中原地划臂与呼吸配合练习

学生站立齐腰深水中，两腿前后开立（以左腿前、右腿后为例），双腿略大于肩宽，身体前倾，尽量与水面平行，左手扶在左膝上，右臂前伸、掌心向下，吸气后将头部完全浸入水中保持不动、目视池底，做好预备姿势。水中划臂与呼吸配合动作和陆地划臂与呼吸配合练习一样，唯一需要注意的是：在头部开始转动时就要用嘴或鼻进行吐气，当嘴露出水面时要用嘴进行吸气，这个过程由于不用考虑身体下沉的问题，因此学生有充足的时间进行换气，但是教师要提醒学生慢吐气、快吸气的呼吸节奏，形成呼吸与划臂配合的正确节奏，避免下一阶段进行夹板滑行手臂与呼吸配合时的喝水现象。在这个练习过程中，游泳教师也要强调学生进行双侧呼吸练习，避免单侧呼吸练习造成的一侧手臂肌肉疲劳，使学生养成正确的爬泳双侧呼吸习惯。需要注意的是：由于这个练习采用的是水中原地模仿练习，因此学生用手臂划水时不宜过度用力，以防身体出现前倾、摔倒情况，这个练习的重点是让学生体会划水的路线以及划水与呼吸的配合节奏。

（四）夹板划臂与呼吸配合练习

学生站立水中，双腿夹板（建议采用 A 字板，防止脱落），双脚蹬离池底或池壁，身体呈流线型姿势向前滑行，此时，先按照爬泳手臂划水技术动作划非呼吸侧手臂，当非呼吸侧手臂空中移臂、即将入水时，划动呼吸一侧的手臂、配合爬泳侧向呼吸技术，然后爬泳手臂与呼吸配合交替进行。这个练习是爬泳手臂与呼吸配合的终极练习任务，检验学生爬泳划臂与爬泳侧向呼吸配合的效果，游泳教师可以通过陆地观察，发现学生夹板划臂与呼吸配合的错误，并针对错误进行及时的纠正，为爬泳完整配合打下基础。值得注意的是：这个练习要采用较为简单的手臂前交叉技术进行，游泳教师教学过程中，要求学生此阶段练习不必追求爬泳游进速度，要重点关注划臂与呼吸配合的节奏，要注重每一次划臂时技术动作的准确性。

**五、易犯错误及纠正方法**

（一）手臂入水过宽或过窄

手臂入水过宽或过窄，是爬泳手臂初学阶段最容易发生的错误，会直接影响接下来的爬泳划水效果。

（1）手臂入水过宽，其主要原因是爬泳游进过程中身体没有充分地旋转、学生的肩关节柔韧性较差造成的，这个错误动作会导致缩短爬泳手臂的有效划水路线，影响手臂划水的推进力。具体解决措施是：采用“条件限制法”纠正其错误动作，让学生双腿前后开立、左腿前右腿后、左手扶膝、右臂前伸并贴近池壁或墙壁，此时右臂做爬泳划水技术动作，当右臂出水开始空中移臂时，教师要用语言提示学生右臂要贴着墙壁向前移动、手掌要贴着墙壁完成入水动作，这种强制纠正移臂、入水的练习方法，可以使学生快速地建立手臂入水的技术动作表象，纠正其入水过宽的问题；如果学生手臂入水过宽是由于肩关节柔韧性较差造成的，那么游泳教师就应该加强其肩关节柔韧性练习，进而纠正其入水过宽的问题。

（2）手臂入水过窄，这个错误动作在爬泳手臂教学中被称为手臂“敬礼式入水”，其具体表现为学生手臂入水时超过身体中线，从上方和前方看就好像少先队员敬礼一样，这个错误会导致身体的左右摇摆，加大身体游进时的挡水截面，增加其外形姿态阻力，影响爬泳的游进速度。具体解决措施是：当游泳教师发现学生手臂入水过窄的错误，就通过语言暗示的方式，提醒学生手臂入水要在肩部延长线的外侧，其实无论是手臂超过身体中线，还是入水位于肩部外侧，对于爬泳手臂的入水都是错误的，而矫枉过正法就是通过一个错误动作改正另一个错误的动作，进而使原来的错误动作得到正确的纠正。此外，如果采用矫枉过正法无法改变爬泳入水过窄的问题，游泳教师要果断采用传统的陆地模仿练习方法纠错其错误动作，通过重复的练习使学生建立正确的爬泳入水技术动作表象，纠正其入水过窄的错误动作。

（二）手臂入水点过近或过远

手臂入水点过近或过远，也是爬泳手臂初学者容易犯的错误动作。入水点过近，这个错误动作会导致手臂入水、前伸时间延长，破坏爬泳手臂划水的节奏感和连贯性，还会造成手臂前伸产生额外的阻力，影响游进速度；入水点过远，这个错误会导致入水时手掌和前臂拍水，进而使身体产生额外向上的浮力，破坏身体在水中的流线型身体姿势。具体解决措施是：游泳教师要强调手掌在手臂长度的 3/4 处入水的动作要点，通过陆地模仿和水中站立模仿划臂的方式，循序渐进地改正学生的错误入水点，必要情况下也可以采用“条件限制法”纠正其错误动作，即在入水点位置放一泡沫圆环，要求学生完成每一次的手臂入水时，手掌都要穿过泡沫圆环，然后再向前充分伸臂，进而解决学生手臂入水过远或过近的问题。

（三）手臂划水时出现“沉肘”现象

爬泳手臂划手出现“沉肘”现象，这是一个非常严重的错误，游泳教师一定要及时发现、及时纠正。“沉肘”现象的具体表现是：在爬泳手臂产生推进力最大的内划、上划阶段，未形成有效的高肘姿势（肘高于手的一种姿势），划水过程中前臂平行于水面，只是靠手掌的挡水截面来划水，进而产生很少的阻力推进力，影响爬泳的游进速度。其实对于高肘划水的技术动作，无论是哪种泳姿的手臂技术都是必要的，前期介绍的蛙泳划水，后期将要介绍的仰泳和蝶泳划臂都需要这种技术，概括来说，高肘划水的流体力学原理是通过增加手臂挡水截面、产生更大的手臂划水阻力推进力，而游泳中增加划臂挡水截面最有效的措施就是使前臂与手掌共同对准水，而不是简单地用手掌对准水。具体解决措施是：游泳教师首先让学生理解高肘的应用原理，然后通过陆地、水中的分解与完整练习，使学生掌握高肘的动作要领，最后通过重复练习法逐步纠正其错误动作，建立准确的高肘划水动作表象。这里需要游泳教师注意的是：任何技术动作的练习都是一个重复、枯燥的过程，只有这样才能完成技术动作从泛化到分化、从分化到自动化的转变。但是，为了提升游泳教学效果和学生游泳学习兴趣，有些技术动作的练习可以适当采用游戏的方式来缓解练习的疲劳和单一性。例如，在纠正学生“沉肘”划水的错误动作时，教师可以采用“手按水球”游戏方式进行辅助练习，即学生站立水中，手臂前伸，前伸的手掌自然张开，放在水球上方，然后通过手臂发力，将水球从前方按入水中，并经由水下向身体后方推出。这个游戏练习的原理是：学生将水球按入水中后，为了防止手球向前、向上浮出水面，手掌的方向一定要由向下转入向后，手掌向后的动作就会形成肘高手低的爬泳“高肘划水”姿势。

（四）手臂出水过早导致划水不充分

手臂出水过早导致划水不充分，这个错误动作会导致爬泳手臂划水路线变短、划水效果变差。其具体表现为：爬泳初学者由于盲目追求双臂划水的频率，在手臂进入上划阶段时，伸肩、伸肘动作未充分完成的情况下急于将手臂提出水中，进入下一阶段的划水周期。从水面上方看，游泳者的手臂划水动作非常快，但实质上手臂划水效果极差，既费力，还不走水，这一现象在爬泳健身人群中尤为突出。具体解决措施是：游泳教师首先要讲明爬泳手上划阶段的重要性，即上划阶段是产生划臂推进力最大的阶段，手臂一定要加速推直后再进行出水移臂；然后，通过陆地模仿和水中练习的方式，纠正其手臂过早出水的错误动作。这里有一个比较有效的训练方法，游泳教师可要求学生在每一次上划结束后要用手掌摸一下自己的大腿（摸腿的位置与立正姿势时手所处的位置相同），这样就可以保证学生的每一次划臂都能充分伸直，这个方法在儿童爬泳手臂教学过程中效果更佳。

**六、技术应用与探索**

**爬泳的肩部损伤及预防**

爬泳由于其游进过程中速度快、阻力小，因此在游泳池比赛距离最长的自由泳项目中，被所有游泳运动员采用。同时，爬泳也是马拉松游泳中被游泳运动员所广泛采用的泳姿。爬泳是肩关节运动最为频繁的泳姿，爬泳的手臂在每个动作周期内，都需要进行肩关节的前屈、后伸、绕环运动，进而完成爬泳的入水、划水、出水、移臂的技术动作，这种周而复始、多次重复的肩部运动，势必会对游泳运动员和爬泳健身人群的肩关节造成损伤，在游泳中把这种损伤叫做“游泳肩”，医学中又称为“肩撞击综合征”，是一种常见的游泳肩部损伤。“游泳肩”会限制游泳者肩关节活动的范围，严重者会导致游泳时肩部疼痛，影响游泳者继续进行游泳训练或游泳健身。那么，应如何来预防呢？

首先，爬泳手臂入水时，要强调手掌朝向水面、斜插入水中，不要做拇指领先入水、前臂内旋的动作，避免肱骨与肩部韧带的摩擦；其次，手臂入水时前伸要充分，不要急于向后划水，当下划结束、肘略高于手时，再开始高肘内划，避免肱骨上顶肩部韧带，引发肩部炎症；最后，爬泳手出水移臂时，肩关节要充分旋转、高肘移臂，避免肱骨对肩关节的持续撞击而引发“游泳肩”。除了以上三点之外，游泳教师在爬泳手臂教学、健身指导中，还要让学生理解爬泳手臂划水的力量来源，很多爬泳初学者认为爬泳手臂完全是依靠手臂的力量来进行划水的，这是一个明显的错误认知，这一错误理解会增加爬泳划臂过程中屈肘肌群的运动负荷和运动幅度，进而为“肩撞击综合征”埋下隐患。爬泳划臂正确的发力是：手臂在进入高肘划水阶段，手臂划水的力量主要通过背部肌群来获取，背部肌群发力在提升爬泳手臂划水力量的同时，还可以减缓手臂肌肉的运动负荷、缓解肩部肌群的疲劳，进而有效地避免“游泳肩”的发生。如果“游泳肩”已经产生，一定要及时就医治疗，避免病情加重。

## 第四节　爬泳配合教学

爬泳配合技术是指爬泳的途中游技术，这里不包括爬泳的出发和转身技术。在学生掌握爬泳腿与呼吸配合、爬泳手与呼吸配合技术后，就需要进行爬泳完整配合的学习。爬泳完整教学中，依然采用的是陆地模仿和水中练习的方式，游泳教师运用多种教学方法，由简入难、循序渐进地开展爬泳完整配合技术的教学组织。在本节的内容中，在遵循运动技能形成规律的原则下，爬泳配合技术教学采用的是最简单的“手臂前交叉”技术和“多次爬泳腿”技术。

所以，游泳教师在教学过程中不要过度强调 621、421、221 的爬泳配合模式，在学生没有明显错误动作的前提下,能够徒手、连贯、持续地完成25米爬泳配合游即可。

## 一、动作要领

身体呈高、平、直的流线型姿势俯卧于水中;头部完全浸入水中、目视池底;双腿上下交替鞭状打水,打水幅度为30~40厘米;双手交替、连贯、加速向后划水,划水时保持高肘姿势;整个身体随着打腿、划臂动作,绕着身体纵轴左右旋转,旋转幅度不要超过90°;随着转髋、转肩的动作,带动头部侧转,完成爬泳侧向呼吸,呼吸时头部不要上下起伏。

## 二、教学重点

划臂与打腿配合时机;身体的协调转动。

## 三、教学难点

爬泳配合游的双侧呼吸技术。

## 四、教学组织

### (一)陆地模仿配合练习

学生原地站立,两腿左右开立,略小于肩宽,身体略前倾,两臂并拢、向上伸直、拇指相对,做好预备姿势。双脚原地做小踏步、模仿爬泳打腿技术动作;双手交替由上至下划臂、模仿爬泳划水技术动作,先做非呼吸侧手臂,再做呼吸侧手臂;陆地模仿配合过程中,随着身体的协调转动,采用两臂一呼的节奏完成爬泳侧向呼吸动作,先进行单侧呼吸,待配合动作协调、正确后,进行三臂一呼双侧呼吸配合。需要游泳教师注意的是:在这个环节的教学组织中要重点关注双腿原地小踏步动作,首先不要限制原地踏步的步数,保证踏步与划臂的协调配合就可以,即慢速划臂、慢速踏步,快速划臂、快速踏步;其次要提示学生原地踏步时双脚的指向方向并不是一直不变,因为随着身体的左右转动,双脚也要做出向左侧或右侧的转动,这样才能保持爬泳身体转动的协调性和一致性,也就是所谓的爬泳"圆木式"身体转动技术。只有在陆地配合模仿中做到动作协调、连贯,才能进入下一阶段的水中配合练习。

### (二)水中单臂划水配合练习

学生站立水中,双脚蹬离池底或池壁,身体呈流线型姿势向前滑行。滑行后,双脚按照爬泳腿动作要领进行上下交替打水,保持身体稳定向前游进;划臂时,非呼吸侧手臂保持前伸不动,呼吸侧手臂按照爬泳手臂动作要领进行划水;在爬泳打腿、划臂、身体转体的协调配合下,完成单侧爬泳侧向呼吸;最后,身体由侧卧姿势恢复到俯卧姿势,准备重复下一个周期动作。需要注意的是:由于本练习采用的是单侧呼吸,因此游泳教师在组织练习过程中,首先要求学生从习惯性地呼吸一侧开始练习,待配合动作熟练后再过渡到另一侧的单臂划水与呼吸配合;单臂划水交替练习的目的是避免单侧手臂运动疲劳的同时,使学生掌握爬泳配合两侧呼吸技术。最后,教学过程中,游泳教师还要再次强调侧向打腿技术及其重要性,使学生建立身体转动与打腿配合的正确动作表象。

### (三)水中分解划水配合练习

学生站立水中,双脚蹬离池底或池壁,身体呈流线型姿势向前滑行。滑行后,双脚按照爬泳腿动作要领进行上下交替打水,保持身体稳定向前游进;划臂时,非呼吸侧手臂领先完成一次爬泳划臂动作,转髋、转肩的同时,头部保持不动、目视池底;当非呼吸侧手臂空中移臂入水后，开始呼吸一侧的手臂划水动作，在爬泳打腿、划臂、身体转体的协调配合下，完成爬泳侧向呼吸；当呼吸侧手臂经空中移臂入水后，随即开始下一动作周期的配合。需要注意的是：在分解划水配合练习中，要特别注意非呼吸侧手臂划水时，头部要保持稳定，不要随着手臂的划水而进行摆动，那么这就需要学生在非呼吸侧爬泳划臂时，肩与髋关节要充分地转动，从而保持身体较好的流线姿势。在这个练习过程中，游泳教师也要让学生进行双侧呼吸练习，所以教学过程中要求学生采用 3 次划臂 1 次呼吸的两侧呼吸配合技术，即前 2 次划臂只转体、不配合呼吸，第 3 次划臂时配合一次侧向呼吸技术。但是，由于此阶段学生的划臂是处于分解阶段，因此完成 3 次划臂的闭气时间较长，所以 3 次划臂 1 次呼吸的配合会导致部分肺活量较小的同学难以适应，游泳教师在教学组织上要科学合理地安排。

（四）水中连贯划水配合练习

水中连贯划水配合游，其实就是爬泳的一种完整配合技术，可以称其为“中交叉”爬泳配合。其动作要领是：学生站立水中，双脚蹬离池底或池壁，身体呈流线型姿势向前滑行；滑行后，双脚按照爬泳腿动作要领进行上下交替打水，保持身体稳定向前游进；划臂时，非呼吸侧手臂领先完成一次爬泳划臂动作，转髋、转肩的同时，头部保持不动、目视池底；当非呼吸侧手臂经空中移臂、准备入水时，呼吸侧手臂开始划臂动作，当非呼吸侧手臂入水前伸时，呼吸侧手臂呈高肘姿势划至身体正下方，手和前臂垂直池底，到达手臂上划阶段，双臂之间角度大约为 90°，所以称为手臂“中交叉”配合。同样，当呼吸侧手臂入水、前伸时，非呼吸侧手臂已经进入上划阶段，从而进入下一周期的爬泳配合动作。需要注意的是：在此阶段游泳教师需要让学生进行正式的双侧呼吸练习，因为水中连贯划水配合技术可以缩短学生爬泳划臂的时间，进而使学生更容易地进行 3 次划臂 1 次呼吸的双侧呼吸练习。因此，在学生初步掌握水中连贯划水配合技术后，教师就可以要求学生进行爬泳的双侧呼吸练习了。

（五）水中完整配合技术练习

通过前期循序渐进的爬泳配合练习，学生基本掌握了爬泳的配合技术，在最后的完整配合技术练习中，游泳教学的重点是爬泳配合的时机、节奏、效率，最终的教学目标是学生能够轻松、连贯地完成 25 米爬泳配合游。其动作要领是：学生站立水中，双脚蹬离池底或池壁，身体呈流线型姿势向前滑行；双臂交替高肘划水、双腿上下鞭状打水，身体左右“圆木”式滚动，采用“歪嘴独眼”的方式完成侧向呼吸技术；持续、轻松地游进 25 米以上，没有明显的疲劳和技术错误。需要注意的是：游泳教师在这一阶段的教学组织中，在确保学生没有明显错误技术动作的前提下，要提高学生爬泳技术的实效性，即每一个动作周期内的划距要逐渐增大，培养学生利用爬泳技术进行持续游进的能力。同时，通过增加运动量的方式提升学生游泳时的水感，最终提升学生爬泳的游速。

## 五、易犯错误及纠正方法

（一）完整配合时手脚配合不协调

爬泳完整配合时手脚配合不协调，是几乎所有爬泳初学者进入完整配合练习时必犯的错误。其错误具体表现为：学生划臂的时候忘记打腿，注意打腿时又忘记了划臂，进而导致身体下沉、游进速度较慢。导致这个错误的根本原因是，学生的技术动作处于爬泳技术分化阶段,中枢神经对爬泳手、腿的支配不能兼顾,没有形成正确的肌肉记忆。具体解决措施是:游泳教师要让学生把注意力重点放在爬泳手臂上,因为爬泳手臂是爬泳产生推进力的主要阶段,直接影响爬泳的游速,同时,爬泳手臂也是影响爬泳呼吸的主要因素;至于爬泳腿技术,游泳教师可以告诉学生,在整个配合游进过程中,只需要保持连贯打腿即可,不必考虑打腿的次数。通过一段时间的重复练习,当学生的手臂与呼吸技术达到自动化阶段时,再让学生具体考虑打腿的节奏和次数。概括来说,爬泳配合初级阶段要以划臂为主、打腿为辅,腿部的技术动作主要功能还是维持身体平衡、配合划臂的节奏。

(二)完整配合时容易感到疲劳,不能长游

爬泳是所有泳姿中游进速度最快、最为节能的泳姿,所以爬泳是长距离游泳的首选泳姿。同时,在游泳专业训练中,爬泳也作为热身、放松、有氧训练的必用泳姿,所以在少儿游泳长训班中爬泳会作为首学泳姿进行教学,就是为以后的游泳专业训练打好基础。那么,爬泳初学者为什么会感觉爬泳配合游时非常累呢?其具体原因是:由于爬泳初学者技术动作还不完善,无论是划臂技术还是打腿技术,在整个爬泳完整配合过程中肌肉都处于紧张的状态,没有进行合理的放松。还有一种情况是:爬泳初学者过度追求速度,在动作节奏加快的情况下产生了错误的技术,虽然动作频率很快,但是动作效果较差。以上两个原因是导致爬泳初学者在进行爬泳配合游进时感觉疲劳的主要原因。具体解决措施是:在进行爬泳配合游进过程中,游泳教师就对学生提出一个要求,那就是“慢速游进”,在慢的过程中感受爬泳腿技术、爬泳手技术和爬泳配合节奏,这个“慢速游进”练习在游泳训练中也被称为“技术游”,在慢游中使学生逐步提升爬泳技术,提高爬泳每一个动作周期的实效性,最终达到提升爬泳游速的目的。此外,游泳教师还要进一步对爬泳技术的关键环节进行分析,哪个环节需要肌肉用力,哪个环节需要肌肉放松。例如,爬泳内划、上划阶段需要肌肉加速用力完成的,爬泳移臂、入水阶段肌肉就可以进行充分的放松,这种有张有弛的肌肉工作节奏,就可以有效地缓解爬泳配合游时的机体疲劳问题。

**六、技术应用与探索**

**如何科学、合理地运用爬泳 621、421、221 配合技术**

爬泳的臂腿配合节奏是指,在一个完整的划水周期内打腿的次数,一般把爬泳的 2 次划水动作称为一个周期。在这一个划水周期内,一般有打 6 次、4 次、2 次爬泳腿的三种配合节奏,每一个配合周期内配合 1 次呼吸,因此爬泳中简称为 621、421、221 臂腿配合技术。

(1)621 臂腿配合技术,就是在每次划臂时完成 3 次爬泳打腿,每个周期内打 6 次腿。这个配合技术一般在中、短距离游泳比赛中使用,其快速的打腿频率可以与快速的划臂频率相匹配,因此,能够有效地提高中、短距离游泳比赛的竞技成绩。其动作要领是:首先将爬泳手臂划水分成三个对应腿部下打的阶段,即下划时下打腿阶段、内划时下打腿阶段、上划时下打腿阶段,在每一次手臂划水过程中分别进行三次爬泳腿下打。以右臂划水为例,右臂下划时右腿下打一次、右臂内划时左腿下打一次、右臂上划时右腿下打一次,左臂划水动作与右臂一致。6 次打腿技术是比较容易的打腿技术,爬泳初学者通过长期的打腿练习就会自然掌握其技术动作要领。

（2）221 臂腿配合技术，这个配合技术适合于长距离自由泳比赛和马拉松游泳，其特点是打腿频率慢、能量消耗小，2 次打腿的主要目的是维持身体在水中的平衡。其动作要领是：每一次下打腿都在同侧手臂上划时完成。以右手划水为例，右臂下划右腿不动，右臂内划右腿下打，右臂上划右腿下打结束，左臂划水动作要领相同。其实，221 臂腿配合技术就是我们在陆地走路的姿势，所以游泳教师可以通过走路的方式来为学生讲解 221 臂腿配合动作要领，然后通过水中手臂“前交叉”技术来配合 221 臂腿配合练习。

（3）421 臂腿配合技术，这个配合技术其实是结合了 6 次打腿和 2 次打腿的动作节奏，4 次腿解决了 2 次腿推进力不足的问题，避免了 6 次腿能量消耗较大的问题，所以 4 次腿配合非常适合中长距离自由泳比赛。421 臂腿配合一般在呼吸侧打腿 1 次，非呼吸侧打腿 3 次，以右侧呼吸为例，其动作要领是：右臂下划腿不动，右臂内划右腿开始下打，右臂上划右腿下打完成，左臂下划左腿下打，左臂内划右腿开始下打，左臂上划左腿完成下打。

其实，爬泳腿除了 621、421、221 配合外，还包括 2 次交叉打腿和 4 次交叉打腿技术。2 次交叉打腿，其实就是在 2 次打腿过程中增加 1 次较轻的交替打水，其打腿次数其实是 4 次；而 4 次交叉打腿，其实就是在 4 次打腿过程中增加 1 次较轻的交替打水，其打腿次数其实是 6 次。所以，游泳教师在爬泳腿打腿配合教学中，要首先安排 6 次打腿教学，然后过渡到 2 次腿、4 次腿配合，最后可以教授难度较大的 2 次交叉打腿和 4 次交叉打腿技术。

## 第五节　爬泳转身教学

爬泳转身技术是爬泳的重要技术，爬泳比赛距离越长，爬泳转身就越重要。在长池游泳比赛中，只有 50 米项目不需要转身，而在短池游泳比赛中，任何项目都需要转身，而且短池比赛中转身次数增加，对比赛结果起重要的作用。在对比赛技术参数进行分析时，转身一般指从距离池壁 5 米开始，到转身后离开池壁 10 米为止，共 15 米距离内的动作。以 1 500 米自由泳比赛为例，长池比赛需要做 29 次转身动作，与转身有关的距离达到 435 米，占总距离的 29%。如果是短池比赛，则需要转身 59 次，距离 885 米，甚至超过了比赛总距离的一半。本节主要介绍的是爬泳滚翻式转身，爬泳的摆动式转身与蛙泳转身一样，所以本节不做介绍。

### 一、动作要领

爬泳游进池壁，不要减速，在距离池壁 5 米处调整爬泳动作频率和幅度；当距离池壁 2 米左右位置时（头部到达泳道池底标志线），准备开始做最后一次划水动作；伴随着最后一次爬泳划臂结束，两臂位于体侧位置，双腿做一次蝶泳打腿，同时快速低头团身、向前滚翻，双臂同时向后上方划水并在头前并拢前伸；翻滚后，身体略侧转、屈膝屈髋、双脚位于池壁、脚趾指向斜上方；蹬离后，身体逐渐由侧卧姿势转为俯卧姿势，开始做水下连续蝶泳腿动作。由于游泳竞赛规则规定，因此爬泳转身后的水下潜泳距离不得超过 15 米。

### 二、教学重点

转身距离的判断；滚翻的技术动作。

## 三、教学难点

蹬离后的水下蝶泳腿技术。

## 四、教学组织

### (一)蹲边前滚翻练习

学生双腿左右开立、站立池边,屈髋屈膝下蹲、脚趾勾住池边,双手抱膝团身、目视池底,身体重心前移,前滚翻入水,入水顺序依次是头、肩、背、髋、膝、踝;入水后,由于滚翻的惯性,当身体姿势处于头高脚的位置后,开始伸膝伸髋、站立池底,双手并拢向上伸直、目视前方。这个练习主要是让学生体会滚翻的技术动作,学生站立池边,借助蹬离池边发力,能够加快转身的速度,掌握基本滚翻技术动作后,为接下来的水中原地滚翻打下基础。

### (二)原地前滚翻练习

学生站立池底,双腿左右开立,吸气后,屈髋屈膝下蹲,当胸部没入水中后,双脚轻轻蹬离池底,此时低头团身,头部向腹部靠拢,双手掌心向上划水,当身体旋转一周,头上脚下时,开始伸膝伸髋,站立池底,双手并拢向上伸直、目视前方。这个练习相对于陆地练习来说,增加了难度,因为此时身体在转动过程中会受到水的浮力和阻力,所以学生必须在滚翻过程中快速、协调地完成转体动作,否则身体无法进行快速的转动。值得注意的是:很多初学者在这个练习中会出现呛水的情况,游泳教师在教学中要提醒学生,一旦双脚蹬离池底后,就需要用嘴或鼻向外缓慢吐气,直至双脚站立池底,头部露出水面,才用嘴吸气。

### (三)滑行前滚翻练习

学生站立池底、双脚蹬离池底或池壁,在身体向前流线滑行时,双手由前伸向后做爬泳划水、双臂划至大腿体侧,此时快速低头、团身、屈髋屈膝,向前做前滚翻动作并站立。这个练习阶段,重点让学生体会身体在俯卧姿势如何完成前滚翻动作,掌握前滚翻时头、手臂、躯干、双腿的协调配合,通过反复练习基本掌握前滚翻动作要领。需要注意的是:当学生掌握了滑行前滚翻后,可以加大练习的难度,让学生距离池壁 2 米左右的位置站立,通过双脚蹬离池底的方式,使身体向池壁滑行,然后按照爬泳滚翻动作进行身体的转动;身体完成滚翻动作后,要求学生尽量保证把双脚正好放在池壁上,身体呈现仰卧姿势、屈膝屈髋、双臂前伸,锻炼学生游进池壁时判断转身距离的能力。

### (四)游进前滚翻练习

学生距离池壁 5~10 米、面向池壁站立,蹬离池底后做爬泳完整配合游,当头部距离池壁 2 米左右时,完成爬泳前滚翻动作。这个练习对于前面的几个练习来说,增加了游进过程中对于转身距离的判断,使学生能够判断合适的转身时机。需要注意的是:此时完成前滚翻动作后,身体并不是处于仰卧姿势,而是要有一个侧向的转动,双脚呈上下姿势蹬在池壁上,身体有一个略微的侧转(不做蹬离动作),进而为完整爬泳滚翻配合做好准备。另外,由于学生身高、臂展、腿长的差异性,学生游进池壁时转身的时机也各不相同,教学过程中,游泳教师要让学生通过多次的转身练习来确定自己的最佳转身时机,切不可采用统一的标准进行要求,要充分体现游泳教学中的个体差异性原则。

（五）完整前滚翻练习

完整前滚翻练习与游进前滚翻练习的技术动作没有任何差别，这里不再赘述。唯一的区别是，完整前滚翻练习在滚翻动作完成后，有一个蹬离池壁和水下蝶泳腿动作。蹬离池壁时，身体由侧卧姿势转为俯卧姿势；身体在蹬离过程中，由连续的侧卧蝶泳腿过渡到俯卧蝶泳腿，打腿距离不超过 15 米，头部必须露出水面。这个阶段需要注意的是：爬泳初学者由于没有接触过蝶泳腿技术，因此游泳教师要通过陆地模仿、水中练习的方式进行蝶泳腿单独教学。另外，如果学生此时无法快速、正确地掌握蝶泳腿技术，游泳教师可以采用减难教学法进行爬泳滚翻教学，即学生在蹬离池壁后不做水下蝶泳腿动作，身体呈流线姿势向前滑行即可，待以后学生掌握了蝶泳腿技术后再要求水下蝶泳腿动作。

## 五、易犯错误及纠正方法

（一）滚翻时，身体转不过来

爬泳滚翻转身时身体转不过来，这是所有学习爬泳转身的初学者最为苦恼的一个问题。产生这个错误动作的原因是：初学者在滚翻转身时没有充分地低头团身或团身转体后过早展开身体。具体的解决措施是：通过原地滚翻、滑行滚翻练习，要求初学者在转身过程中头部快速向腹部靠拢，同时做屈膝屈髋的动作，就好似熟悉水性时练习的抱膝悬浮动作一样，缩短身体转动半径、加快身体转动速度。此外，在整个滚翻过程中，始终保持屈膝屈髋动作，避免过早地伸膝伸髋增加身体的转动半径、减慢转动速度，要求学生只有在滚翻完成后、头高脚低的阶段，才进行伸髋伸膝、站立池底。

（二）蹬离池壁后，身体偏移

爬泳滚翻转身后，蹬离池壁发生偏移势必会影响爬泳转身的水下动作，进而影响整个爬泳滚翻转身的动作效果。其错误产生的原因是：滚翻后双脚未完全接触池壁、躯干和双臂没有朝向正前方，所以当双脚蹬离池壁后，身体会出现左右的偏移。具体的解决措施是：学生面向池壁做滑行转身练习，完成滚翻动作后，双脚完全接触池壁、双腿不要向前蹬出，此时要让学生体会双臂和躯干朝向正前方的感觉，通过多次的重复练习，使学生纠正蹬离池壁时身体偏移的错误动作。

（三）蹬离池壁后，身体沉底

爬泳滚翻转身后，蹬离池壁时身体迅速向池底滑行，导致无法进行后续的蝶泳腿动作、延误身体滑行出水的时机，这也是爬泳滚翻转身常见的错误。这一错误产生的原因是：滚翻后双脚蹬离池壁过早，此时身体正处于头低脚高的姿势，所以会导致蹬离池壁后身体朝向池底滑行。具体解决措施是：要求学生在完成滚翻动作、双脚蹬在池壁时，心中默查两个数，这时躯干会由于水的浮力向上移动，两个数的时间差正好使学生的躯干和头部平行于池底，此时双脚蹬离池壁后，身体就会直线向前滑行。

## 六、技术应用与探索

### 爬泳滚翻转身时，耳朵进水应如何处理？

在练习爬泳滚翻转身的时候，最容易出现的一种情况就是耳朵进水，如果没有及时处理进入耳中的水，水就会淤积在耳腔内部进而会引起耳部感染，导致人们患上中耳炎以及其他耳朵炎症疾病,所以及时清除游泳时进入耳朵的水分是很有必要的。那么,当耳朵进水后应采用何种方式正确处理耳朵进水的问题呢?

游泳时耳朵进水最先要做的一个处理办法肯定就是要把水分顺利排出耳朵内,这样才不会让水分淤积在耳朵内部、导致水分滋生细菌,避免出现耳朵细菌感染的问题。正确的排除耳中水分的方法其实很简单,当游泳者感觉耳朵进水后应马上起水上岸,及时判断进水的是哪一侧耳朵,然后把头歪向进水耳朵的那一侧,用手轻轻拍打耳朵或者是上下跳动几下,那么就能够快速地排出耳朵里的水分。此外,耳朵里进水,还要做好具体的护理措施。因为公共游泳池内的水中细菌较多,水进入耳朵后就算及时通过排水的方式把进入耳朵里的水分排出了,但是细菌也极有可能已经残留在耳朵部位,所以应及时做好耳朵消毒措施,清除耳朵残留细菌很重要。具体的办法就是使用用棉签沾一些酒精,把沾有酒精的棉签伸入耳朵,擦拭耳朵,这样就可以起到杀菌消毒的作用。

# 第五章 仰泳教学实践

仰泳，是人体仰卧在水中，通过手臂的交替划水、双腿的交替打腿或同时踢水动作，使人体向前游进的一种泳姿，仰泳是奥运会比赛项目，设有 50 米、100 米、200 米三个单项比赛。虽然仰泳的游进速度在四种泳姿中仅快于蛙泳，但是仰泳在游泳健身领域备受欢迎，仰泳游进时人体处于仰卧姿势，这样可以简化游泳初学者的呼吸难点，特别是对于头部不敢放入水中的怕水儿童来说，仰泳甚至可以作为首学泳姿来教学。此外，人体仰卧于水面，颈椎、腰椎处于放松的状态，这种放松姿势可以有效缓解长期“伏案工作”人群的职业病。仰泳作为唯一一种仰卧姿势游进、水中出发的竞技泳姿，在身体姿势和技术特点方面与其他三种泳姿有着明显的差别，所以在仰泳教学过程中，游泳教师要把仰卧漂浮技术作为重点来安排教学时的学时比例，因为这个技术相对于仰泳初学者来说比较难。对于仰泳腿、仰泳手、仰泳转身技术来说，游泳教师可以通过对爬泳技术的分析、完成其对仰泳技术动作学习的正迁移，最终使学生能够快速、准确地掌握仰泳配合技术。

## 第一节 仰泳技术特点

### 一、仰泳技术演变

在人类学习游泳技术的历史长河中，仰泳一直与人类的生活和生产并存，只是那个时候对于这种泳姿并没有明确的概念，仰泳也只是作为水中休息的一种泳姿，毕竟仰泳的速度不及爬泳，仰泳的观察视角不如蛙泳。就算拿到现代社会来说，泳池中也不会经常看到仰泳的泳姿，还是多见于蛙泳和爬泳。但是，仰泳由于其独特的仰卧姿势在游泳健身和游泳救生中又有着无法替代的优势，因为仰卧姿势平时只有在躺在床上睡觉的时候才会出现，仰泳弥补了其他三种泳姿无法完成的身体仰卧姿势，避免了长期采用俯卧姿势游泳造成的肌肉疲劳，在游泳训练中采用仰泳放松可以有效缓解蛙泳、蝶泳、爬泳主项运动运的肌肉疲劳。此外，仰泳的学习对于游泳救生中的反蛙泳技术、仰卧拖带技术来说有着重要的意义。

1900 年第 2 届奥运会上，仰泳被列入正式比赛项目，那时候的仰泳技术是两臂同时划水和两腿同时蹬水，其技术动作与蛙泳动作很相似，故称为反蛙泳，在早期的游泳竞赛中就得到普遍的运用。1902 年，随着爬泳技术的出现和发展，促进了仰泳技术的不断进步，采用类似爬泳的双臂交替划水动作，两腿仍旧采用蛙式蹬腿技术。直到 1912 年，在第五届奥运会上，美国运动员赫伯纳采用两腿上下交替踢水，两臂在体侧轮流向后划水的爬式仰泳，夺得了男子 100 米仰泳冠军。随后到 1968 年，德国游泳运动员马特斯，采用屈臂深划水、高频有力打腿、身体高平稳的流线型姿势，获得了男子 100 米仰泳冠军，他的这个仰泳技术成为现代仰泳技术的转折点，此后，仰泳技术没有发生过巨大的变化。

随着仰泳技术的不断发展，现代仰泳技术具有以下几个特点：首先，高平稳的身体姿势，这与爬泳技术极为相似，因为爬泳、仰泳同属于长轴泳姿，游进过程中身体围绕人体的垂直轴进行左右转动，仰泳的头部要保持绝对的稳定，避免身体出现左右摆动；其次，反蝶泳腿技术的重视，无论是仰泳的出发技术还是转身技术都可以做 15 米水下反蝶泳腿，这个潜水速度要明显快于仰泳水面游进速度，所以越来越多的游泳教练和仰泳运动员非常重视发展反蝶泳腿的训练，进而提高运动成绩；最后，身体的协调配合能力，仰泳游进时运动员无法看到前方，因此对仰泳腿技术、仰泳手技术和仰泳身体姿势的协调配合就显得尤为重要。

**二、仰泳技术分析**

（一）身体姿势

仰泳的身体姿势与爬泳身体姿势几乎一样，都要保持“高、平，直、长”的流线型姿势，尽量减少其游进阻力，身体在水中要尽量保持接近水面的位置，并几乎与水面平行，这个姿势可以最大限度减小仰泳游进过程中的外形姿态阻力。此外，仰泳游进过程中还要保持身体有节奏地转动，研究表明，身体处于侧卧姿势比仰卧姿势所产生的阻力要小，所以仰泳游进时要保持身体的“圆木式”转动，在转的过程中充分利用核心力量，通过肌肉的协调发力保持肩、髋的同时转动，就像水中的圆木一样。

除了与爬泳技术极为相似的身体姿势外，仰泳还有其独特的身体位置要求。由于仰泳在游进过程中，仰泳腿的打腿幅度要明显大于爬泳腿，因此仰泳的头部和肩部位置要略高于腰部和腿部，身体与水面形成一个很小的夹角，这样可以避免过大幅度的仰泳打水而导致脚踢出水面。另外一个区别就是，仰泳由于是仰面呼吸，因此头部在游进过程中不需要像爬泳那样做侧向呼吸，这样仰泳头部的稳定性就尤为重要。世界优秀的仰泳运动员，在仰泳身体姿势训练中，可以在额头顶住一瓶矿泉水的前提下进行高速游进，可见头部的稳定性在仰泳技术中是多么的重要。在身体姿势练习过程中，游泳教师还要注意的一点，如果学生先学习了爬泳，然后再进行仰泳的学习，教学过程中一定要先过仰卧漂浮这一关才能转为具体技术的学习，避免爬泳的侧向呼吸技术对仰泳的头部稳定性造成技术动作的负迁移。

（二）腿部技术

仰泳腿是仰泳的重要技术之一，对仰泳速度的贡献要大于爬泳腿对爬泳速度的贡献，此外，仰泳腿在维持身体平衡、协调手臂划水过程中有着重要的作用。特别是对于仰泳初学者来说，仰泳腿是首先要学习的内容，只有在熟练掌握仰泳腿技术后才能进行仰泳手臂、仰泳配合技术的学习，所以仰泳教学过程中，游泳教师要把仰泳腿教学列为重点和难点。仰泳腿的技术动作比较简单，其动作结构就是仰卧姿势的爬泳腿，所以对于有爬泳基础的学生来说，可以把对爬泳腿的技术动作表象迁移到仰泳腿学习过程中。仰泳腿技术动作分为屈腿上踢和直腿下压两部分，其动作要领是：双腿并拢伸直，双脚内旋，以髋关节为轴进行屈腿上踢和直腿下压的鞭状打水，打腿幅度一般为 40~50 厘米；屈腿上踢时，通过核心肌群的发力带动髋关节运动，然后大腿带小腿、小腿带动脚踝依次发力，屈腿上踢时要用力，这个阶段是产生推进力的重要环节；直腿下压时，也是通过核心肌群的发力，通过伸髋的动作来完成，由于水的浮力，因此在做直腿下压时要适当地用力。

1. 屈腿上踢

屈腿上踢时，髋关节前屈、膝关节屈曲、踝关节趾屈，打水的方向是朝向后上方；当大腿上踢到接近水面时，随即转入下压阶段，此时小腿和脚正处于上踢阶段，当膝关节完全伸直后，完成上踢动作，小腿和脚在大腿的带动下进入下压阶段。这个阶段需要注意的是：上踢过程中踝关节一定要趾屈，不能背屈，因为踝关节趾屈打腿时脚背的朝向是后上方，这样可以产生向前的阻力推进力，而踝关节背伸打腿时脚背的朝向是正前方，这样会产生向后的阻力，影响打腿时的身体前进速度。

2. 直腿下压

直腿下压是为屈腿上踢做准备，这个阶段不产生任何推进力，但是仍需要稍微用力完成，不可过度放松。这是因为仰泳下压与爬泳的上打阶段略有不同，爬泳上打阶段不产生推进力，可以放松完成，这是由于爬泳腿在上打过程中会受到水的浮力，辅助其上打技术的完成，而仰泳的下压阶段却恰恰相反，虽然此阶段也不产生推进力，但是仰泳腿下压过程中要克服水的阻力，而且下压的幅度更深一些，所以仰泳腿下压过程中要适当发力，以确保仰泳腿处于合适的上踢位置。下压过程中，大腿带动小腿向水下移动，当大腿接近于适当水深时，大腿停止下压动作，进而转入上踢阶段。此时，小腿和脚在大腿引领的惯性作用下继续下压，当小腿和脚接近于水下 40~50 厘米时完成下压动作，膝关节由伸转入屈曲状态，随及跟随大腿进入上踢阶段。仰泳打腿时需要注意的问题是：小腿和脚上踢阶段不要出水（具体原因参照第四章）。

（三）手臂技术

仰泳手臂技术是仰泳的重要技术，它的好坏直接影响仰泳的游进速度。根据仰泳手臂的划水技术特点，可以把仰泳手臂分为入水、下划、上划、二次下划、出水、移臂六个环节。

1. 入水

入水时，手臂在空中呈现直臂姿势，手指自然并拢伸直、掌心向外，手掌与前臂的夹角为 150°~160°，手臂伸直、小拇指领先切入水中，入水点在肩的延长线上，随着身体做“圆木”式的滚动，手臂继续向前伸展，手的前伸位置越远越好，这样不但能拉长身体、减小阻力，而且可以延长仰泳手臂划水距离，增加推进力，入水结束后手位于水面下 10~15 厘米。

2. 下划

下划是入水的后续动作，同时也为上划做准备，当手随着身体的转动达到最远处的时候就开始了向下、向后、向外的下划动作。下划时，通过屈腕、屈肘动作使手掌和前臂向后对准水，为接下来的高肘上划做准备，此时手掌距离水面 30~40 厘米，肘关节弯曲 150°~160°。需要注意的是：入水后的下划阶段虽然不产生推进力，但是下划技术的好坏直接影响接下来的上划技术，为了更好地进行上划，在下划阶段要充分地拉伸肩带肌群和胸背肌群，为下阶段的内划做准备。

3. 上划

当下划动作完成后，此时手和前臂处于向后对准水的位置，随即开始上划，上划时手臂会产生向前的推进力。此时，手臂保持手高于肘的“反高肘”姿势，随着肩关节的内收、肘关节的屈曲，手臂沿着向内、向上、向后的角度进行划水，当手臂划至肩部下方时，上划结束，此时手掌距离水面 5~15 厘米，肘关节弯曲、手与肘位置齐平、手掌指向外侧。

4. 二次下划

二次下划是仰泳手臂产生推进力最大的阶段，直接影响仰泳的游进速度，所以要用最大的力量、最快的速度来完成。二次下划时，要依托身体的胸背部肌群协调发力，身体沿着身体纵轴向身体的对侧转动，通过躯干、上臂、前臂、手掌的力量传递，向脚的方向做鞭状加速推水，直至手臂在大腿外侧伸直，此时掌心向下、指尖向外，手掌位于水下 30 厘米位置。

5. 出水

出水是指手臂完成划水动作后，整个手臂迅速提出水面的过程。出水时，掌心朝向大腿内侧，借助手臂下划的反作用力和身体的侧转，通过肩关节前屈，将手臂提出水面。出水时要确保手臂伸直，通过提肩的动作按照肩、上臂、前臂、手的顺序依次出水，拇指领先出水，手臂自然放松，避免产生过多阻力。

6. 移臂

仰泳的移臂动作采用直臂的方式进行，移臂时上臂贴近耳朵，在手臂与身体垂直前，掌心向内、手臂放松；当手臂与身体垂直后，手臂内旋、掌心向外，为下一步的入水做准备。移臂的整个路线是一个垂直于水面的半圆，身体要进行充分的转动。

（四）完整配合

1. 仰泳双臂配合

仰泳的双臂配合与爬泳类似，双臂做交替划水动作，尽量保持双臂划水的连贯性和匀速性，确保身体均速向前游进。仰泳两臂的配合是“连接式”的，即当一臂划水结束时，另一臂已入水并开始划水；一臂处于划水的中部，另一臂正处于移臂的一半。在整个手臂划水的动作过程中，两臂几乎都处在完全相反的位置。

2. 手臂与呼吸配合

仰泳游进过程中虽然是口鼻一直露出水面，但也不是在呼吸的时候采用随意呼吸的方式，随意地呼吸会造成爬泳肢体动作的紊乱、引起身体重心的不规则变化，从而影响仰泳的整体配合节奏。仰泳的呼吸相对来说比较简单，一般是两次划水一次呼吸，即一臂移臂时开始吸气，然后做短暂的憋气，当另一臂移臂时进行呼气。在高速游进时也有一次划水一次呼吸的技术，但是呼吸不能过于频繁。

3. 手臂与腿部配合

当前仰泳的最常见配合节奏是 621 配合模式，左手入水时，左腿上踢，身体延纵轴向左侧转动；左手上划时，右腿上踢，身体继续向左侧转动；左手下划时，左腿第二次上踢，同时身体开始向对侧转动。右手划水的时候，重复相应的动作。

## 第二节 仰泳腿部教学

仰泳腿的技术动作路线和技术动作要领比较简单，特别是对有爬泳基础的学生来说，学习仰泳腿技术更为容易。学生在基本掌握仰卧漂浮、仰卧滑行技术后（详细见第二章），就可以开始进行仰泳腿的学习。仰泳腿技术强调的是腿部交替的鞭打动作，通过腰腹核心肌群的发力，大腿带小腿、小腿带脚踝，完成仰泳腿直腿下压、屈腿上踢的技术动作；仰泳腿与爬泳腿最大的区别就是打水的深度，仰泳腿打水要比爬泳腿略深，打腿的推进力也略大，为了便于学生掌握仰泳腿技术，仰泳腿教学初期依然采用直腿打腿的方式进行练习。此外，由于仰泳在游进过程中的头部位置保持不动，因此仰泳腿要配合身体的充分转动来进行练习，练习过程中注意头部的稳定性，避免头部左右上下摇摆。在本节的教学过程中，通过讲解、示范、陆地模仿、半陆半水、水中练习的方式，使学生掌握仰泳腿技术动作、仰泳腿与身体转动配合，最终达到 25 米以上徒手仰泳打腿的教学目标。

**一、动作要领**

仰泳打腿时，双腿并拢伸直、双脚趾屈内扣，直腿下压、屈腿上踢，上踢时通过核心肌群发力，带动髋、膝、踝关节做链状运动，进而呈现出大腿带小腿、小腿带脚踝的鞭状打水动作；打水深度为 40~50 厘米，打腿频率要快，双腿、双脚不能打出水面，整个打腿过程中打出的水花就像烧开水时翻滚的水花一样，但是不能出现水花四溅的情况。

**二、教学重点**

下压时适当发力；上踢时鞭腿用力。

**三、教学难点**

体会核心肌肉力量（腰腹肌群）在打腿中的运用。

**四、教学组织**

（一）坐姿陆地打腿

学生坐在地面，双臂后撑、身体后倾，双腿并拢伸直、双脚趾屈内扣，直腿上抬（屈腿上踢的简化动作，仰泳腿教学初期采用）距离地面 40~50 厘米，直腿下压至距离地面 3~5 厘米处停止，模仿仰泳打腿技术动作路线。游泳教师可以采用分解教学方式，先进行上踢，再进行下压，待学生掌握仰泳技术动作路线后，再进行完整的仰泳打腿模仿练习；由于学生双腿处于悬空状态，因此每组练习时间不宜过长，游泳教师根据教学实际情况进行运动负荷的合理安排。需要注意的是：这个练习中所采用的上踢腿技术是直腿上踢，这么练习是为了防止仰泳初学者由于肌肉过度紧张、肌肉发力不协调而导致“蹬车轮”的错误打腿动作，所以从仰泳腿的初期教学开始，要一直采用直腿打腿技术，直至后期学生熟练掌握仰泳腿技术动作后，会自然而然地过渡到仰泳腿鞭状上踢技术。

（二）托扶仰卧打腿

学生站立水中，深吸一口气，身体下蹲、躯干后倾、后脑枕水（后脑与水的位置，就像睡觉时头部与枕头的位置一样），双腿轻轻蹬离池底，身体漂浮于水面、双臂位于体侧不动；同伴在侧面用手轻托漂浮者的腰部或在后面轻拖漂浮者的颈部，这时漂浮者按照陆地模仿的仰泳打腿技术动作进行练习，此时注意身体不要出现左右的转动，提示学生把所有注意力放在仰泳打腿的技术路线和动作要领上；使学生体会仰泳打腿过程中水的浮力、阻力对打腿的影响，有助于学生建立正确的打腿动作表象，形成稳定的肌肉记忆，进而更好地体会仰泳打腿时肌肉的发力顺序和发力特点。需要注意的是:在这个练习过程中要控制打腿的幅度,教师要提示学生打腿时水面要出现翻滚的水花,而不是水花四溅(小腿和脚打出水面),学生可以通过同伴的观察纠正自己的错误动作,直至快速、准确地掌握仰泳腿的动作要领。

(三)固定支撑打腿

学生背向池壁站立水中,身体距离池壁一臂的距离,深吸一口气,身体下蹲、躯干后倾、后脑枕水,双手反扶池壁,双腿轻轻蹬离池底,此时保持手臂伸直、双肩放松,双眼目视正上方,腰腹适当收缩、双腿并拢伸直,身体呈现流线姿势漂浮于水中,然后学生进行仰泳腿打腿练习。教学过程中,游泳教师先进行技术动作讲解、示范,然后组织学生按照仰泳打腿动作要领进行连续打腿练习。值得注意的是,此时没有了同伴的托扶,学生要感受通过仰泳打腿的方式使身体漂浮于水中,此阶段还是重点练习仰泳打腿的动作路线和动作要领,身体依然没有左右的转动,教师通过陆地观察学生的仰卧打腿,及时发现错误、及时纠正,避免出现打腿的错误动作定型,进而为下一阶段的水中滑行打腿练习打下基础。

(四)水中滑行打腿

学生站立水中,深吸一口气,身体下蹲、躯干后倾、后脑枕水,双腿轻轻蹬离池底或池壁,身体在水中流线滑行、双臂位于体侧不动,通过双腿的交替打水使身体前行,这个过程是检验学生仰泳腿效果的最佳阶段,此时,如果学生仰泳腿出现错误动作或打腿效果不好,就会出现原地不动或游进较慢的现象,游泳教师一定要第一时间发现,第一时间解决。待学生基本掌握仰泳打腿动作要领后,游泳教师可以要求学生在头部不动的前提下,双肩、髋部伴随着打腿进行左右的转动,由原来的上下打水过渡到上下、左右打腿,完成打腿与身体转动的配合。值得注意的是:此阶段的仰泳打腿依然要采用直腿打腿技术,因为学生的仰泳腿技术动作还处于泛化学习阶段,特别是加入身体的转动技术,学生一时还无法熟练地进行打腿与转体的配合,过早地采用鞭状打腿练习,会导致“蹬车轮”的错误打腿动作,影响后期仰泳腿的学习效果,游泳教师在教学过程中要加以控制和引导。

(五)单臂前伸打腿

学生站立水中,深吸一口气,身体下蹲、躯干后倾、后脑枕水,一臂前伸、一臂置于体侧位置,双腿蹬离池底或池壁,在身体向前做流线滑行过程中,身体向前伸手臂的一侧转动,双腿按照仰泳打腿动作要领做连续的仰泳打腿动作,然后身体由侧向姿势转向仰卧姿势,随后再进行下一个动作循环。一侧转体打腿练习后,可以采用上面的步骤进行下一侧转体打腿练习,待学生单侧打腿与转体动作配合熟练后,教师可以要求学生在打腿滑行过程中,位于体侧的手臂通过空中直臂移臂的方式放在头部前方,而前期位于头部前方的手臂通过水下放置在身体侧方,在这个手臂交换位置的过程中,双腿的打水和身体的转动要不间断地进行。需要注意的是:此时的手臂移动不是仰泳手臂的配合,游泳教师无须对手臂移动技术要求过多,只是强调直臂移臂就可以,因为这个练习的目的是转体和打腿的配合。

## 五、易犯错误及纠正方法

(一)打腿时膝关节露出水面

很多仰泳初学者练习仰泳腿时出现最多的一个错误动作就是打腿时膝关节出水,从水面上方看，就是明显的“蹬车轮”错误动作，关于这一错误动作在爬泳部分已经讲述，这里就不再赘述；产生膝关节出水错误动作的另一个原因就是初学者打仰泳腿时直腿下压深度不够，仰泳腿由于打腿幅度较大，一般要求 40~50 厘米，一些初学者在练习过程中过度在意上踢技术、忽略下压技术，进而导致直腿下压深度较浅、屈腿上踢又很用力，所以就产生了膝关节出水的错误。具体解决措施是：首先让学生坐在岸边进行半陆半水打腿练习，通过这个练习使学生感受仰泳打腿的深度，形成正确的仰泳腿打水路线、肌肉发力顺序；其次采用“条件限制”法进行仰泳打腿纠错练习，一人仰卧水中进行滑行打腿，一人手持浮板站立其身旁，当练习者进行仰泳打腿时，持浮板的同学将浮板放置在练习者膝盖位置，限制其膝盖出水，通过多次的反复限制练习，纠正打腿时膝盖出水的错误动作。此外，游泳教师在仰泳腿教学的初期，一定要求学生进行直腿交替打水练习，避免学生过早追求鞭状打腿而导致膝盖出水的错误动作。

（二）打腿时身体出现下沉现象

正确的仰泳打腿可以为身体提供向前的推进力，进而使身体较高、较平地漂浮于水面，这是因为身体在游进过程中可以产生额外的升力（具体参照第一章）；而错误的仰泳打腿不但不会产生推进力，还会导致身体的加速下沉，使初学者出现喝水、呛水的现象，影响仰泳教学的进度和效果。那么，导致仰泳打腿时身体下沉的主要原因是什么呢？首先，打腿时踝关节没有跖屈，踝关节处于背伸状态下打水，导致水给脚踝的反作用力是向下的，进而导致腿部下沉；其次，打腿过程中下压幅度过深，导致上踢路线变长，双腿无法完成正确的打腿路线，导致双腿“越打腿越深”，进而破坏了身体的流线型，减慢身体前进速度的同时拉动身体下沉；最后，学生对仰卧漂浮技术掌握不好，仰卧时总害怕头部没入水中，进而出现抬头的错误动作，头部的上抬就会导致腿部的下沉（可以把人体想象成跷跷板，头低脚就高、头高脚就低），慢慢出现“坐着游仰泳”的错误动作。具体解决措施是：通过陆地站姿、仰卧姿练习使学生建立正确的仰泳身体姿势；在建立正确仰泳身体姿势基础上，熟练掌握仰卧流线滑行技术，要求学生合理控制头部的位置，保持头部的稳定性，避免头部上下起伏动作；最后，在流线滑行基础上要求学生进行慢速仰泳打腿练习，同伴或教师站在旁边用语言提示其打腿深度、直腿打腿、脚踝跖屈，通过反复的循环练习逐渐纠正学生的打腿错误动作。需要游泳教师注意的是：对于已经形成打腿技术错误定型的学生来说，教师可以采用陆地分解练习的方式先进行陆地练习，然后再过渡到水中练习，切不可急于求成。

（三）打腿时出现身体偏移问题

仰泳是仰卧于水中的泳姿，由于眼睛无法观察前进的方向，因此很多初学者就会出现仰泳流线打腿过程中，身体向左或向右偏移，无法保持直线前行的问题，影响仰泳打腿的效果。这一错误在仰泳初学者中非常常见，也是让很多游泳教师较为头疼的问题，其产生的原因是两腿打腿幅度不一致和两腿力量不均衡导致的，由于人体两侧肢体的肌肉力量不均衡性（这是一个普遍存在的现象），因此在打腿过程中人体就会向力量较弱的一侧偏移。具体解决措施是：游泳教师要加强学生力量较弱一侧的肌肉训练，这在儿童仰泳教学中尤为重要，但这是一个长期的过程，需要游泳教师的耐心指导和学生的不断训练。另一个方法是在学生仰卧打腿过程中,让学生在头部上方找一参照物,眼睛要盯着参照物,保持头部的直线前行,头部呈直线,身体就不会偏移,这是一个解决身体偏移最快速、最直接的方式,但是这种方法无法从根源上解决两侧肌力不一致的问题,只能作为仰泳腿练习的开始阶段使用,游泳教师还要重点对学生进行陆地力量训练,彻底解决学生两侧肌力不平衡的问题。

这里需要强调的一个问题是:游泳属于周期性对称运动项目,所以少年儿童经常参加游泳锻炼可以锻炼身体的协调与平衡。在游泳教学过程中,如果教师发现学生游进过程中不走直线、左右偏移的问题,首先要从技术上找原因,如果没有技术错误,那么就要结合"解剖学动作分析法"分析游泳技术动作所涉及的相关肌群,并通过陆地、水中的力量训练来解决身体两侧肌力不均衡的问题。但是,针对年龄小的儿童进行力量训练时,不要进行负重练习,只需克服自重练习即可,教师也要合理地安排运动负荷,避免运动损伤。

**六、技术应用与探索**

**爬泳腿技术与仰泳腿技术的正、负迁移学习**

爬泳腿技术与仰泳腿技术从技术原理、动作要领来看,两者非常相似,都是双腿做上下交替的鞭状打腿动作,通过屈髋、伸膝肌群的协调发力,产生向前的推进力。但是,爬泳腿与仰泳腿又有其不同之处,如果游泳教师没有将两者的区别向学生介绍,学生练习过程中盲目地进行技术动作的迁移,势必会影响学习的效果。所以,在仰泳腿技术教学过程中,一定要从正迁移和负迁移两个层面分析爬泳腿对仰泳腿技术的影响。

(1)爬泳腿技术对仰泳腿技术的正迁移。爬泳腿的动作要领是直腿上抬、屈腿下压,大腿带动小腿、小腿带动脚踝,做向下的鞭状打腿,大腿深度为30~40厘米;仰泳腿的动作要领是直腿下压、屈腿上踢,大腿带动小腿、小腿带动脚踝,做向上的鞭状打腿,大腿深度为40~50厘米。通过技术分析来看,爬泳腿与仰泳腿在关节运动、肌肉发力、打水节奏方面非常相似,教学过程中可以把爬泳腿的打腿感受迁移到仰泳腿练习中,也就是说爬泳腿的学习可以促进仰泳腿学习的进度和效果,使学生快速理解仰泳腿动作原理,掌握仰泳腿技术动作。

(2)爬泳腿技术对仰泳腿技术的负迁移。虽然爬泳腿与仰泳腿技术动作极为相似,但是由于身体姿势的不同,打腿的方向也不相同,这是很多仰泳初学者容易忽略的一个问题。两者的技术动作负迁移主要表现为:以陆地站姿模仿打腿为例,爬泳打腿时腿部后引不宜过大(上打阶段、避免脚出水)、前踢时脚可以超出身体冠状面30~40厘米(下打阶段);仰泳打腿时腿部后引要大、超出身体冠状面40~50厘米(下压阶段,为上踢做好准备)、前踢时脚到达与躯干一条直线即可(上踢阶段,避免脚出水)。所以,在学生进行仰泳腿学习前期,特别是针对有爬泳基础的学生,游泳教师一定要通过陆地模仿的方式来讲解、示范爬泳腿与仰泳腿的打水路线,为学生建立正确的仰泳腿动作表象,避免下水后出现各种错误动作。

## 第三节　仰泳手臂教学

仰泳手臂采用的是两臂交替划水的技术,是仰泳的重要技术,决定仰泳的游速。特别是对于仰泳初学者来说，仰泳手臂由于是我们所不习惯的反向运动，所以就会导致很多学生出现手臂划水路线不清晰、划水时身体出现侧向摆动等错误动作，影响仰泳的学习效果。特别是仰泳的“反高肘”划水技术，如果掌握不好动作路线和发力时机，不但会影响仰泳的游速，还会导致关节、肌肉的受伤。因此，在本节的教学内容安排中，游泳教师首先要在陆地进行仰泳手臂的教学，待学生掌握仰泳手臂划水路线和发力要领后，再进入水中进行练习；为了避免运动损伤，学生在练习仰泳手臂时先不要发力，只要保证动作的准确性即可，待技术动作熟练后，再体会大肌群带动下的仰泳划臂发力。需要注意的是：虽然仰泳的呼吸比较简单，但是在仰泳手臂配合过程中要提示学生呼吸的节奏，按照两次划水一次呼吸的节奏进行，即一臂移臂时开始吸气，然后做短暂的憋气，当另一臂移臂时进行呼气，避免杂乱呼吸而影响手臂划水的节奏。教学过程中通过教师的讲解示范，学生采用陆地模仿练习、水中原地练习、水中行进练习、夹板划臂练习的方式，使学生快速掌握仰泳手臂技术动作、仰泳手臂与呼吸配合，最终完成熟练掌握仰泳手臂技术动作的教学目标。

## 一、动作要领

仰泳手臂采用的是双臂交替、连贯划水的技术动作。入水时小拇指切入水中、掌心向外，手臂伸直，入水点在肩的延长线；入水后顺势向下、向外划水，屈肘屈腕、手掌和前臂向后对准水；上划时采用“反高肘”姿势，持续向后、向上、向内划水，手臂划至体侧时手掌、前臂、上臂处于肩的横切面上；在“反高肘”的姿势下，通过身体的转动，手掌和前臂加速向后、向下、向内划水，手掌划至大腿外侧后，拇指领先直臂出水，进入下一动作周期。

## 二、教学重点

划水时的动作路线；划水时的肌肉发力。

## 三、教学难点

“反高肘”划水技术、划臂与呼吸配合节奏。

## 四、教学组织

### （一）陆地单臂模仿练习

学生原地站立，两腿前后开立、略与肩宽、重心落在两腿之间，一臂置于体侧、掌心向内，一臂垂直上举、掌心向内，头部不动、目视前方，做好划臂的预备姿势。划臂时，一臂体侧保持不动，另一臂按照仰泳手臂划水动作进行模仿划水；先练习单侧手臂划水，当一侧手臂疲劳后转换成另一侧手臂划水。在整个手臂划水练习中，头部始终保持不动、目视前方；划臂练习时，手臂技术要与身体的转动配合进行，此时可以不考虑呼吸的节奏，学生要把所有注意力放在仰泳手臂动作要领和技术路线上。需要注意的是：学生在陆地练习单臂划水时，划水一侧的手臂上举时，同侧腿位于后方，即两脚左前右后、右臂模仿划水，两脚右前左后、左臂模仿划水，这样是为了学生在练习划臂时配合身体的转动。学生可以先按照“入水、下划、上划、二次下划、出水、移臂”的动作进行分解练习，待熟练掌握技术动作后再进行完整练习，划水时让学生体会加速划水的动作要领。

### （二）陆地双臂模仿练习

学生原地站立，两腿左右开立、略与肩宽、重心落在两腿之间，一臂置于体侧、掌心向内，一臂垂直上举、掌心向内，头部不动、目视前方，做好划臂的预备姿势。刚开始练习时，要求学生做两臂交替直臂划水技术，使学生先掌握两臂配合的节奏，即预备姿势被看作一臂刚刚入水、一臂准备出水，一臂开始水中划水、一臂开始空中移臂，一臂划水结束准备出水、一臂空中移臂结束准备入水。练习中，要求学生头部保持不动，身体要随着手臂的入水向其同侧进行转动，两臂交替进行、模仿手臂与转体的配合技术。直臂划水与身体转体配合熟练后，教师要求学生按照正常的仰泳手臂技术进行划水、双臂配合身体的转动，练习中动作要放慢，体会划水的路线、划水与身体转动的时机，为接下来的躯干带动手臂划水练习打下基础。此外，在陆地双臂配合练习中，当学生可以熟练地进行手臂划水与身体转动配合时，这时游泳教师要强调学生的仰泳呼吸技术，即一臂空中移臂时吐气，另一臂空中移臂时吸气，使学生掌握正确的仰泳呼吸节奏，为接下来的水中手臂与呼吸配合打下基础。

（三）半陆半水划臂练习

学生仰卧池边，头部保持稳定、目视上方，一臂置于体侧，一臂模仿仰泳划臂动作进行划水，一臂划水疲劳后转为另一侧手臂的练习。这个练习能够使学生在仰卧姿势下感受手臂划水的路线，通过手臂与水的接触感受水对手掌和前臂的阻力，这个练习与陆地模仿练习相比，更为真切地让学生体会仰泳划臂技术动作。值得注意的是：由于学生躺在岸边，因此练习手臂划水时无法更好地进行身体的转动，这个练习不宜花费较长时间进行，让学生体会到手臂在水中划水的路线和水的阻力就可以了，然后立即进行水中划臂练习。

（四）水中站立划臂练习

水中站立划臂练习可以分两步进行教学组织。首先，学生原地站立，两腿前后开立、略与肩宽、重心落在两腿之间，一臂置于体侧、掌心向内，一臂垂直上举、掌心向内，头部不动、目视前方，做好划臂的预备姿势。划臂时，一臂体侧保持不动，另一臂按照仰泳手臂划水动作进行模仿划水。先练习单侧手臂划水，当一侧手臂疲劳后转换成另一侧手臂划水。其次，学生选择两腿左右开立，双臂模仿仰泳的交替划水动作、配合身体的转动和呼吸技术，使学生在有水的环境下进行手臂与呼吸、身体转动的配合。这个练习是学生仰泳手臂技术能否熟练掌握的关键步骤，因为水中站立划臂练习时，学生身体处于固定支撑状态，无须考虑身体能否漂浮水面的问题。但是，当学生转入滑行手臂划水练习阶段，由于失去了池底对双脚的固定支撑，因此学生会由于手臂划水的错误动作而导致身体无法游进，进而影响整个练习的效果，游泳教师要及时对学生站立水中划臂的错误动作进行纠正，使学生建立正确的技术动作表象，避免下一阶段进行滑行划臂练习时无法正常开展教学。

（五）双腿夹板划臂练习

这个练习是仰泳手臂教学的最后一步，也是检验前期仰泳手臂学习效果的最佳手段，如果学生前期学习效果不好，那么所有问题在这一阶段就会全部暴露出来。练习时，学生站立水中，双腿夹板（建议采用 A 字板，防止脱落），双脚蹬离池底或池壁，身体呈流线型姿势仰卧滑行，双臂按照仰泳划水技术动作进行交替划水、两次手臂一次呼吸、身体配合划臂进行左右转动，头部始终保持稳定不动、目视上方。练习中，游泳教师要求学生双臂划水时要注意保持划水路线和节奏，不必过早发力、追求游速；同时，随着身体的向前游进，要保持头部不要出现上下起伏、左右摇摆的错误动作。需要注意的是：这个练习的开始阶段，一定会出现各种各样的错误动作，游泳教师在陆上要认真观察、随时叫停，针对共性错误进行集中讲解、示范，对于个性错误要个别指导，通过长期的纠错和重复练习，使学生熟练地掌握夹板划臂技术，为接下来的手腿配合练习打下基础。

**五、易犯错误及纠正方法**

（一）手臂入水过宽或过窄

手臂入水过宽或过窄，是仰泳手臂初学阶段最容易发生的错误，会直接影响接下来的仰泳划水效果。

（1）手臂入水过宽。其主要原因是仰泳游进过程中身体没有充分地旋转、学生的肩关节柔韧性较差造成的，这个错误动作会导致缩短仰泳手臂的有效划水路线，影响手臂划水的推进力。其解决措施是：采用“条件限制法”纠正其错误动作，让学生双腿前后开立、左腿前右腿后、身体保持直立，右臂上举并贴近池壁或墙壁，此时右臂做仰泳划水技术动作，当右臂开始入水划水时，教师要用语言提示学生右臂贴着墙壁向后移动、小拇指贴着墙壁完成入水动作，这种强制纠正移臂、入水的练习方法，可以使学生快速建立手臂入水的技术动作表象，纠正其入水过宽的问题，这个纠正练习由于身体靠近墙壁或池壁，学生无法做仰泳的“反高肘”划水，因此练习时采用直臂划水。如果学生手臂入水过宽是由于肩关节柔韧性较差造成的，那么游泳教师就应该加强其肩关节柔韧性练习，进而纠正其入水过宽的问题。

（2）手臂入水过窄。这个错误动作在爬泳手臂教学中被称为手臂“敬礼式入水”，其具体表现为学生手臂入水时超过身体中线，从上方和前方看就好像少先队员敬礼一样，这个错误会导致身体的左右摇摆，加大身体游进时的挡水截面，增加其外形姿态阻力，影响爬泳的游进速度。具体解决措施是：当游泳教师发现学生手臂入水过窄的错误，就通过语言暗示的方式，提醒学生手臂入水要在肩部延长线的外侧，其实无论是手臂超过身体中线，还是入水位于肩部外侧，对于爬泳手臂的入水都是错误动作，而矫枉过正法就是通过一个错误动作改正另一个错误的动作，进而使原来的错误动作得到正确的纠正（具体原理见第一章）。此外，如果采用矫枉过正法无法改变仰泳入水过窄的问题，游泳教师要果断采用传统的陆地模仿练习方法纠错其错误动作，并通过重复练习使学生建立正确的仰泳入水技术动作表象，纠正其入水过窄的错误动作。

（二）手臂入水时手背拍水

手臂入水时手背拍水的错误动作会导致手臂入水时产生多余的阻力，影响手臂的下划抓水，不利于仰泳手臂技术连贯、高效地完成。产生这一错误的原因是：学生肩关节柔韧性较差、空中移臂技术掌握不正确。具体解决措施是：在游泳课准备活动中，游泳教师都要对学生的柔韧性进行系统的练习，身体柔韧性的提高是一个长期的过程，特别是针对具体的泳姿来说，一定要运用合适的拉伸方法来提升学生的身体柔韧性。一方面可以增加关节活动幅度、更好地完成游泳技术动作；另一方面，良好的肌肉、韧带的柔韧性可以有效避免运动损伤。与此同时，游泳教师要对学生的空中移臂技术进行动作分解，空中移臂的前半程掌心向内、直臂移臂，当手臂垂直身体后，手臂内旋、掌心要向外、小拇指领先切入水中，这个练习可以通过陆地模仿、水中站立的方式进行纠正，前期练习时动作要慢，教师运用语言提示的方式逐渐纠正学生手臂入水手背拍水的错误动作。

（三）手臂未能“反高肘”划水

仰泳的“反高肘”划水技术是仰泳手臂的核心技术，是决定仰泳手臂划水好坏的直接影响因素。一般仰泳手臂教学的初始阶段，游泳教师为了让学生先掌握仰泳手臂划水路线，采用直臂划水的减难教学方法进行划臂练习，但是，一旦学生掌握了仰泳划臂的基本路线后，就要逐渐由直臂划水过渡到屈臂划水技术，如果学生在仰泳划臂练习的后期依然采用直臂划水，势必会造成划臂不走水、划臂无力、身体下沉的错误动作。其具体原因是：直臂划水的前半程，手臂对水的方向是向下、向后，这样会导致身体出现上下浮动、破坏身体流线型；直臂划水的后半程，手臂对水的方向是向上、向后，这样会导致身体出现下沉。此外，直臂划水还会增加手臂划水的肩关节转动半径，增加肩部肌群的运动负荷，造成肩关节运动损伤。具体解决措施是：游泳教师通过仰泳划臂的技术原理分析，使学生明白仰泳“反高肘”划水的动作原理，特别是仰泳手臂的上划、二次下划阶段必须采用曲臂的方式才能完成，划臂的加速推水动作节奏也只能在曲臂的前提下完成，使学生在大脑中认识到曲臂划水在仰泳手技术中的重要性。此外，通过仰卧池边的单臂划水练习方式，让学生体会单臂划水的路线、“反高肘”技术动作的形成，通过反复练习形成正确的仰泳划臂技术。

值得注意的是，在直臂划水的纠错教学中，教师也可以采用条件限制法进行练习。学生双腿夹板、蹬离池底或池壁，身体靠近池壁向前划臂游进，由于手臂与池壁较近，因此学生在水下划水阶段必须采用曲臂的方式才能完成划臂动作，这个练习可以强制学生改变直臂划水的错误动作。由于初学者对于身体直线游进控制较差，这个练习也可以采用一人仰卧夹板漂浮，一人身边辅助划臂的方式进行配合练习。

（四）手臂划水配合不连贯

仰泳手臂采用的是交替划水技术，即一臂入水划水，另一臂出水移臂，初学者往往因为手臂配合技术不熟练，导致双臂划水配合节奏不连贯、划水结束后手臂在体侧有停顿，严重影响仰泳手臂的划水效果。其错误原因是：手臂在二次下划结束后，没有利用下划时水的反作用力加速出水移臂，划水节奏错误导致的。具体解决措施是，学生站立水中，双臂一边划水、两腿一边后退，体会划臂、转体的配合节奏，这个练习可以先慢后快，在保证划水路线和动作要领没有错误的前提下，逐步提高划臂的速度；另外，游泳教师要特别强调手臂出水移臂时，要充分利用二次下划时水对手臂的反作用力、加速出水移臂。需要注意的是：手臂在出水移臂过程中，要充分考虑身体转动对移臂速度的影响，即手臂划水结束后，一定要先进行转体转肩，利用身体的充分转动加快手臂出水的速度，这个练习可以先在陆地进行模仿练习，待动作熟练后，再转入水中进行练习，最终改正双臂划水不连贯的错误动作。

## 六、技术应用与探索

### 仰泳的肩部拉伸训练

仰泳的手臂技术是在日常生活中不经常做的动作，所以对仰泳初学者的肩部柔韧性要求极高。良好的肩部柔韧性不但可以高效地完成仰泳手臂技术动作，而且可以有效地减小运动损伤。下面就介绍几种常见的游泳肩部拉伸训练。

（1）流线拉伸训练。学生陆地站立、两脚并拢、身体直立，双臂上举、双手叠加、上臂位于耳后、目视前方，身体呈流线型姿势、保持静止不动。在保持身体流线姿势的基础上，学生听教师的哨声开始做提踵运动，此时身体通过手臂的向上牵引、充分的拉伸胸背部肌群。胸背肌群是仰泳上划、二次下划时的主要发力肌群，合理的拉伸训练可以提高胸背部肌群的延展性，避免仰泳手臂划水发力过程中的运动损伤。

（2）胸前拉肘训练。学生双腿左右开立，一臂水平屈于胸前，另一臂抱住其肘关节处，身体保持直立，感受肱三头肌被拉长。肱三头肌的主要功能是伸肘，这对于仰泳手臂的二次下划阶段的发力尤为重要，可以提升肱三头肌在手臂二次下划阶段的加速发力。

（3）双臂外展拉伸训练。站立姿势，双手置于背后，手心向上，手指交叉，保持肘部伸直，抬头面向前慢慢向上抬高手臂，在拉伸时保持挺胸和身体直立。如果很难在背后双手相触，可以使用毛巾，双手分开一点距离抓住毛巾，在身后慢慢抬起手，可以不断调整双手间毛巾的长度，直到找到合适的距离。

（4）靠墙拉伸训练。双脚分开，站在墙壁前一米处，双手按在墙壁上。双臂伸直，背部挺直，肩部放松并稍稍内旋。头部埋在两臂之间，上半身随着肩膀缓缓下沉。肩背部感受轻微拉伸感时，要保持姿势 15 秒钟。

## 第四节　仰泳配合教学

仰泳配合技术相对于爬泳来说比较简单，一般采用的是 621 的配合技术，即每 2 次划臂、打 6 次仰泳腿、进行 1 次呼吸。在仰泳配合教学的初期，游泳教师不必刻意去追求 621 配合练习，主要强调学生在配合游过程中连续不断地打腿即可。通过陆地模仿和水中练习的方式，逐步提高其仰泳腿技术和仰泳手臂技术，进而使学生逐步掌握仰泳手和仰泳腿的配合节奏，提升臂腿配合的协调性，在配合游的过程中始终保持 2 次手臂 1 次呼吸的节奏，通过多次的重复练习，最终使学生熟练掌握仰泳的完整配合技术。

### 一、动作要领

身体呈高、平的流线型身体姿势仰卧于水中；身体与水面成 5°~15° 迎角、目视上方；双腿上下交替鞭状打水、打水幅度为 40~50 厘米；双手交替、连贯、加速向后划水，划水时保持“反高肘”姿势；整个身体随着打腿、划臂动作，绕着身体纵轴左右旋转，旋转幅度不要超过 90°；身体在转髋、转肩的同时，头部始终保持平稳的姿势。

### 二、教学重点

划臂与打腿配合时机；身体的协调转动。

### 三、教学难点

仰泳手臂的“反高肘”技术。

## 四、教学组织

### (一)陆地模仿配合练习

学生原地站立,两腿左右开立、略小于肩宽,两臂并拢、向上伸直、拇指相对,做好预备姿势。双脚原地做小踏步、模仿仰泳打腿技术动作;双手交替由上至下划臂、模仿仰泳划水技术动作,头部保持不动、目视前方;陆地模仿配合过程中,无须强调臂腿配合的次数,只要保持2次划臂过程中,双腿不停地进行仰泳打腿即可。需要游泳教师注意的是:首先在这个环节的教学组织中要重点关注双腿原地小踏步动作,保证踏步与划臂的协调配合即可,即慢速划臂、慢速踏步,快速划臂、快速踏步;其次要提示学生原地踏步时双脚的指向方向并不是一直不变,因为随着身体的左右转动,双脚也要做出向左侧或右侧的转动,这样才能保持仰泳身体转动的协调性和一致性。只有在陆地配合模仿中做到动作协调、连贯,才能进入下一阶段的水中配合练习。

### (二)水中单臂划水配合练习

学生站立水中,双脚蹬离池底或池壁,身体呈流线型仰卧姿势向前滑行。滑行后,双脚按照仰泳腿动作要领进行上下交替打水,保持身体稳定向前游进;划臂时,一臂位于体侧保持不动,另一臂做仰泳划臂技术动作;在仰泳打腿、单臂划水、身体转体的协调配合下,保持头部的稳定性,眼睛始终看向上方;最后,身体由侧卧姿势恢复到仰卧姿势,准备重复下一个周期动作。需要注意的是:为了手臂与呼吸的连贯配合,单侧手臂移臂时吐气、单侧手臂划水时吸气,待配合动作熟练后再过渡到另一侧的单臂划水与呼吸配合;单臂划水交替练习的目的是,避免单侧手臂运动疲劳。最后,教学过程中,游泳教师还要再次强调侧向打腿技术及其重要性,使学生建立身体转动与打腿配合的正确动作表象。

### (三)水中双臂停顿配合练习

学生站立水中,双脚蹬离池底或池壁,身体呈流线型仰卧姿势向前滑行。滑行后,双脚按照仰泳腿动作要领进行上下交替打水,保持身体稳定向前游进;划臂时(以右臂先划为例),右手臂完成一次仰泳手臂划水后、右手臂位于体侧位置、稍做停顿,左手臂开始仰泳手臂划水时、右手臂开始出水进行空中移臂,当左手臂划水结束位于体侧时、右手臂入水前伸、稍做停顿,如此反复交替进行,两手臂始终保持平角,即所谓的"后交叉"配合,双臂划水略有停顿。这个练习的目的是让学生充分体会一侧手臂划水结束后身体要充分地转动,同时配合另一侧手臂的入水前伸动作,在游进过程中身体随时处于良好的左右转动姿势,减小仰泳游进阻力的同时,发挥躯干核心肌群参与仰泳手臂的划水。

### (四)水中连贯完整配合练习

水中连贯完整配合是在以上练习的基础上,在流线仰卧滑行时进行的划臂、打腿、呼吸、转体的配合游技术。游进过程中,双腿要不间断地进行上下交替打水,两次连贯的划水配合身体的左右转动,在每一个动作周期内进行一次仰泳呼吸。需要注意的是:当一侧手臂划水至大腿外侧时要立即出水移臂,避免手臂在体侧的停顿,移臂时要充分利用二次下划时水的反作用力;手臂空中移臂过程中,身体要向异侧进行转动,配合异侧手臂的入水前伸动作,在手臂配合的同时加上呼吸配合,做到整体动作的连贯性和协调性。练习过程中,游泳教师要让学生先进行短距离的配合，感受仰泳配合的节奏，随着技术动作的熟练掌握，可以增加配合游的距离，提高配合游的频率，最终让学生熟练掌握仰泳配合技术。

## 五、易犯错误及纠正方法

### （一）完整配合时手脚配合不协调

仰泳由于是仰卧姿势游进，眼睛无法观察到游进时的手臂动作，手臂的划水完全要靠肌肉记忆来完成，因此初学者在完整配合游进过程中，很容易出现手脚配合不协调的错误，这也是仰泳初学者进入完整配合练习时经常犯的错误。其错误具体表现为：学生划臂的时候忘记打腿，注意打腿时又忘记了划臂，进而导致身体下沉、游进速度较慢。这个错误的根本原因是：学生的技术动作处于仰泳技术分化阶段，中枢神经对仰泳手、腿的支配不能兼顾，没有形成正确的肌肉记忆。具体解决措施是：首先，游泳教师要让学生忽略具体的打腿次数，不要考虑仰泳的 621 配合技术，在游进过程中双腿要不间断地进行上下交替打水，在产生一定推进力的同时，主要是维持身体的平衡，防止身体下沉；其次，在保证身体漂浮水面的同时，双手进行慢速的“后交叉”划水，每一次划臂要连贯、顺畅，不能过度追求划臂速度而破坏划臂的节奏；最后，要充分利用身体的转动来提升仰泳手臂的划水力量，体会核心肌群的发力。必要时，游泳教师要通过陆地模仿和单臂划水配合练习纠正学生错误动作，教学过程中由于学生的个体差异性，教师也要采用多种教学方法和手段来组织仰泳完整配合练习。

### （二）完整配合时身体“坐着游”

“坐着游”是仰泳教学过程中最为普遍、最为严重的一个错误，这种游进姿势不但会破坏身体的流线型，还会影响划水和打腿的效果，导致机体疲劳、身体下沉，总而言之，只要出现“坐着游”的错误动作，游泳教师就要停止一切仰泳教学，进而转入身体姿势的纠正环节。这种错误的具体原因是：学生没有掌握良好的仰泳流线滑行姿势，滑行时出现屈髋的动作，导致臀部下沉。此外，学生由于害怕呛水而将头部置于较高的位置，导致躯干下沉。具体解决措施是：陆地靠墙流线型姿势练习，学生足跟、臀部、双肩、后脑紧贴墙壁，双臂贴墙上举，然后采用提踵的方式进行仰卧姿势流线型练习，使学生掌握正确的流行型姿势；水中蹬壁或蹬底滑行练习，学生采用熟悉水性中的仰卧流线滑行进行练习，要求身体要呈高、平的姿势漂浮于水面，保持头部的稳定，滑行距离越长越好，滑行方向越直越好。需要注意的是：如果学生是由于怕水而导致头部位置较高，游泳教师在教学过程中要先克服学生的怕水心理，这个过程在熟悉水性阶段就要加以重视，但不可操之过急，一定要循序渐进地引导学生逐步克服怕水心理，避免影响后期的仰泳技术动作的学习。

## 六、技术应用与探索

### 仰泳可以有效预防少年儿童的驼背

驼背是一种较为常见的脊柱变形，是胸椎后突所引起的身体形态改变。处于少年儿童年龄段的人群骨骼还处于不完全发育阶段，背部肌肉力量较弱，如果长时间保持不正确的姿势伏案写作业或低头玩手机，势必会引起颈部和胸部肌肉张力的不平衡，进而导致颈椎的正常生理弧度消失或减少，出现头部前倾、含胸驼背等一系列形体变化。驼背如果长期得不到矫正，可能会导致结构性驼背，甚至引起颈椎、腰椎同时出现问题。这也是常见的颈椎病、腰椎间盘突出症越来越年轻化的直接原因。如果少年儿童脊柱已严重畸形，对于严重的脊柱畸形，而非单纯的体态异常，需要到专业机构进行系统的治疗。而如果是短时间驼背，脊柱尚未发生明显的病理性变化，可以通过仰泳锻炼的方式进行恢复训练。

游仰泳时，身体仰卧于水面，由于身体受到水的浮力，此时颈椎、胸椎和腰椎处于正常的生理弯曲，这种放松的姿势可以有效地减缓其肌肉疲劳。此外，为了保证流线型的仰卧姿势，游仰泳时竖脊肌需要适当地收缩，改变陆地不良姿势导致的竖脊肌长期拉伸的状态，这种静力性的肌肉收缩可以提高竖脊肌的收缩能力，更好地保护脊柱生理弯曲。仰泳的手臂划水技术需要肩背部肌群的参与，长时间的仰泳划臂可以增强其肩背部肌群的肌肉收缩能力，提升背部肌肉对脊柱的支撑能力，可以有效地减缓驼背的症状，恢复正常的身体形态。

## 第五节 仰泳转身教学

仰泳转身技术有两种，一种是休闲仰泳的平式转身技术，其转身特点是动作简单，非常适合仰泳健身人群使用；另一种是竞技仰泳的滚翻式转身技术（先由仰卧姿势转为俯卧姿势，在俯卧姿势基础上进行滚翻转身），其转身特点是速度较快，但是技术较为复杂、容易犯规。在游泳竞赛规则中，对仰泳滚翻式有严格要求，当运动员肩的转动超过垂直面后，可进行一次连续单臂划水或双臂同时划水动作，并在该动作结束前开始滚翻。一旦改变仰卧姿势，就不允许做与连续转身动作无关的打水或划水动作，运动员必须呈仰卧姿势蹬离池壁。

由于仰泳滚翻式转身技术与爬泳的滚翻式转身技术比较接近，只是在滚翻前有一个仰卧姿势转为俯卧姿势的动作，游泳教师在教学过程中经常进行仰泳转爬泳的练习即可掌握该技术，因此在本节的内容中，就不再对仰泳的滚翻式转身进行介绍，具体练习方法可以参照第四章。本节重点介绍学生所不熟悉的平式转身技术，也称为“磨盘式”转身。

### 一、动作要领

仰卧姿势游进池壁，当看到仰泳转身线、距离池壁 5 米处调整仰泳的动作频率和幅度；以右手触壁为例，当左臂完成最后一次划水时，右臂经空中移臂后摆至头部左前方，同时头和肩偏向左侧，右手在左肩前方距离水面约 20 厘米处触壁。右手触壁后，屈肘缓冲的同时，身体继续向池壁靠拢，此时屈髋屈膝、团身收腿，身体沿水面做水平转动（类似于磨盘转动）；转动过程中，右手用力推离池壁，左手屈肘、掌心向内、朝向自己头部方向划水，右手的推离和左手的划水加快身体的水平旋转；身体完成 180° 旋转后，屈膝屈髋、双脚在水下 30 厘米处蹬在池壁上，双臂屈肘，双手并拢叠加，位于头部前方；蹬离时，手臂伸直，指向前方，上臂夹住头部，双腿伸髋伸膝，用力蹬离，身体呈仰卧流线型蹬离池壁。

### 二、教学重点

转身距离的判断；触壁的位置与深度。

### 三、教学难点

水平转体的协调配合。

## 四、教学组织

（一）陆地模仿转身练习

学生背向墙壁站立，双腿自然分开、抬头挺胸，一臂经空中移臂后摆向异侧肩的上方触壁，触壁后身体后倾、手臂屈肘，伴随着触壁手的推离池壁，身体完成 180° 的转体，此时身体面向池壁、一脚蹬在池壁上方，伴随着触壁脚蹬离池壁，身体呈现流线姿势离开池壁。这个练习是为了使学生建立正确的仰泳平式转身动作路线和配合节奏，待学生在陆地熟练掌握平式转身动作要领后，方可进入下一阶段的水中练习。需要注意的是：刚开始学生在原地进行练习，后期游泳教师可以让学生距离墙壁 5 米的位置进行行进间转身练习，目的是练习学生转身前的手臂配合技术和身体距离池壁距离的控制。

（二）游进间水平转体练习

学生在仰泳正常游进过程中，一臂经空中移臂后，在异侧肩的前方入水，入水后立即开始向侧方的仰泳手臂划水，在头部、肩部向异侧转动的同时，配合手臂的侧向划水，使身体沿水面快速向异侧旋转，此时配合屈髋、屈膝的动作，完成身体的 180° 旋转，当身体转体伸展后，继续仰泳游进，此练习可以反复，重点是让学生体会仰卧姿势下的身体水平转体动作要领。需要注意的是：此练习与真正的仰泳平式转身技术差在一个“手推池壁”的动作上，它是通过手臂侧向划水完成的转体，相对于“手推池壁”的技术更为简单，转体加速更快，所以是练习仰泳转身的一个重要练习方法，教师在教学过程中要强调学生划臂、转体、屈髋屈膝的配合节奏，避免学生转体时出现“头快脚慢”的错误动作，影响平式转体的速度。

（三）行进间抓边转体练习

学生距离池壁 3~5 米处背向池壁站立，一臂头前伸直，一臂位于体侧，仰卧蹬离池底后身体呈流线姿势向前滑行，当位于前方的手掌接触池壁后，用手迅速抓住池边并向前牵引身体，此时屈髋屈膝、团身收腿，身体沿水面做水平转动；转动过程中，抓池边的手用力推离池壁，位于体侧的手屈肘、掌心向内、朝向自己头部方向划水；身体完成 180° 旋转后，屈膝屈髋、双脚在水下 30 厘米处蹬在池壁上，双臂屈肘、双手并拢叠加、位于头部前方；蹬离时，手臂伸直、指向前方，上臂夹住头部，双腿伸髋伸膝，身体呈仰卧流线型蹬离池壁。这个练习的目的是，解决初学者在手臂接触池壁后，无法完成屈臂缓冲、伸臂推离的技术动作，进而导致转身时转动速度过慢或无法完成转身。教学过程中，游泳教师要先进行分解和完整的技术动作示范，强调练习的重点是体会屈臂缓冲时身体向池壁靠拢、伸臂推离时头部快速转动的技术动作，使学生体会平式转身时身体的转动速度，感受躯干和腿部的转动配合节奏，进而使学生掌握正确的仰泳平式转身技术动作。需要注意的是：这个练习中拉池边动作在正确的仰泳平式转身中是不存在的，此时的拉池边是为了让学生的身体快速向池壁靠拢，解决学生转身过程中手掌触壁无力、手臂无法加速推离池壁的问题。当学生体会转体过程中屈臂缓冲、伸臂推离对仰泳平式转身的重要性后，应提醒学生以后的练习不要再进行抓边转体。

（四）斜向游进间转体练习

斜向游进间转体是向完整仰泳平式转体的过渡练习，其目的是降低转体后的身体转动难度，因为身体斜向游进池壁时，与池壁已经形成一定的角度，学生在此基础上可以更好地完成仰泳头和脚位置的对换，加快其仰泳平式转身的速度。其动作要领与行进间抓边转体动作相似，唯一的区别是，此时手臂不再做抓边动作，而是转换为触壁动作。教学过程中，游泳教师可以先安排学生在距离池壁 3~5 米的位置蹬离池底，在滑行过程中完成转体。当动作熟练后，要求学生距离池壁 8~10 米的位置，在仰泳游进的状态下进行斜向游进间转体。

（五）完整平式转体练习

当学生掌握了触壁技术、转体技术和蹬离技术后，游泳教师就可以安排学生进行完整的仰泳平式转身练习。学生站立距离池壁 10 米的位置，蹬底向前游进过程中，注意观察仰泳转身标志线，当头部位于仰泳转身标志线下方后，根据自己实际情况，主动调整手臂划水的频率和节奏，做好触壁前的准备，单手触壁后，按照仰泳平式转身的动作要领快速、连贯地完成平式转身动作，身体随即向前呈流线型仰卧姿势蹬离池壁。在这个练习中，有一个需要重点关注的问题就是，身体离壁后的技术动作，仰泳转身蹬离池壁后一般身体在水下要做连续的反蝶泳腿动作，潜泳距离不得超过 15 米。所以，在仰泳转身教学初期，游泳教师可以先要求学生在水面或水中直线蹬离池壁即可。当学生熟练掌握直线蹬离技术后，游泳教师要把反蝶泳腿技术加入仰泳转身教学中（反蝶泳腿技术见第六章），要求学生转身蹬离时身体要完全没入水中，在水下做不超过 15 米的反蝶泳腿，进而增加仰泳转身后的游进速度。

**五、易犯错误及纠正方法**

（一）平式转身时，身体转不过来

仰泳平式转身的一个基本要求就是平式转动后的身体直线型，如果身体没有进行充分的转动，就会出现蹬离池壁后身体向左或向右的偏离滑行。产生这一错误的原因是：单手触壁后向异侧的摆动幅度不够，肩和头部没有提前进入转动姿势；身体的屈髋屈膝动作较慢或未做屈膝屈髋动作，导致身体的转动半径增加，降低了身体转动速度；还有一个就是触壁的手没有屈肘缓冲的动作，导致推离池壁无力。具体解决措施是：首先强调的是触壁时手臂要向异侧肩前摆动，转体时要屈髋屈膝、迅速团身；其次，游泳教师要通过陆地模仿练习、水中斜向游进转体的练习，逐步改进学生的错误动作；最后，在学生练习过程中，游泳教师要强调平式转身的关键动作，那就是一臂伸肘推臂和另一臂的划水配合，只有手臂与团身动作的协调配合才能更好地完成平式转身技术。

（二）蹬离池壁后身体浮出水面

前面讲过，仰泳在蹬离池壁后要做连续的水下反蝶泳腿动作；而平式转身蹬离池壁后，如果身体过早出水，势必会影响水下蝶泳腿动作。产生这一错误的原因是：转身后躯干位置较高、双脚位置较低；转身后身体还未完全没入水中，过早地蹬离池壁。具体解决措施是：游泳教师要形象地把平式转身比喻成“磨盘”，强调转身时身体要平行于水面进行转体，避免头高较低的错误动作；此外，游泳教师要求学生在完成平式转身后，在蹬离的瞬间双手和头部要指向斜下方，这样蹬离的时候身体就会完全没入水中，进而完成水下反蝶泳腿动作。

**六、技术应用与探索**

**蛙泳的摆动式转身技术是否适用于仰泳转身**

蛙泳的摆动式转身是在转身过程中，身体在水中垂直转动的转身技术，仰泳在转身过程中也可以采用这种转身技术。仰泳摆动式转身的动作要领是:一臂触壁后,屈肘缓冲,使身体靠近池壁,另一臂位于体侧,屈膝屈髋,触壁手用力推离池壁,头和手臂经空中向前方摆动,身体快速团身,双脚向池壁摆动,当双手相遇时,双臂并拢伸直指向前方,上臂夹住头部,身体呈侧卧姿势,双脚蹬离池壁后,身体由侧卧姿势转为仰卧姿势先前滑行。

摆动式仰泳转身技术针对有蛙泳基础的学生来说,比较容易掌握,可以降低仰泳转身教学的难度;但是,如果学生能够快速地掌握仰泳平式转身技术,还是建议学习平式转身技术。这是因为仰泳的摆动式转身是人在水中进行垂直转动,下肢需要在水中完成转体,这样势必会增加转身时的水阻,影响转身的速度;而平式转身技术是身体在水面完成转体技术,可以有效地减小转身阻力,所以仰泳的平式转身比摆动转身更高效、快速。

# 第六章 蝶泳教学实践

蝶泳，是四种竞技泳姿中速度仅次于爬泳的泳姿，因其双臂同时经空中向前移臂，动作类似于蝴蝶的展翅飞翔，因而得其“蝶泳”的美名；又因其双腿同时做类似于海豚的波浪式打腿动作，因而又被称为“海豚泳”。蝶泳动作优美、节奏连贯，其泳姿集力学、美学于一体，深受广大游泳爱好者的青睐，也是很多游泳爱好者的终极追求目标。但是，由于蝶泳技术相对复杂，对身体的协调性、肌肉力量和配合节奏有着较高的要求，其技术对于游泳初学者来说较难掌握，所以蝶泳是游泳教学中最后安排的教学泳姿。

## 第一节 蝶泳技术特点

### 一、蝶泳技术演变

蝶泳起源于 20 世纪 20 年代，由蛙泳演变而来，早期蝶泳曾是蛙泳比赛采用的姿势之一。根据历史记载，蝶泳技术的演变经历了三个阶段：蝶式蛙泳阶段，早期蝶泳于 1924 年出现于菲律宾，当时人们以蛙泳的腿部动作配合经水面前移和在水下划水的双臂动作，使游速大为改善，1933 年，美国人亨利·米尔斯首次在比赛中采用这种姿势，以后很快得到广泛流传，并在竞赛中逐步取代了传统的蛙泳技术。蝶泳阶段，为了避免传统蛙泳技术遭到淘汰，同时也为了进一步发展游泳运动，国际游联决定自 1952 年后把蛙泳和蝶泳分为两种各自独立的比赛姿势，从此，蝶泳便成为正规比赛中的又一新设项目。早期参加蝶泳比赛的运动员仍有不少采用蛙式蝶泳的传统技术，但腿的动作已发展成为以蹬为主、动作幅度小、路线短而频率较快的新型技术。海豚式蝶泳阶段，1953 年匈牙利运动员乔·董贝克在蝶泳比赛中采用了一种形似海豚游泳的打腿新技术，并以 1′ 04″ 3 的成绩首创男子 100 米蝶泳的世界新纪录，以后又连续四次打破该项纪录，这种新技术使蝶泳竞技水平极大提高，因而在国际泳坛迅速流传并很快地取代了原有的蛙式蝶泳技术。

1956 年以后，几乎再也没有人使用蛙式蝶泳参加比赛，自海豚泳问世数十年来，技术上已从早期的明显的大波浪姿势逐渐演变为身体较平稳的小波浪、快节奏的现代技术，其中经历了很多变化：大波浪技术，以董贝克为代表的早期海豚式蝶泳的特点是，游进时身体上下起伏很大，两臂入水后有明显的前伸和停顿，头部位置低于水面，每个动作周期内打腿 2~3 次，动作节奏慢且不甚连贯，较强调腿的推进作用；1956 年以后，逐步演变为身体姿势较平稳，躯干波浪状动作幅度减小，在每个动作周期内做两次不间断的打水动作，动作节奏较快，在臂腿配合动作中较为突出划臂的作用；20 世纪 60 年代初，出现了宽划水和在每个动作周期内一次打腿和一次拖腿相结合的技术；在 20 世纪 60 年代末 70 年代初，以美国运动员、第 20 届奥运会 7 枚金牌获得者马·施皮茨为代表的蝶泳高肘技术又风靡世界泳坛，其主要特点为划臂时采用高肘动作，划水路线呈“钥匙孔”形，移臂时保持屈臂高肘姿势，臂划水的加速发力点在推水阶段，同时用力做第二次打腿；20世纪80年代以来，低、平、直的海豚泳姿势取代了上述高肘技术，其主要特点是：移臂时两臂紧贴水面而过，臂直、动作路线短而平，划水加速发力点前移，臂腿配合动作连贯，比赛动作频率较快，游进姿势趋平，身体起伏较小。

进入现代，蝶泳技术动作的主要特点为：身体俯卧水中没有固定的位置；上身躯干始终围绕着身体的横轴有节奏地做波浪状摆动，躯干各个部分和头部在不断地改变彼此之间的相对位置；以腰部发力带动腿部做有规律的上下鞭状打腿动作，由于配合晚呼吸的技术动作，因此蝶泳游进时身体上下起伏较小，故又称作小波浪式海豚泳。

**二、蝶泳技术分析**

（一）身体姿势

蝶泳的身体姿势相对于其他三种泳姿来说，身体在水中位置的变化更为复杂，整个游进过程中身体始终处于上下起伏的波浪式摆动状态，即在一个完整的动作周期内，其头部和躯干各个部分的位置不断地发生变化。这种上下起伏、波浪式的身体姿势是蝶泳技术的核心，是现代蝶泳技术的灵魂，因为只有上下的波浪起伏才能更好地完成蝶泳划臂、蝶泳腿和蝶泳呼吸的配合，进而充分利用水的反作用力达到蝶泳均匀、快速游进的目的。

蝶泳上下起伏的波浪式身体姿势一直贯穿蝶泳的每一个技术动作，但是身体各个部位的上下起伏的幅度却是有所不同。头和肩部的动作幅度较小，髋臀部的动作幅度适中，腿部的动作幅度越大。头肩部的小起伏，有利于手臂快速地入水前伸，延长水下划水距离，提升手臂划水效果；有利于避免蝶泳呼吸时的过度抬头，破坏身体的流线型；有利于最大限度上使身体接近于水面，减小游进时的外形姿态阻力。髋臀部是游泳的核心力量区域，髋臀部的起伏是由头肩部起伏的力量传导造成的，其适当的起伏可以使臀髋部位于水面较高的位置，避免身体下沉，减小游进间的外形姿态阻力。最重要的是，髋臀部的起伏可以把躯干的力量传递到双腿，有助于双腿更好地完成鞭状式海豚打腿动作，提升蝶泳的游速。腿部的上下起伏动作既受头肩、髋臀起伏的影响，也受游泳者主观意识打腿的影响，因为打腿阶段是产生推进力的主要阶段，所以较大幅度的打腿既能保持腿部在水中处于较高的位置，也可以产生向前的推进力。

需要注意的是：由于蝶泳的身体姿势始终处于上下起伏的变化中，因此在蝶泳身体姿势教学中无法像另外三种泳姿一样，可以单独地进行俯卧滑行或仰卧滑行练习；蝶泳的身体姿势教学一定要通过蝶泳腿的配合来完成，先进行陆地模仿动作路线，再进入水中系统地学习。

（二）腿部技术

蝶泳腿技术是游泳的重要技术之一，爬泳的出发、转身中需要蝶泳腿技术，仰泳的出发、转身中需要“反蝶泳腿”技术，蛙泳的出发、转身中也需要蝶泳腿技术，所以在所有的四种竞技泳姿中都有蝶泳腿技术的身影，蝶泳腿的教学也贯穿整个游泳教学过程之中。

在蝶泳的游进过程中，蝶泳腿对于保持良好的身体姿势，形成身体的波浪式起伏，提供蝶泳向前的推进力，都起着十分重要的作用。蝶泳腿也是把游泳中的鞭打技术体现得淋漓尽致,从蝶泳肩部、胸部压水开始,经肩部、胸部、髋部的力量传导,大腿带动小腿、小腿带动脚踝做鞭状的打水,是所有游泳技术中发力环节最多、传导力量最强的鞭状技术。与其他泳姿相比,蝶泳腿不只是单纯的打腿技术,也是配合蝶泳波浪式身体姿势的重要技术。根据蝶泳腿的技术特点,把蝶泳腿分为向上打水和向下打水两个阶段。

1. 向上打水

蝶泳向上打腿开始时,两腿伸直,两脚处于水下最低点,髋臀部位上升至水面最高点,此时通过伸髋肌群的收缩,双腿开始同时上抬。向上打水是为了向下打腿做好准备,这个阶段不产生任何推进力,所以膝踝关节呈放松的状态,双腿由于水向下的压力也保持自然伸直的状态,这样可以缓解蝶泳长时间打腿练习时产生的疲劳。向上打腿时,臀部逐渐由水面位置开始向下运动,当双腿上抬至水面、高于臀部位置时,双腿停止上打,进而转为向下打腿阶段,髋关节由伸变屈、向下运动,小腿和脚由于上打的惯性继续上抬、膝关节开始屈曲。上打结束时,臀部位于水下最低点,双脚上升至水面最高点,膝关节屈曲 110°~130°,开始进入下打阶段。此时,需要注意的是,上打过程中双脚不要露出水面,避免下打时双脚打到空气,产生过多的气泡,产生额外的阻力,影响蝶泳的打腿效果。

2. 向下打水

向上打水结束后,双腿开始下压进行下打阶段,此时在身体波浪起伏运动的作用下,力量从胸部向腰部传递、腰部带动大腿发力、大腿带动小腿发力、小腿带动脚踝发力,最终形成蝶泳的鞭状下打腿。向下打水时,髋关节屈、膝关节伸、踝关节趾屈,打水的方向是朝向后下方;当大腿下打到最低点时,随即转入上打阶段,此时小腿和脚正处于下打阶段,当膝关节完全伸直后,小腿完成下打动作,此时双脚位于水下最低点,臀部上升至水面最高点,大腿与躯干的夹角约为 160°,至此完成一个蝶泳打腿周期。这个阶段需要注意的是:大腿的上下起伏运动始终要领先于小腿,大腿上打结束开始下打时,小腿正处于上打阶段,大腿下打结束开始上打时,小腿正处于下打阶段,大腿始终引领着小腿和脚踝运动,只有这样才能做出鞭状打腿的技术动作。

此外,对于蝶泳腿的打腿深度没有明确的规定,这是因为在蝶泳的配合过程中,有的人习惯一个动作周期内打 1 次重腿和 1 次轻腿,有的人习惯一个动作周期内打 2 次重腿或 2 次轻腿,所以对于蝶泳腿来说既有幅度小的轻打腿,也包括幅度大的重打腿。那么,在实际的游泳过程中,蝶泳打腿的深度要根据实际情况来合理选择。

(三)手臂技术

蝶泳手臂采用的双臂同时划水的技术动作,相比于其他泳姿的手臂技术,蝶泳的手臂技术产生的推进力更大,是蝶泳中推动身体前进的主要因素。蝶泳手的特点是:双臂在肩前同时入水,同时在水下对称的向后划水,双手划水结束后同时经空中移臂前摆,类似于蝴蝶摆动翅膀一样。根据蝶泳手臂的技术路线特点,蝶泳教学中一般把蝶泳手臂技术分为入水、外划、下划、内划、推水、出水、移臂七个环节。

1. 入水

入水时,手臂应借助空中移臂的惯性来完成,加快入水速度。入水顺序依次是手掌、前臂、上臂,入水时手掌自然并拢伸直、双臂内旋、肘略高于手,掌心向外,手掌与水面约成45°角,入水点在肩的延长线上,拇指领先切入水中,入水后双臂的距离略与肩宽。这种入水方式可以有效地减小阻力,便于入水后手臂的充分前伸,克服空中移臂后双臂向内的惯性,能够平稳地完成手臂运动方向的转变。

2. 外划

双手入水后,手臂沿着肩的延长线快速前伸,肘关节由屈到伸,双臂内旋,掌心转向外后方,小拇指领先向外划水至2倍肩宽,此时肘关节开始微屈,掌心转向外下后方,前臂和手掌向外后方对准水,为接下来的下划做好准备。

3. 下划

下划时,手臂向下,向外做弧线划水,肘关节继续弯曲形成高肘姿势,掌心朝向外下后方,直至双手接近划水路线的最深处,下划结束,进而转入内划阶段。下划时产生的推进力不大,但是下划后高肘姿势使手掌和前臂达到最佳对水位置,为接下来的内划阶段做好准备。

4. 内划

内划时蝶泳手臂开始产生推进力,下划结束后,掌心由向外后方转向为内后方,手掌向内、向后、向上划至肩部下方,双手几乎靠拢在一起,双臂屈肘达到最大的90°~100°角,此时手掌和前臂垂直于池底,向后对准水,为接下来的推水做好准备。

5. 推水

当手臂划至肩部下方,内划结束后,双臂开始进入推水阶段。推水时,上臂内收、伸肩伸肘,掌心由向内、向后、向上转入向外、向后、向上,推水结束后肘关节并未完全伸直、上臂与前臂保持150°~160°的夹角。推水阶段是蝶泳手臂产生推进力最大的阶段,手掌和前臂向外、向后、向上的推水动作必须连贯、加速的完成。

6. 出水

在推水的最后阶段,肘关节还未完全伸直的时候,手掌就应转向大腿外侧,通过提肩屈肘的动作,按照肩、上臂、肘、前臂、手的顺序完成蝶泳的出水动作,出水时要迅速、连贯,小拇指向上领先出水。需要注意的是:蝶泳的手臂出水动作是在手臂未完全伸直的时候开始的,这与爬泳手臂的推直后再出水的动作有很大差别,其主要原因是蝶泳移臂是双臂同时进行,对肩关节柔韧性的要求很高,对于蝶泳初学者来说很难掌握,所以在蝶泳的初级教学阶段,游泳教师要注意学生蝶泳手臂出水的时机。

7. 移臂

双臂出水后,受蝶泳手臂出水顺序的影响,在移臂的前半程肘关节处于微屈的状态;随着手臂在身体两侧沿着低、平的弧线向前、向外移臂过程中,肘关节逐渐由屈到伸,整个移臂过程中始终保持拇指向下的姿势,空中移臂要放松、快速地完成。

(四)完整配合

蝶泳的完整配合技术比较复杂,对身体的协调性要求极高,所以导致很多初学者在掌握了蝶泳腿技术和蝶泳手技术后,却无法进行完整的蝶泳配合游。一般来说,蝶泳的配合采用的是 211 的配合技术,即在一次完整划臂周期内进行 2 次蝶泳腿和 1 次呼吸的配合技术。

1. 呼吸与手臂的配合

蝶泳游进过程中,随着两臂的划水和身体的波浪式起伏,伴随着一次蝶泳呼吸技术。蝶泳的呼吸与蛙泳的呼吸极为相似,采用的是抬头呼吸技术,呼吸时要与蝶泳手臂技术协调配合,避免破坏身体的流线型姿势。正确的呼吸方法是:两臂外划抓水时,头开始上抬;在两臂下划和内划的过程中继续抬头;内划结束两臂划至肩下时头抬出水面,下颌前伸;在两臂推水及空中移臂的前半段抬头吸气;两臂前摆准备入水时迅速低头,稍闭气后开始呼气。头应在手臂入水之前没入水中,但不宜过深。这种呼吸动作协调自然,在两臂推水使身体位置上升至最高点时吸气,有利于保持身体相对水平的姿势,减小水的阻力。头部领先于手臂入水,可以使头迅速得到水的反作用力,从而避免了由于抬头吸气和空中移臂而造成的身体补偿性下沉。蝶泳呼吸动作的一个常见错误是向上向后抬头吸气,这样做会造成躯干抬高而腿部下沉,从而增大游进时的外形姿态阻力,降低蝶泳的游进速度。呼吸时,应强调下颌前伸使口露出水面,头和肩应继续保持向前运动。为了减小因抬头吸气而产生的身体流线型姿势的改变,提高蝶泳的游进速度,许多运动员在比赛中采用了划两次手臂呼吸一次的配合技术,即在一个动作周期中吸气,在另一个动作周期中不吸气。有些运动员在终点冲刺时甚至在多个动作周期中采用闭气游。在不吸气的动作周期中,应保持低头闭气,脸不露出水面,但在推水时要使肩部露出水面以便顺利完成空中移臂动作。

2. 臂与腿的配合

蝶泳臂的划水与腿的海豚式鞭状打水有严格的配合要求。它们之间的协调配合若被破坏,就会影响蝶泳动作的连贯性和协调性,影响蝶泳游进的正确节奏,造成蝶泳游速的下降。蝶泳手臂和蝶泳腿配合的正确方法是:两臂入水时,双腿开始做第一次向下打水,在屈腕下划时,完成腿的下打动作;两臂划水过程中完成双腿的上打,双臂向后推水时,开始双腿的第二次下打,双臂出水前移时,双腿开始上打。在一个完整动作周期中的两次打腿,用力程度应当一致或接近一致。但由于身体位置的不同,第一次打腿的幅度会稍大于第二次打腿。第一次向下打水时,头、肩没入水中,双腿可以做较大幅度的下打动作,使臀部向上升至水面;在接下来的划水阶段中,由于头和肩仍然没于水中,这样可以使双腿上抬至水面位置;第一次下打是在空中移臂后,身体下沉和速度减慢的时候进行的,所以较好地完成第一次下打技术对于调整身体位置,保持游进的均匀性具有重要的意义。第二次下打时,头和肩部已经出水,双腿的下打和手臂划水同时进行,有利于身体大肌群的协同发力,提升蝶泳的游进速度,从外观上看有一种飞翔的感觉,蝶泳打腿与手臂的配合要流畅、连贯,这是臂腿配合的关键。

## 第二节　蝶泳腿部教学

蝶泳腿的技术动作路线比较简单,但是由于蝶泳腿要在身体波浪摆动的基础上完成,因此蝶泳腿教学的前期,首先要让学生掌握蝶泳的波浪式身体姿势,然后再进入腿部技术动作的学习。蝶泳腿的发力要通过身体的波浪来完成鞭状打腿，所以打腿的时机和打腿的幅度都是蝶泳腿教学中需要重点关注的技术。蝶泳腿技术直接影响蝶泳的整体配合，在教学过程中主要是通过陆地模仿和水中练习的方式组织教学。

### 一、动作要领

蝶泳打腿时，双腿并拢伸直，双脚趾屈内扣，直腿上抬、屈腿下压。上打时，直腿上抬、伸髋放松，将腿部抬至水面、足不出水；下打时通过躯干核心肌群发力，带动髋、膝、踝关节做链状运动，进而呈现出大腿带小腿、小腿带脚踝的鞭状打水动作；蝶泳打腿要求动作连贯、节奏明显，双腿同时做连续的小波浪鞭状打腿。

### 二、教学重点

上打时直腿放松；下打时鞭腿用力。

### 三、教学难点

身体的波浪起伏与打腿的节奏配合。

### 四、教学组织

#### （一）陆地打腿练习

学生原地站立，双腿并拢、双臂上举、目视前方，站姿模仿蝶泳打腿动作。通过胸部、腰部、大腿、小腿由上至下依次做前后的摆动，模仿蝶泳的躯干和打腿动作，让学生体会打腿时的肌肉发力和配合节奏。教学中可以先进行分解练习，向前挺髋、身体背弓，模仿蝶泳腿的上打；屈膝屈髋、伸髋伸膝、提臀，模仿蝶泳腿的下打。学生基本掌握分解动作要领后，开始进行完整打腿模仿练习，重点体会身体波浪与打腿配合节奏。需要注意的是：陆地模仿练习时，头部要尽量保持不动，提示学生身体波浪的传动从胸部开始、到脚部结束。

#### （二）扶边打腿练习

学生站立水中、面向池壁，双手扶住池边、身体呈流线姿势漂浮水面，双腿按照蝶泳腿的技术动作进行打腿，打腿频率由慢到快，打腿力量由小到大。教学过程中，游泳教师要时刻观察学生的身体波浪与打腿节奏的配合，提醒学生腿部的鞭打动作一定要通过躯干力量的引领来完成，让学生充分体会身体的波浪起伏对蝶泳腿的影响。此外，蝶泳腿上打时，小腿和脚不要露出水面，蝶泳腿下打时要发力、提臀至水面位置，打腿节奏要连贯、顺畅。需要注意扶边打腿练习如何解决呼吸的问题。蝶泳呼吸采用的是和蛙泳一样的抬头呼吸技术，由于扶边打腿练习时，学生的头部是浸入水中的，因此当做完连续的几次蝶泳腿后，可以要求学生进行一次呼吸配合，这样可以保证扶边打腿的连续性，但是蝶泳呼吸时头部不要抬得过高，避免破坏蝶泳的身体流线型姿势。此外，蝶泳抬头吸气，需要在蝶泳腿下打的时候进行，因为蝶泳完整配合游进时，二次下打腿时正好处于手臂推水、肩部和头出水的时候。

#### （三）滑行打腿练习

学生站立水中，双脚蹬离池底或池壁，双臂并拢前伸，在流线滑行基础上做蝶泳打腿动作，打腿时头和肩要保持相对稳定，体会从胸部开始的力量传导，完成连贯、流畅、自然的小幅度波浪动作。这个练习是检验学生蝶泳腿打水是否走水的最好方法，如果学生打腿出现身体下沉、不走水、水花四溅等错误，游泳教师要立即分析其错误的原因，并采取相应的解决措施进行纠错。这个练习主要是体会流线滑行状态下的蝶泳腿和身体波浪的配合,所以采用闭气的方式进行,打水距离也不宜过远,主要目的是使学生熟练掌握蝶泳腿技术动作路线。

（四）潜泳打腿练习

潜泳打腿是练习蝶泳腿的一个非常好的方法,与水面蝶泳腿练习相比,潜泳蝶泳腿可以使学生更好地体会躯干核心肌群的的发力,增加蝶泳腿打腿幅度和打腿力量,对于提升蝶泳腿打腿速度、感受蝶泳腿肌肉发力顺序有积极的促进作用。此外,潜泳蝶泳腿也是其他三种泳姿转身、出发过程中的重要技术,所以在蝶泳腿教学过程中,游泳教师要重视潜泳蝶泳腿的教学和练习。潜泳蝶泳腿的动作要领是:学生蹬离池壁后,身体要完全没入水中,在保持水下流线滑行的基础上做连续的蝶泳打腿动作,打腿时保持头部稳定、双臂前伸,通过大幅度的屈髋屈膝、伸髋伸膝,完成蝶泳的鞭状打腿动作。需要注意的是:潜泳蝶泳腿练习可以采用侧卧、仰卧、俯卧三种姿势完成,游泳教师在教学过程中可以根据实际情况选择不同的潜泳姿势,这样可以避免单一潜泳姿势练习带来的疲劳和枯燥。

（五）扶板打腿练习

学生站立水中、双手扶板,双脚蹬离池底或池壁,保持头部和肩的稳定性,通过连续的蝶泳打腿使身体向前游进;先进行闭气的扶板打腿练习,待动作熟练后再进行打腿与呼吸的配合。这个练习主要是通过延长打腿距离的方式,提高学生蝶泳打腿的实效性,通过多次的蝶泳腿练习形成正确的肌肉记忆,建立稳定的蝶泳腿技术动作表象。教学过程中,游泳教师先进行讲解示范,学生扶板打腿的速度由慢到快、力量由小到大、距离由长到短,最终能够完成25米持续蝶泳打腿的教学目标。需要注意的是:这个练习的呼吸和打腿配合节奏要进一步提高要求,学生做两次蝶泳腿后加一次呼吸配合,这个配合节奏更接近于蝶泳的完整配合节奏,为接下来的蝶泳完整配合打下基础。

**五、易犯错误及纠正方法**

（一）打腿时双腿分开的错误动作

蝶泳初学者中,打蝶泳腿时双腿分开是比较常见的错误动作,因其会造成两脚分开距离太宽,降低了打腿时效,增加了身体的阻力。错误产生的主要原因是:学生没有掌握好蝶泳打腿的动作要领。具体解决措施是:首先,游泳教师首先要进行正确的蝶泳腿示范,告知学生打蝶泳腿时,双腿要自然并拢,双脚稍向内旋呈内八字,这样才能提高打水的时效性,增加游速,其实这个动作就是爬泳的打腿动作。其次,通过陆地模仿的方式使学生明确蝶泳腿的动作要领,待动作熟练后再进行水中蝶泳腿练习,打腿动作要放慢,用语言提示的方法纠正学生两腿分开打水的错误动作。最后,可以采用条件限制法来进行纠错练习,游泳教师让学生双腿夹住浮板,在水中流线滑行的基础上做蝶泳腿动作,此时学生必须两腿同时进行上打和下打,一旦双腿分开打腿就会导致浮板的脱落。此外,游泳教师也可以让学生在深水中进行直体打蝶泳腿,这样学生可以观察自己的双腿是否分开打腿,进而纠正自己的错误动作。组织深水打腿练习时,游泳教师要随时注意学生的安全问题。

（二）打腿时“大腿不动、小腿打水”的错误动作

在蝶泳腿练习过程中，学生“大腿不动、小腿打水”也是最为常见的蝶泳打腿错误动作。产生这一错误的主要原因是：学生没有熟练掌握蝶泳腿和躯干的波浪鞭打配合要领，把蝶泳腿打水的发力点放在膝关节上，而不是躯干带动腰腹、腰腹带动大腿、大腿带动小腿的鞭状发力，所以会造成小腿弯曲过大、打水效果较差，影响身体向前游进的速度。其具体解决措施是：通过水中扶板打腿练习重点体会腰腹部发力，大腿带动小腿、脚踝进行上下鞭打动作，直到熟练为止；熟练以后再进行水下闭气潜水蝶泳打腿练习，重点依然是体会腰腹发力，大腿带动小腿、脚踝进行上下鞭打动作，直到熟练为止；最后再进行水中整体配合练习，还是体会腰腹发力，大腿带动小腿、脚踝进行上下鞭打动作。此外，在纠错练习时，也可以借鉴爬泳的“直腿打腿技术”，要求学生在进行蝶泳打腿时，膝关节伸直不动，通过腰腹的上下起伏带动整个腿部进行上下打腿，在下打过程中要保持直腿放松下压，此时不要考虑下打时的力量，重点使学生体会身体的波浪动作和腰腹的发力，改正其以膝关节为发力点的错误动作。

（三）打腿时躯干没有波浪的错误动作

蝶泳打腿的关键因素就是通过身体的波浪动作来完成鞭状打腿，但是很多初学者在练习蝶泳腿过程中无法做出身体的波浪动作，影响蝶泳打腿的效果。其错误产生的原因是：学生没有充分理解并掌握蝶泳腿的发力点在哪里，不清楚如何使身体产生上下起伏的波浪动作。其具体解决措施是：首先，要让学生理解蝶泳腿的发力点其实是从胸部开始发力的，蝶泳配合游时，双臂入水后的“压胸”动作，其实就是为了更好地进行力量的传导而做出来的，通过胸部、髋部、膝部、踝部的依次运动，完成蝶泳腿的鞭状打腿动作。其次，游泳教师可以让学生面向墙壁站立，身体距离墙壁 30 厘米左右，然后在头部不动的前提下，要求学生用胸部、髋部、膝部依次接触墙壁，然后还原到直立姿势，让学生在陆地上体会身体的波浪动作；学生熟练掌握波浪动作路线后，再组织在水中进行浮板滑行打腿练习，每一次的蝶泳腿都要先做“压胸”动作，让学生感受身体的波浪运动，体会双腿的鞭状打腿动作。

**六、技术应用与探索**

**蝶泳腿练习引发腰疼的原因及预防措施**

慢性腰痛，无论是病因不明的非特异性腰痛，还是腰椎间盘突出症、腰肌劳损、腰椎管狭窄症等腰部疾病引起的腰痛，在其病情的康复期，也就是疼痛症状得到控制的前提下，都可以通过一定的功能锻炼来增强腰部力量与协调性，从而预防腰痛的复发，其中游泳就是一项非常值得尝试的运动。但是，并不是每种泳姿都可以缓解腰部疼痛，如果腰疼病人采用蝶泳进行锻炼，那么势必会加重病情。这是因为蝶泳主要靠腰腹部及双上肢发力，对下腰部的拉伸幅度比较大，蝶泳使得腰椎长时间受力，压力骤然增加，容易诱发腰椎间盘突出甚至是腰椎骨折。所以，缓解慢性腰疼可以选择蛙泳进行锻炼，避免采用蝶泳。

那么，如果是在练习蝶泳过程中出现腰部疼痛，我们应如何进行缓解呢？这里有两个非常实用的方法。一是俯卧飞燕，首先找一个硬板床或者干净的硬质地板，患者采取俯卧位，面部朝下。双手放于身体两侧，将两侧手臂慢慢向后、向上抬起，同时尽量抬起头部，双脚也要同时抬起，尽量使下肢抬离床面或地面，保持胸腹部支撑身体，保持 5~10 秒，之后放松恢

复原有体位，每天反复训练30下左右，根据自身实际情况决定。二是臀桥练习，屈膝仰卧在地上，双脚间距略大于肩宽，略向两侧分开。双臂向两侧分开放在地面上，臀部发力，以肩和上背为一个支点，双脚为另一个支点，将臀部向上顶起，直到整个躯干从肩部到膝盖基本处在一条直线上，并与小腿大致垂直。整个过程中双脚、肩和上背、双臂均保持静止，小腿也不可主动移动。臀部用力，缓慢而有控制地还原，手臂和上背不要下压借力。躯干上抬时以臀部为着力点和上移的中心，而不是中下背部。肩和上背作为同一个支点提供稳固支撑，不要追求将上背抬起，那样很容易损伤肩部和颈椎。

## 第三节　蝶泳手臂教学

蝶泳手臂技术是蝶泳教学的重点，蝶泳手臂技术与爬泳手臂技术非常相似，但是由于蝶泳手臂是双臂同时移臂、同时划水，因此在蝶泳教学过程中，除了让学生掌握正确的蝶泳手臂技术动作外，还要加强学生手臂的肌肉力量和柔韧性的练习，这样才能更好地完成蝶泳手臂的划水动作。此外，蝶泳采用的是抬头呼吸技术，蝶泳的呼吸技术要与手臂技术协调配合，避免呼吸时头部抬起过高、破坏身体流线型，还要掌握呼吸的时机，避免换气时喝水的现象。在本节的教学内容安排中，学生在简单掌握陆地蝶泳手臂技术路线和动作要领后，游泳教师一定要将呼吸技术融入蝶泳手臂练习中，提升学生蝶泳手臂与呼吸的配合，为以后的蝶泳完整配合打下基础。教学过程中通过教师的讲解示范，学生采用陆地模仿练习、水中原地练习、水中行进练习、滑行夹板练习的方式，使学生快速掌握蝶泳手臂技术动作、蝶泳手臂与呼吸配合，最终完成教学目标。

**一、动作要领**

蝶泳手采用的是双臂同时、连贯划水的技术动作。入水时手掌朝向外侧，在肩的延长线斜插入水中，入水时肘略高于手；入水后手臂顺势前伸，向外划水至两肩宽位置，手腕略屈；当前臂和手完成向后、向外、向下划水后，手臂处于“肘高于手”的高肘姿势时，此时手臂向内、向后、向下划水；当双臂划至胸部下方、垂直池底时，手掌和前臂加速向后、向上、向外划水，直至推水至肘关节即将伸直的时候开始出水；双臂通过提肩、提肘动作完成出水，出水后手臂经空中向前移臂、前半程屈肘后半程伸肘，进入下一个划臂循环周期。

**二、教学重点**

双臂划水动作路线。

**三、教学难点**

划臂与呼吸配合节奏。

**四、教学组织**

（一）陆地原地划臂与呼吸配合练习

学生原地站立，两腿左右分开、略与肩宽，身体前倾、尽量与地面平行，两臂前伸、掌心向下、拇指相对，做好预备姿势；双臂按照蝶泳手臂技术动作要领开始模仿划臂，重点体会划水的路线，此时保持头肩稳定、目视地面，练习时不加入蝶泳呼吸技术，避免学生由于手臂和呼吸技术动作配合不熟练，导致蝶泳划臂路线和动作的错误。当学生基本掌握蝶泳手臂技术动作后，游泳教师要求学生在划臂基础上配合呼吸技术，手臂在推水阶段开始做吐气抬头、手臂入水前低头吐气，提醒学生头的入水时机要早于手臂。需要注意的是：由于蝶泳手臂是双肩同时向前移臂，这对肩关节的柔韧性要求较高，蝶泳初学者如果无法完成低、平的蝶泳移臂技术，游泳教师一定要循序渐进地加强其肩部柔韧性的练习，且不要操之过急，以避免引发肩关节的损伤。此外，如果有的学生对蝶泳技术动作路线掌握不好，教师可以在地面划上蝶泳的划臂路线，学生在准备姿势的基础上，通过眼睛的观察，按照地面的划臂路线图进行纠正训练，这样可以使学生快速地建立蝶泳划臂技术动作表象。

（二）水中原地划臂与呼吸配合练习

学生站立齐腰深水中，两腿前后开立，双腿略大于肩宽，身体前倾、尽量与水面平行，双臂并拢前伸、掌心向下，吸气后将头部完全浸入水中保持不动、目视池底，做好预备姿势。水中划臂与呼吸配合动作与陆地划臂与呼吸配合练习一样，唯一需要注意的是：此时由于水环境的参与，学生在做蝶泳手臂动作时能更为真切地感受水的阻力，此时学生的蝶泳划臂练习要把重点放在划水的路线和呼吸配合的节奏上，按照抬头移臂、低头手臂入水的顺序练习呼吸与手臂的配合，体会下颚贴近水面的蝶泳呼吸时机，避免头部过高地抬起。此外，由于这个练习采用的是水中原地模仿练习，因此学生在手臂划水时不宜过度用力，防止身体出现前倾、摔倒情况，这个练习的重点是让学生体会划水的路线以及划水与呼吸的配合节奏。

（三）水中行进划臂与呼吸配合练习

水中行进划臂与呼吸配合练习是在学生掌握原地呼吸与手臂配合基础上，通过水中行走的方式继续加强手臂与呼吸技术的配合。这个练习的优势在于：此时学生可以在蝶泳划臂过程中适当用力划水，由于行走过程中身体重心的前移，此时不必考虑学生身体出现前倾、摔倒情况。其动作要领是：学生向前迈进一步，做一次手臂与呼吸的配合，此时要注意迈腿和划臂的配合时机，保持重心的稳定，在行进过程中感受蝶泳手臂与呼吸配合的时机，通过多次重复练习，进一步巩固划臂与呼吸的配合技术，为接下来的夹板划臂练习打下基础。此外，在行走的基础上可以要求学生做跳跃划臂与呼吸配合，这个练习比较有趣，可以作为一个游戏来提升学生的学习兴趣，其具体要求是：学生站立水中，双脚蹬离池底的同时双臂用力向后划水，当身体向前跃出水面后张嘴吸气，此时手臂经空中向前移臂，当手臂摆动至肩部前方时低头入水，身体在水中滑行一段后还原成站立姿势，然后进入下一次的跳跃划臂练习。

（四）夹板划臂与呼吸配合练习

学生站立水中，双腿夹板（建议采用 A 字板，防止脱落），双脚蹬离池底或池壁，身体呈流线型姿势向前滑行，此时，先按照蝶泳手臂的技术动作进行划水、眼睛目视池底、肩头部保持稳定；待动作熟练后，每一次划臂要配合一次呼吸，让学生感受蝶泳游进过程中呼吸与手臂的配合时机。需要注意的是：这个练习完全接近蝶泳配合游，如果学生前期的手臂与呼吸配合技术掌握不好，在这个练习中很容易出现喝水现象，所以游泳教师在教学组织中要先让学生做 2~3 次的呼吸与手臂配合，然后再过渡到手臂与呼吸配合的持续游进。

## 五、易犯错误及纠正方法

### (一)手臂入水与低头配合时机错误

蝶泳的身体姿势是上下起伏的波浪动作,产生波浪的关键环节就是手臂入水时的“压胸”动作,而如果想做出“压胸”动作,头和手臂的入水顺序至关重要;头和手臂同时入水或手臂早于头部先入水都是错误的动作,无法形成“压胸”,也就无法形成身体的波浪。正确的方式是手臂在即将入水前,头部要领先入水,并借助身体向下的惯性积极地向下压低胸部,此时胸部的位置要低于头部和肩部,通过胸部的下压,向身体后方传动波浪,进而形成蝶泳上下起伏的波浪式身体姿势。那么,在蝶泳手臂教学过程中如何解决手臂入水与低头配合的错误呢?首先,游泳教师要组织学生进行陆地模仿练习,在手臂与呼吸的配合过程中提示学生“先头后手”的入水顺序,使学生建立正确的手臂与头部入水的顺序,形成肌肉记忆;其次,加强学生肩关节柔韧性的练习,部分学生虽然理解应该头先入水、手臂再入水的要领,但是由于其肩关节柔韧性较差,因此也做不出“胸低头高”的压胸动作,这就需要教师在课上或课下加强对学生肩关节柔韧性的训练,进而改正错误的手臂与头部的配合动作。

### (二)手臂划水时出现“沉肘”现象

蝶泳手臂划手出现“沉肘”现象,这是一个非常严重的错误,游泳教师一定要及时发现、及时纠正。“沉肘”现象的具体表现是:在蝶泳手臂产生推进力最大的内划、推水阶段,未形成有效的高肘姿势(肘高于手的一种姿势),划水过程中前臂平行于水面,只是靠手掌的挡水截面来划水,进而产生很小的阻力推进力,影响蝶泳的游进速度。其实对于高肘划水的技术动作,无论是哪种泳姿的手臂技术都是必要的,前期介绍的蛙泳划水、爬泳划臂、仰泳划臂都需要这种技术,概括来说,高肘划水的流体力学原理是:通过增加手臂挡水截面产生更大的手臂划水阻力推进力,而游泳中增加划臂挡水截面最有效的措施就是使前臂与手掌共同对准水,而不是简单地用手掌对准水。解决这个错误的措施是:游泳教师首先让学生理解高肘的应用原理,然后通过陆地、水中的分解与完整练习,使学生掌握高肘的动作要领,最后通过重复练习法逐步纠正其错误动作,建立准确的高肘划水动作表象。这里需要游泳教师注意的是:任何技术动作的练习都是一个重复、枯燥的过程,只有这样才能完成技术动作从泛化到分化、从分化到自动化的转变。但是,为了提升游泳教学效果和学生游泳学习兴趣,有些技术动作的练习可以适当采用游戏的方式来缓解练习的疲劳和单一性。例如,在纠正学生“沉肘”划水的错误动作时,教师可以采用“手按水球”游戏方式进行辅助练习,学生站立水中、手臂前伸,前伸的手掌自然张开,放在水球上方,然后通过手臂发力将水球从前方按入水中,并经由水下向身体后方推出。这个游戏练习的原理是:学生将水球按入水中后,为了防止手球向前、向上浮出水面,手掌的方向一定要由向下转入向后,而手掌向后的动作就会形成肘高手低的爬泳“高肘划水”姿势。

### (三)手臂出水过晚导致移臂困难

蝶泳手臂与爬泳手臂非常相似,但是在最后的推水阶段却完全不同,爬泳的推水要求手臂完全推直,进而产生更大的推进力,而蝶泳的推水是手臂未完全推直的时候就要开始移臂了,否则就会导致手臂难以出水移臂的现象。这个问题的关键在于:蝶泳手臂采用的是双臂同时移臂、同时划水的技术动作，如果双臂在水中完全推直后再进行出水移臂，就需要肩关节较好的柔韧性才能完成，这对于蝶泳初学者来说非常困难，因此会导致学生手臂无法提出水面，影响蝶泳划臂的效果和节奏。所以，在蝶泳手臂的教学过程中，游泳教师要对于蝶泳手臂的推水路线进行详细的讲解，使学生理解其动作原理，避免爬泳手臂推水技术的负迁移影响，确保蝶泳手臂在推水阶段要向外、向后呈圆形推水，并利用推水的反作用力加速双臂的出水移臂，纠正手臂出水移臂困难的错误动作。

**六、技术应用与探索**

**蝶泳中是否可以采用侧向呼吸技术**

在所有的游泳教材和游泳培训班中，蝶泳的呼吸技术一直类似于蛙泳的抬头呼吸技术，那么，蝶泳是否可以采用侧向呼吸技术呢？关于这个问题我们从侧向呼吸优势和劣势进行分析。侧向呼吸的好处是：侧头换气能降低换气时抬头的高度，减少身体姿势上下起伏的变化，从而减少阻力，还有一点就是可以侧头观察其他对手的速度用以调整自己的战术，而能看到其他运动员的位置，能更有效地安排自己的体能分配，这也是为什么自由泳最好要会两侧换气其中的一个原因。在1996年亚特兰大奥运会上，俄罗斯运动员潘克拉托夫就用侧头蝶泳的技术取得了100米和200米的蝶泳冠军；而在2009年罗马游泳世锦赛中，塞尔维亚名将查维奇也用侧头换气的蝶泳技术在预赛中取得了第一名。

但是，蝶泳侧向呼吸技术为什么没有被蝶泳比赛所广泛运用呢？其原因是：蝶泳侧向呼吸技术在理论上可以使头部更低，但是实际上，蝶泳出水时需要将整个上身、肩膀都移出水面，实际上如果不刻意压低头部，头部还是在水面之上，所以如果仔细观察查维奇的侧向换气技术，其实他的头部并没有像自由泳一样，一半在水上、一半在水下，所以这种技术更多的意义还是在于能够观察到左右对手的位置，此外，单纯的转动头部进行侧向呼吸会导致颈部损伤，所以当今竞技蝶泳中侧向呼吸技术还不能成为主流技术。但是，在蝶泳的教学过程中，游泳教师可以让学生尝试练习侧向呼吸技术，这个练习可以增强学生的蝶泳学习兴趣，同时也能使学生在蝶泳游进过程中便于观察身体左右侧的情况。

## 第四节　蝶泳配合教学

蝶泳的配合技术比较复杂，由于蝶泳的竞赛规则对于蝶泳的配合没有具体的要求，所以蝶泳可以采用多次腿一次手臂的配合、两次腿一次手臂的配合，手腿配合过程中既可以采用一次手臂一次呼吸技术，也可以采用多次手臂一次呼吸技术。但是对于蝶泳初学者而言，一般还是按照两腿、一臂、一呼吸的配合节奏进行教学，这样可以使学生较为快速地掌握蝶泳配合技术，所以在本节的教学中均按这种基本配合节奏进行介绍蝶泳的配合技术。

**一、动作要领**

双臂经空中移臂后，头部领先浸入水中，手臂随即完成入水动作，入水后积极做“压胸”动作，双臂顺势前伸；双臂外划抓水时，两腿完成第一次向下打水动作，由于水对于腿的反作用力，臀部向上、向前升至水面；两臂下划、内划阶段，双腿上打、髋部下沉，此时开始边吐气、边抬头；双臂向后推水时，两腿完成第二次下打，臀部略抬高，此时头肩露出水面，完成吸气；双臂经空中移臂时，双腿完成上打动作，臀部略下沉；随即进入下一动作周期。

**二、教学重点**

划臂与打腿配合时机。

**三、教学难点**

身体的波浪动作。

**四、教学组织**

（一）陆地模仿配合练习

学生原地站立、两腿并拢，两臂位于体侧位置、掌心向内，做蝶泳的手臂与身体的波浪动作。在双臂上摆至肩部前方入水时，躯干做一次波浪式摆动完成提臀屈髋挺膝的动作；当双臂划水至大腿外侧开始出水时，躯干完成第二次波浪式摆动，完成一个蝶泳配合周期。需要注意的是：这个配合中躯干的波浪式摆动可看作蝶泳腿的打腿动作，该模仿练习的配合节奏是两次腿一次手臂的配合技术，配合练习时可以加上呼吸技术，从而使学生在陆地上掌握蝶泳的基本配合节奏，为下一阶段的水中练习打下基础。

（二）多腿一臂一呼吸配合练习

学生站立水中，双脚蹬离池底或池壁，身体呈流线型姿势向前滑行。滑行时，双腿连续做3~5次的蝶泳打腿后，做1次蝶泳的手臂划水动作。在练习的开始阶段，采取低头闭气的方式进行练习，待手腿配合节奏熟练后，再加入呼吸配合。游泳教学过程中，教师要注意强调臂腿呼吸的时机，打腿的次数不受限制，当要抬头吸气时配合一次蝶泳划臂。在练习时，游泳教师要及时发现学生出现的错误动作，并分析错误动作产生的原因，对于共性的错误集中讲解纠正，对于个性的错误要进行单独指导，确保在这个练习环节使学生掌握蝶泳臂腿配合的节奏，进而为学生的完整蝶泳配合打下基础。

（三）单臂划水与蝶泳腿配合练习

学生站立水中，双脚蹬离池底或池壁，身体呈流线型姿势向前滑行。滑行时，双腿连续做2次的蝶泳打腿后，一侧手臂前伸不动，一侧手臂做蝶泳划臂动作，手臂推水时打1次蝶泳腿，手臂入水时打1次蝶泳腿，每1次划臂配合1次呼吸技术。这个练习主要是使学生初步掌握蝶泳的211配合技术，只是采用的是难度较低的单臂配合，练习时重点要求学生臂、腿、呼吸的配合时机，练习的距离不宜过长，练习的速度不宜过快，练习过程中要求学生采用爬泳的侧向呼吸技术。

（四）水中蝶泳完整配合练习

学生站立水中，双脚蹬离池底或池壁，身体呈流线型姿势向前滑行。双臂经空中移臂后，头部领先浸入水中，手臂随即完成入水动作，入水后积极做“压胸”动作，双臂顺势前伸；双臂外划抓水时，两腿完成第一次向下打水动作，由于水对于腿的反作用力，臀部向上、向前升至水面；两臂下划、内划阶段，双腿上打、髋部下沉，此时开始边吐气、边抬头；双臂向后推水时，两腿完成第二次下打，臀部略抬高，此时头肩露出水面，完成吸气；双臂经空中移臂时，双腿完成上打动作，臀部略下沉；随即进入下一动作周期。教学过程中，游进的距离可以由近到远、游进的速度可以由慢到快,在重复的练习过程中让学生掌握蝶泳的完整配合技术,体会连贯、协调的蝶泳配合节奏。

**五、易犯错误及纠正方法**

(一)蝶泳臂、腿配合脱节

蝶泳技术其实是非常简单的,我们可以把蝶泳技术看作爬泳技术的变身,只不过是蝶泳的打腿和划臂都是同时进行的,而爬泳的打腿和划臂都是交替进行的。但是,为什么很多初学者学习蝶泳都感觉很困难,甚至很多游泳爱好者经过很长时间的学习,始终无法掌握蝶泳技术呢?其主要因素就是:蝶泳的身体波浪动作、手臂与腿的配合节奏比较难,这就导致很多人虽然掌握了蝶泳腿技术和蝶泳手技术,但是一旦到了蝶泳配合环节就会变得手忙脚乱,导致出现身体下沉、容易疲劳等情况。在这些蝶泳的错误动作中,手臂与腿的配合节奏错误是最致命的,也是导致多数蝶泳初学者无法进行蝶泳完整配合的罪魁祸首。其具体解决措施是:通过陆地模仿练习让学生掌握 2 次腿 1 次手臂的配合节奏,即手臂入水时打 1 次蝶泳腿,手臂出水时打 1 次蝶泳腿,这种比较简单的配合教学非常适合蝶泳配合教学的初级阶段,可以让学生较快地掌握蝶泳手臂和腿的配合时机。水中练习可以采用单臂划水与蝶泳腿配合练习,双腿连续做 2 次的蝶泳打腿时,一侧手臂前伸不动,一侧手臂做蝶泳划臂动作,手臂推水时打 1 次蝶泳腿,手臂入水时打 1 次蝶泳腿,每 1 次划臂配合 1 次呼吸技术。

(二)蝶泳的配合节奏不好,影响游进速度

蝶泳的游进速度在所有竞技泳姿中仅次于爬泳,但是如果掌握不好蝶泳的配合节奏,就会导致游速下降、机体过早出现疲劳的现象。蝶泳配合节奏不好是所有蝶泳初学者必须经历的过程,这个过程是漫长的、痛苦的,很多蝶泳爱好者就是因为无法坚持正确的练习而不得不放弃蝶泳的学习,这也是为什么游泳馆中采用蝶泳健身的人群比较少的直接原因。那么,应如何纠正蝶泳配合的错误节奏呢?这里介绍一种非常好的蝶泳配合节奏的练习方法,那就是“2+2+2”练习,即左臂划水 2 次配合打腿,右臂划水 2 次配合打腿,完整配合游 2 次,这个练习可以使蝶泳初学者快速建立蝶泳的配合节奏,开始练习时动作要放慢,感受蝶泳配合的时机,待动作熟练后可以逐渐加快速度,最终过渡到 2 次腿 1 次手臂的蝶泳完整配合。

**六、技术应用与探索**

**游泳训练中应如何正确运用脚蹼**

脚蹼是游泳训练过程中的一种重要工具,可以帮助运动员更好地发挥腿部和脚部力量,产生一个更大的推力,从而提高游泳速度。由于脚蹼会放大脚部的力量,因此在打腿的时候不能用力过大,一般与没有佩戴脚蹼时腿部的力量相同。腿部上摆的时候不能抬离水面,而且要尽量伸展踝关节,使得踝关节发挥最大的作用,利用脚踝对水的截面积增大的效果,更好地体会打水的感觉。当佩戴脚蹼训练的时候,必须要有意识地对小腿弯曲幅度进行控制,不能弯曲过度,主要感受腰部和大腿发力推动身体前进的感觉。蝶泳的练习过程中,正确地佩戴脚蹼不但可以提升蝶泳腿力量,而且可以帮助学生体会身体的波浪动作。

# 第七章　出发教学实践

游泳比赛的开始称为出发，而且出发技术是游泳的重要技术之一。游泳竞赛规则规定，自由泳、蛙泳、蝶泳比赛必须从出发台起跳出发，仰泳项目必须在水中出发；出发时，运动员双脚蹬离出发台或池壁（仰泳），身体经空中向前跃起，以较快的速度进入水中开始前游。出发技术对于竞技游泳来说，运动员出发技术的好与坏会直接影响其比赛成绩，特别对于胜负决定于百分之一秒的短距离项目来说，游泳出发技术显得尤为重。出发技术对于普通健身人群来说，虽然没有像竞技游泳那么重要，但是掌握游泳出发技术可以提升游泳健身人群的游泳学习兴趣，同时可以避免因错误出发技术而引发的运动损伤。本章内容主要针对游泳出发技术演变、出发台出发技术、出发台出发教学、仰泳出发技术、仰泳出发教学五部分进行介绍，以便于学生掌握游泳出发技术和游泳出发教学训练的基本方法。

## 第一节　出发技术演变

现代游泳出发技术是在长期的游泳竞技比赛中不断发展和演变而来的。在早期的游泳比赛中，由于没有出发台，因此游泳运动员比赛时没有规范的出发技术和出发规范。在比赛时，运动员的出发有站立姿势、有蹲立姿势，运动员根据自己的习惯采用不同的出发姿势完成入水动作。所以，游泳的出发技术的演变是一个漫长的、不断发展的过程，其发展历程大概可以分为以下几个阶段。

第一阶段，摆臂式出发技术。这是20世纪初游泳运动员经常采用的出发方式，动作难度较低，故为初学者或初级运动员常用。两脚平行站在出发台上，身体前倾，两膝弯曲，大腿和小腿弯曲165°~170°，重心降低，以保持身体的平稳。站立时，两脚距离与肩同宽，脚趾紧扣出发台的前沿。准备出发时，屈膝的同时，两臂自然下垂，向身体后方慢慢抬起，掌心向后，目视前下方，上肢和上体的肌肉群适度放松，头的位置应和躯干成一线或稍低，以便起跳摆臂时迅速抬头增强起跳的力量，完成上述动作后要把身体重心落在前脚掌上，此时应保持静止不动，发令员的枪响后，然后迅速加大屈膝度，使身体前倒，同时两臂前摆入水。摆臂式出发技术又分“直接前摆”技术和“预先后摆”技术，其中，“直接前摆”是指在准备姿势时两臂先后摆，出发时两臂前摆带动身体向前跳跃出发的技术；“预先后摆”是指预备姿势时两臂下垂，起跳后两臂先向后摆，然后再向前摆，带动身体向前跳跃出发的技术；“预先后摆”技术有利于加大摆臂的速度，为身体的跳跃出发提供更大的动能，所以这种技术在早期的竞技游泳比赛中曾被广泛应用。

第二阶段，绕环式出发技术。这是在摆臂式出发技术基础上发展起来的，动作要领与摆臂式出发基本相同，不同之处是当运动员听到出发信号后，双臂先向上、向前、向外摆起，再向后、向下、向内摆至体后，最后经大腿两侧向前摆出，带动身体向前跳跃起跳。“绕环式摆臂”出发技术的优势是：可以增加摆臂速度，提升双脚蹬离出发台的力量，身体腾空距离高、入水点远、滑行速度快；其劣势是：出发时由于手臂的环绕摆动导致出发预备姿势不够稳定，出发信号发出后的离台时间较长。由于“绕环式摆臂”出发技术可提早摆臂起动，为争取时间并避免犯规，很多运动员在接力出发时采用这种方式。

第三阶段，抓台式出发技术。顾名思义，就是在出发时用两手抓住出发台的两侧或前缘，所以叫抓台式出发。其动作特点是：预备姿势时，两膝弯曲程度成 130°~140° 角，颈部放松，目视下方，两臂自然放松下垂，两手抓握出发台两侧或前缘。当运动员听到出发信号时，两臂迅速屈臂向上提拉，使身体向下，头和上体尽量贴近大腿，随着两臂继续提拉和低头动作，重心开始前移，身体前倒，起跳借助身体直线前冲的力量获得较大的初速，并辅以两手推合、摆臂和抬头动作，以加强前冲的速度。这种技术的优势是预备姿势较稳，离台早，入水快，能产生较大的初速；劣势是由于摆臂速度慢，蹬台力量小、入水点近、滑行速度慢。

第四阶段，团身式出发技术。在抓台式出发技术之后，又出现了一种“团身出发”技术。其技术特点是身体位置低、团缩较紧，做预备姿势时，两手抓住出发台的两侧，使重心远远超出出发台的前缘。充分屈膝，臀部靠近脚跟，团身紧，大腿小腿夹角在 25°~35° 之间。其角度大小以重心位置合理、身体协调舒适为准。肩部放松，有助于身体最大限度地前倾，胸、腹紧贴大腿，肩内侧置于膝外侧上方，目视脚趾，用食指、中指等扣住出发台的底部，两掌心的连线正好通过脚的跟部。当听到出发信号时，立即松手、抬头，两臂迅速前摆，其起跳、腾空、出发、入水。这种技术吸收了摆臂式和抓台式出发的优点，稳定性高，动作简单，起跳快，重心靠前；其劣势是预备姿势阶段手臂和腿的肌肉过于紧张，蹬离力量小。

第五阶段，蹲踞式出发技术。1974 年出现一种类似于田径起跑姿势的“蹲踞式”出发技术，该技术在当今竞技游泳比赛中是最为流行的一种出发技术。其动作要领是：运动员两脚前后开立、前腿微屈，以前脚趾扣住出发台的前缘，后腿微屈膝，后脚跟提起，上体前屈，两臂伸直与肩同宽，两手抓住出发台的两侧或前缘；当听到“各就位”的口令时，提臀稍比肩高、重心前移，身体的大部重量落在前脚和两臂上；当听到出发信号时，两脚用力蹬出，同时两臂屈肘拉台，使身体向前、向下移动，紧接着用力推离出发台，继而展体、稍抬头，两臂迅速前摆，向前跳出的同时，后腿与前腿并拢，完成腾空动作。

## 第二节　出发技术特点

游泳出发技术包括出发台出发技术和水下出发技术两种。出发台出发是针对蝶泳、爬泳、蛙泳的出发技术，水下出发是针对仰泳的出发技术。所有的出发技术都是由预备、起跳、腾空、入水、滑行、起游六个环节构成的。本节中主要介绍抓台式出发、蹲踞式出发、摆臂式出发和仰泳的水下出发技术。通过对游泳出发技术特点的分析，使学生了解不同出发技术的适用泳姿，掌握不同出发技术的动作要领，为游泳出发技术教学做准备。

## 一、抓台式出发技术

### （一）预备姿势

站在出发台上方，两脚左右开立、略与髋宽，双脚的脚趾勾住出发台的前沿；两膝微屈，大小腿折叠为 130°~140° 的夹角；上体前倾、胸部贴近大腿，抬高臀部、低头看向水面，重心落在两脚之间；双手位于两脚之间抓住出发台，也可以位于两脚外侧抓住出发台；此时身体保持静止状态，准备听到出发信号后跳离出发台。

预备姿势有两个细节需要注意：一是两脚之间的距离，这个距离不宜过大，也不宜过小，因为双腿距离过大或过小都会影响蹬离时双腿合力的产生，进而会影响蹬离出发台的速度；二是大小腿弯曲的程度，双腿屈膝程度过小，影响双腿蹬离的力量，双腿屈膝程度过大，造成身体重心后移，影响身体的离台速度。因此，双腿弯曲程度要因人而异，在确保双腿适宜弯曲角度、不影响蹬离力量的前提下，最大限度使身体重心前移，缩短身体离台时间。

### （二）起跳离台

当听到出发信号后，双手快速向上提拉出发台、身体重心迅速前移并超过出发台前沿，膝关节继续弯曲至 90° 角，这个过程就好像身体失去重心，感觉要掉入水中一样。伴随着身体重心的前移，双手松开出发台前沿，头部向上抬起，双臂快速向前摆动；双脚此时用力蹬离出发台，在快速伸髋伸膝的同时，身体向斜上方跃起。抓台式出发的精髓就在于双手的拉台动作，双手的拉台可以使身体重心快速前移，这样就可以极大缩短出发反应时间。

### （三）腾空入水

抓台式出发的腾空入水动作可以分为平式入水技术和洞式入水技术两种。平式入水技术的角度较小，身体在入水后会快速浮出水面而开始途中游，适用于蝶泳和爬泳的出发；洞式入水的入水角度较大、入水较深，适合于蛙泳出发时使用，这样会有充分的时间做水下长划臂和蛙泳腿动作，可以延长蛙泳水下滑行距离。

1. 平式入水技术

双脚蹬离出发台后，双腿并拢，双臂向前摆至身体前下方制动，身体充分伸展并保持一定的紧张度。身体腾空后由于重力的作用，此时在身体腾空的最高点，完成身体由向斜上方运动转向斜下方运动，随后双臂伸直并拢、夹紧头部，按照手、臂、头、躯干、腿的顺序斜插入水中，入水角度为 10°~20°。

2. 洞式入水技术

双脚蹬离出发台后，身体向上腾空跃起、角度要大，当身体处于抛物线最高点时，开始做收腹提臀的动作，躯干与大腿呈现较小的角度；当身体在最高点开始下落时，双手指向前方入水点，相对于平式入水来说，洞式入水的入水点较近；入水时依然按照手、臂、头、躯干、腿的顺序斜插入水中，入水角度为 30°~40°。入水后，为了防止身体直接触到池底，身体在入水后身体略成反弓形向前滑行。

洞式入水也称为“一点式”入水，其原理是减小身体与水面的接触面积，这样可以有效减小入水的阻力，同时可以通过入水后的反背弓动作，把身体在空中下落的势能转变为入水后向前滑行的速度。但是，由于洞式入水的技术动作较为复杂，对身体的协调性和平衡性要求较高，因此不适合游泳初学者学习。另外，由于入水角度较大，洞式入水也存在一定的安全隐患，容易造成手指或头部撞击池底的危险，因此在浅水区域不要进行洞式入水的教学和练习。因此，对于游泳健身人群来说，平式入水技术相对于洞式入水技术来说更为实用。

（四）滑行起游

身体入水后，应保持适度的紧张并呈流线型姿势向前滑行，利用手臂和头来控制滑行的方向和深度。如果发现入水较深，手掌应立即上翘、略抬头，使身体向水面方向滑进。当入水滑行速度接近正常游速或速度略下降时，随即开始水下衔接动作，而且根据不同泳姿会各不相同。若是爬泳出发，双腿做连续的交替打水或连续的蝶泳打腿；若是蝶泳出发，则双腿做连续、多次的蝶泳打腿；若是蛙泳出发，则在水下做一次长划臂一次蝶泳腿，一次蛙泳腿配合一次手臂水下前移，当手臂划水至最宽点，双手开始内划时头部露出水面。需要注意的是：爬泳和蝶泳的水下潜水距离不得超过 15 米，当头位于 15 米召回线下方之前，头部必须露出水面，否则判为犯规；蛙泳没有 15 米限制，但是蛙泳必须按固定动作完成水下动作，否则也判为出发犯规。

**二、蹲踞式出发技术**

（一）预备姿势

现在的游泳出发台都设有出发台踏板，在运动员上出发台之前，应根据自己的身高、腿长、出发习惯，把出发台的踏板调整到合适的位置。上出发台后，一脚的脚趾扣住出发台的前沿，大小腿弯曲角度为 130°~150°；另一只脚用前脚掌蹬在出发台后端的踏板上，大小腿弯曲角度为 90°~100°；身体前倾、胸部靠近大腿，双手抓住出发台前沿，此时臀部高于头部、重心位于两脚之间略偏向后脚；头部放松，眼睛垂直看向水面。

（二）起跳离台

当听到出发信号后，双手快速向上、向后提拉出发台，身体重心迅速前移并超过出发台前沿，双手继续向后推压台面。此时，双脚用力蹬离台面，后脚先发力，前脚再发力，身体迅速由团身转为展体，身体各关节顺势打开，身体以 25°~30° 角蹬离出发台。需要注意的是：蹲踞式出发起跳时要依靠双臂的推拉台来提升身体蹬离出发台的速度。

（三）腾空入水

蹬离出发台后，在身体腾空过程中，前腿迅速向上摆动并与后腿并拢，身体保持一定的紧张度，形成头低脚高的姿势。随即，两臂并拢伸直、夹住头部，按照手、臂、头、躯干、腿的顺序斜插入水中，蹲踞式出发也可以采用平式入水和洞式入水两种方式。

（四）滑行起游

身体入水后，水下滑行和起游技术与抓台式出发相同。

**三、摆臂式出发技术**

（一）预备姿势

两脚平行站在出发台上，两脚距离与肩同宽，脚趾紧扣出发台前沿，身体前倾，两膝弯曲，大小腿夹角为 160°~170°，重心降低以保持身体的平稳。屈膝的同时，两臂向后摆出，掌心向上，目视前下方，上肢和上体的肌肉群适度放松，为起跳时两臂的摆动创造良好的条件，头的位置应和躯干成一线或稍低，颈部肌肉要放松，以便起跳摆臂时迅速抬头增强起跳的力量，完成上述动作后要把身体重心落在前脚掌上，控制在出发台前缘的上方。

（二）起跳离台

当听到出发信号后，迅速加大屈膝角度，使身体前倾，同时两臂加速前摆。当髋、膝、踝部各屈成 90° 角时，双脚开始蹬离出发台，此时两臂继续前摆，髋、膝、踝关节依次伸直，在两臂前摆至与身体成 150°~160° 角时停止动作，并与髋、膝、踝的充分蹬直和抬头动作协调配合，使摆臂的动量能马上转移到身体起跳的速度。如果采用的是环绕式摆臂技术，当运动员听到出发信号后，双臂先向上、向前、向外摆起，再向后、向下、向内摆至体后，最后经大腿两侧向前摆出，带动身体向前跳跃起跳。

（三）腾空入水

蹬离出发台后，在身体腾空过程中，适宜的起跳角为 25°~30°。起跳角的大小与泳式、入水姿势有关。自由泳、蝶泳的起跳角要小些，蛙泳可适当大些，平式入水的起跳角要小于洞式入水，起跳角过大或过小会导致腾空阶段的抛物线过高或过低。腾空时，应充分利用蹬离出发台的水平初速度，身体努力保持流线型姿势；腾空到最高点时，头稍低，夹于两臂之间，上体和重心稍下降移动，腿却是向上移动到比头高的位置，此时身体按臂、头、躯干、腿的顺序入水，身体纵轴与水面成 15°~20° 角插入水中。

（四）滑行起游

身体入水后，水下滑行和起游技术与抓台式出发相同。

**四、仰泳出发技术**

（一）预备姿势

下水后，身体面对池壁，两手抓住出发台上的仰泳出发握手器，两臂伸直，双脚蹬在池壁上方，两脚的距离与髋同宽、脚趾与水面齐平，屈髋屈膝、大小腿自然折叠，臀部和下肢没入水中，此时全身保持放松，等待出发命令。当听到发令员发出“各就各位”的口令时，膝关节略微外展，两臂用力、屈肘伸肩，将身体向前上方拉起靠近出发台，此时保持低头，眼睛看向脚趾，胸腹部贴紧大腿，双脚用力蹬住池壁防止滑落，将身体的大部分拉出水面并保持静止。需要注意的是：两臂将身体拉出水面的高度要适宜，若身体出水过高，会使起跳角度增大，造成身体腾空过高、平拍入水，还容易导致双脚蹬离池壁时无法保持平衡；若身体拉出水面过低，则身体难以跃出水面，这样会导致身体在水中向前滑行，造成更大的阻力。

（二）蹬离池壁

当听到出发信号时，运动员向后上方仰头，同时伸展两膝和髋关节，使身体向上升起，然后两手向下、向内推按扶手，使两肩和身体上半部向后上方抛起，两臂开始水平地由侧、向前摆动，两腿用力后蹬，起跳角为 15°~25°，在蹬离池壁的过程中，略挺胸仰头，身体成背弓技术之形。两臂侧摆时略低于身体平面，同时髋、膝、踝配合摆臂做充分伸蹬，此时身体的大部分都露出水面，继续进入腾空阶段。

（三）腾空入水

蹬离后，身体在空中成弓形飞行，头向后仰，手臂在头上伸展，腿和脚也应伸展。腾空过程中，尽量使全身在水面上方滑行。由于脚在蹬离池壁后有拖在水中的趋势，因此，要做到身体完全腾空，有一定的难度。不过，只要蹬离角度适宜，躯干充分反弓，小腿和脚就可以在腾空的大部分时间露出水面。入水时身体应保持流线型，两臂前伸并拢，头夹在两臂之下，双腿和双脚保持伸展，尽量使身体的各个部分从相同的一点，即手和头入水的那一点入水。因为身体腾空的高度较低，要做到这点是比较困难的，所以，臀部的入水点通常略在头入水点的后面。为防止腿拖入水中，在入水时可以略向上抬腿，使之有一定的弯曲。

（四）滑行起游

入水后，手臂应略向上升，腿向下沉，使身体运动方向从向下转为向前。在前进速度下降到接近游速之前，应以流线型姿势滑行，之后开始打腿。许多仰泳运动员采用了水下海豚式打腿（不超过 15m）的技术，而且效果很好。通过训练，在每次转身后应至少在水下打 3~6 次腿。如果海豚腿效果不好，最好在短暂滑行后做 2~4 次交替打水，然后划水使身体升到水面。出水动作应控制好，应在划水完成时身体正好露出水面，以免影响正常的节奏。在身体升到水面之前，不应向上抬头，否则将破坏身体流线型。身体一旦升到水面，应立即以适宜的比赛频率游进。

## 第三节　出发技术教学

游泳出发技术相对于游泳其他技术而言，技术动作较为复杂、难度较高，所以一般安排在游泳教学的后期进行。游泳出发技术动作难以分割，所以在教学过程中多采用完整教学法组织教学，学生先在陆地学习技术动作路线，然后转入水中进行学习；水中练习时要注意安全，必须在深水中进行出发练习，避免学生出发入水过深撞到池底。教学过程中，游泳教师要由简入难、循序渐渐地安排游泳出发练习内容，在保证安全的前提下，先进行摆臂式出发教学，然后再过渡到抓台式和蹲踞式出发教学。

### 一、出发台出发技术教学

出发台出发技术主要是针对蛙泳、蝶泳和爬泳的出发技术，其出发技术包括摆臂式出发、抓台式出发和蹲踞式出发三种。教学的前期，主要是让学生掌握出发时双腿起跳与身体的协调配合，掌握身体在腾空时的位置变化，体会入水时手臂与水的角度；教学的后期，学生掌握了出发台出发的基本动作要领后，再根据具有泳姿的要求，进行抓台式、摆臂式、蹲踞式的完整出发技术教学。

（一）出发台出发教学组织

1. 原地摆臂上跳

学生原地站立，双腿分开略与髋宽，屈髋屈膝、上体前倾、胸部贴近大腿，双臂自然下垂、眼睛看向脚趾。双脚用力蹬离地面时，伸髋伸膝的同时向上跃起，在空中双腿、双臂自然伸直并拢，上臂夹住头部，眼睛看向正前方，模仿出水台出发动作。需要注意的是：在这个练习过程中双臂的摆动有两种练习方法，首先进行的是直接上摆技术，模仿的是抓台式出发和蹲踞式出发的摆臂技术；当动作熟练后，双臂经前绕环在进行上摆，模仿的是摆臂式出发技术。

这个练习主要是锻炼学生蹬离出发台的技术、腾空时手臂和双腿的配合，学生可以先进行陆地原地跳跃，当掌握其动作要领后，学生可以站在出发台向水池中跳跃，通过多次的跳跃练习，不但能掌握出发台离台技术，而且可以克服跳发时的恐惧心理。

2. 原地前倾倒体

学生原地站立，双腿分开略与髋宽，屈髋屈膝、上体前倾、胸部贴近大腿，双臂自然下垂、眼睛看向脚趾。练习时，身体重心由双脚位置向前移动，当重心超过双脚垂直面、上体前倾时，双臂随即向前摆动、双手支撑地面。此时，双脚用力蹬离地面、双腿并拢上摆，身体在空中挺直、处于头低脚高的姿势。随后，身体快速屈髋屈膝、团身收腹，双脚落地。这个练习主要是让学生体会腾空阶段身体的位置变化，感受身体入水时头低较高的入水姿势，同时练习身体在腾空过程中的协调配合。教学的前期，游泳教师通过陆地的示范模仿，让学生掌握动作的技术动作和路线；待动作熟练后，学生可以站在出发台上，按照陆地练习的动作要领蹬离出发台，体会身体入水的感觉。需要注意的是：陆地练习前倾倒体需要一定的上肢力量，对于儿童和中老年练习者来说，在组织练习时一定要加以保护措施，避免出现运动损伤；站在出发台练习前倾倒体时，学生不必刻意追求蹬离的力度和入水的远度，练习的主要目的是让学生体会重心前移、手先入水、身体伸直的入水姿势。

3. 池边出发练习

池边出发练习是完整出发练习的过渡阶段，这个练习非常接近完整出发技术，所不同的是学生站在池边的高度要低于出发台的高度，所以可以避免学生出发台出发的紧张心理，通过该练习可以使学生逐步熟练地掌握游泳出发技术的动作要领。池边出发技术可以分为两步进行练习：第一步，学生站立池边、双脚脚趾勾住池沿，双腿分开略与髋宽，屈髋屈膝、上体前倾、胸部贴近大腿，双臂并拢前伸、眼睛看向脚趾；双脚用力蹬离池边、伸髋伸膝向前跃起，双脚在空中自然并拢伸直，身体在空中展开、处于头低脚高的姿势；入水时，按照手、臂、头、肩、髋、腿的顺序依次插入水中。第二步，当学生第一步练习没有问题时，即可以开始第二步的练习，它与第一步相比唯一的区别是，手臂此时不再提前做好前伸的动作，而是双手要抓住池沿。当重心前倾、双脚蹬离池边的时候，手臂要顺势向前摆动，在空中自然并拢伸直、上臂夹住头部，然后整个身体呈头低脚高的姿势插入水中。需要注意的是：由于站立池边导致起跳高度较低，因此在这个练习过程中会出现身体拍水的现象，游泳教师在教学过程中要对学生强调，起跳时要向斜上方跳起，双腿蹬离池边的力量要大。

4. 完整出发练习

学生站在出发台上，按照抓台式游泳出发的要领做好出发准备，出发时注意动作的连贯性、协调性和高效性；开始练习时可以不追求出发的力量和速度，做出正确的出发路线即可；当技术熟练后，要逐渐增加其起跳的力量，延长水下滑行的距离。熟练掌握抓台式出发技术后，游泳教师可以让学生尝试练习蹲踞式出发技术和摆臂式出发技术，在练习条件允许的前提下，也可以让学生进一步体会洞式入水的出发技术，但是一定要注意安全。

（二）易犯错误及纠正方法

1. 身体拍水

出发时身体拍水是初学者最容易犯的错误，其原因是起跳角度过低导致的，学生在起跳时双腿蹬离无力，身体与水面呈现较小的夹角。其解决措施是：学生进行池边倒体蹬离的练习，掌握入水的角度，注意身体重心的前倾。

2. 屈膝入水

屈膝入水会导致增加身体入水的阻力，其原因是小腿过于放松，身体没有保持良好的流线型。其具体解决措施是：进行原地起跳模仿练习，起跳后双腿并拢伸直。

**二、仰泳出发技术教学**

（一）仰泳出发教学组织

1. 原地模仿练习

学生原地站立，双腿分开略与髋宽，身体下蹲，双臂自然下垂、双手触地；双腿用力蹬离地面、迅速抬头挺胸，双臂经身体前方上摆至头顶上方、伸直并拢，身体充分伸展略成反弓形，体会仰泳的起跳腾空动作。

2. 蹬壁滑行练习

学生面对池壁，双手抓住仰泳出发器，屈髋屈膝团身，双脚蹬在池壁上、脚趾接近水面。双手松开出发器，经空中前摆至头部前方，身体倒入水中，保持流线型，双脚蹬离池壁，身体在水中呈流线姿势滑行。

3. 拉手出发练习

学生面对池壁，双手抓住仰泳出发器，屈髋屈膝团身，双脚蹬在池壁上，脚趾接近水面。同伴拉住出发同学的双手，然后做仰泳的手臂后摆出发技术。这个练习主要是练习学生仰泳出发的背弓技术。

4. 完整出发练习

学生面对池壁，双手抓住仰泳出发器，屈髋屈膝团身，双脚蹬在池壁上，脚趾接近水面。学生按照仰泳出发的技术要领完成仰泳出发，出发后缓慢用鼻子向外吐气，做连续的反蝶泳腿动作。

（二）易犯错误及纠正方法

1. 出发时后背拍水

出现这个错误主要是因为学生没有做抬头挺胸动作，未形成身体的背弓姿势，双脚在水中接触池壁的位置过低。其解决措施是：站立水中练习背弓技术，学生通过蹬离池底、双手后摆、手臂入水的练习方式，解决后背拍水的错误。

2. 出发后入水过深

出发入水过深不利于身体滑行时向水面游进，影响仰泳的配合节奏。产生这个错误的原因是：出发时头部过分后仰。其具体解决措施是：仰卧蹬离池壁后，双手在入水时适当上翘，在练习打腿过程中提高身体的位置。

# 第八章　救生教学实践

## 第一节　游泳安全常识

### 一、游泳前的准备工作

（一）游泳场地的选择

有条件的地区，应尽量选择到正规游泳场所游泳。因为正规游泳场所管理比较规范，水质和安全卫生等条件都有专门的政府卫生部门监督，池水经常消毒、排污和过滤，清晰度较高，可使游泳的安全卫生得到保障。

如果到自然水域游泳，一定要先了解水质状况。现阶段由于工业的快速发展，环境治理未能及时跟上，致使许多自然水域的水质受到严重污染。游泳者应避免到水质状况差的水域进行游泳锻炼。

（二）游泳前的身体检查

游泳前应进行身体检查，主要是防止患病者游泳时发生事故，同时也避免疾病的相互传染。凡患有心脏病、高血压、癫痫、活动性肺结核、传染性肝炎、皮肤病、红眼病、精神病、中耳炎、发烧、开放性创伤者，都不宜游泳。妇女月经期也不宜下水进行游泳活动。

（三）饮酒、饭后和饥饿、过度疲劳时不宜游泳

饮酒后中枢神经系统处于过度兴奋或抑制状态，表现为反应迟钝，如此时游泳容易发生溺水事故。

饭后消化系统活动加强，需有较多的血液流向消化器官，如果饭后立刻下水游泳，大量血液就要流向肌肉以保证全身活动的需要，而流向消化器官的血量就会相对减少，从而影响胃肠对食物的消化吸收。此外，由于胃内食物充盈，胃受到水的压迫，容易引起胃痉挛，出现腹痛或呕吐。因此，饭后不要马上游泳，一般需相隔半小时到一小时后再下水。因为空腹时人体血糖含量下降，使身体得不到相应的能量供应，游泳时易发生头晕、心慌、四肢无力等现象。

剧烈运动或强体力劳动后，人体处于疲劳状态，此时体力下降、肌肉反应能力减弱、水中动作不易协调，如果马上游泳，会造成疲劳的积累，极易发生溺水事故。

（四）游泳前要做准备活动

游泳前的准备活动十分必要，这是由于从陆上到水中，从静止到剧烈运动，必须有个适应过程。通过准备活动，克服各机能器官的惰性，提高神经系统的兴奋性和灵活性，使身体适应低水温的刺激，从而减少抽筋、拉伤等事故的发生。

游泳前的准备活动，一般可进行慢跑，伸展运动（特别是下肢关节、肌肉和韧带）以及陆上游泳技术模仿练习。

## 二、游泳中的卫生常识

### （一）下水后身体的正常反应与不适应现象

一般在刚下水后的几分钟内，由于身体突然受到冷水刺激，皮肤表面的毛细血管收缩，血液循环减慢，流向皮肤的血液减少，皮肤变白，或起“鸡皮疙瘩”，身体感觉寒冷。这是正常的生理反应，叫做“初期反应”。之后，体内各器官的活动和物质代谢加强，热量增加，体表血管扩张，血液循环改善，身体有温暖的感觉，这是身体适应外界寒冷环境的一种积极反应，被称作“二期反应”。这一阶段是在水中进行活动的最好时间。有的人在二期反应以后又会有冷的感觉，这时如果继续在水中，皮肤血管就会再一次保护性地收缩，起“鸡皮疙瘩”、嘴唇发紫，全身打颤，这表明游泳者在水中时间太长，散热过多而出现的“三期反应”。

一旦出现“三期反应”，游泳者应起水上岸，及时擦干身上的水，同时可做些徒手操或慢跑等，使身体暖和起来，天气晴朗还可以晒晒太阳。初学游泳的人，下水后不要在水中停留不动，要积极活动。经过一段时间的游泳锻炼，或可提高身体对水温的适应能力。

### （二）游泳时眼睛的保护

游泳时，眼睛不可避免会接触到水，为了保护眼睛，最好在游泳时戴上游泳镜。人工游泳池的水都经过消毒，通常比较干净。天然水域的水质大都较差，甚至有些浑浊，因此，在天然水域游泳，可以多用抬头游，防止泥沙进入眼内，如头露出水面游不习惯，也可以采用头在水中时闭眼，抬头吸气脸露出水面时睁眼，以观察前方水面情况。

## 三、游泳后的卫生保护

在水库或江河湖海里游泳，因水中含有不同程度的污染物质、疾病杆菌等细菌，即使是在已净化或过滤过的游泳池水中，也难免会有一些细菌。所以，游泳后要注意以下卫生保护。

### （一）点眼药水

有些人游泳后发觉眼睛发红或刺痒，其原因是由于游泳池内漂白粉等消毒药水刺激造成眼结膜充血所致，这种现象待出水后几个小时即可自然消退，一般不需治疗。需要提示的是：每次游泳后最好用清水冲洗眼睛，也可用消炎眼药水滴眼，如 0.5% 新霉素眼药水、0.25% 氯霉素眼药水。

### （二）及时淋浴

游泳活动时水中某些污染物质会粘集在游泳者的皮肤上，而池水中消毒用的氯气等化学物质也会刺激皮肤产生干燥、刺痒、起小疙瘩等反应，甚至引起皮肤过敏，所以游泳后应认真洗澡。游泳穿的衣裤也应及时进行漂洗、晾晒备用。

## 四、游泳的安全措施

地球上的生命起源于水，但人类早已适应了陆上生活，水环境反而成为对生命的一种威胁。游泳时，如果不熟悉水性，很容易呛水或失去平衡，以致出现溺水而危及生命。对于会游泳的人，也有可能因各种原因而出现意外事故。生命是珍贵的，但又不能因噎废食，放弃这种具有极高价值的运动。因此，在进行游泳教学或开展游泳活动时，必须把安全摆在首位。要认真考虑并落实安全措施，做好充分的准备，保证万无一失。游泳的安全措施主要包括以下几方面的工作。

(一)强化安全教育

安全教育必须贯穿于游泳活动的全过程。首先,要强调游泳安全的意义,树立安全意识,克服麻痹思想。要明白,只有保证安全,才能真正发挥游泳对于增进身心健康的作用。对于游泳活动的组织者来说,更要清醒地认识到,不能由于疏忽大意而造成他人的不幸。其次,要加强组织纪律教育,要求学生严格遵守有关纪律和制度,一切行动听指挥,做到令行禁止。对少年儿童,一般要求在会游泳的教师、家长或其他成人的带领下学习游泳。不会游泳者不应私自跑去"玩水"。此外,还要进行安全知识与一般救生常识的教育,使游泳者掌握一些基本的应急措施,以防不测。

安全教育要结合实际情况,采取多种形式有针对性地进行。要经常宣传,反复宣传,以引起每个人的充分重视,培养游泳者的安全意识。

(二)选择安全的游泳场所

选择好游泳场所是保证游泳者生命安全的极其重要的方面。游泳场所分为两类:一类是人工修建的游泳池、馆;另一类是江河湖海等天然水域。不论是到哪类场所进行游泳活动,都要充分考虑安全问题。

1. 游泳池、馆

到游泳池、馆进行游泳活动时,应事先熟悉池、馆环境,包括池的大小、深浅区划分、禁止标示、水深、水质、水温、附属建筑等。一般要求池、馆结构合理、深浅区有明显标志、深度适合游泳对象的水平、水质符合卫生要求、水温适宜、有良好的救生设施和良好的管理。在组织活动前,还要对场所做必要的布置,如用分道线把深浅区隔开,或划定学生的活动区域等。

2. 天然水域

利用天然水域进行游泳教学或开展游泳活动,则必须进行更加细致的考察、选择和布置工作。一般应选择水质较好、浅水区较宽、水温适宜、水底平坦无淤泥、水下无障碍物、水流平缓、河岸开阔、下水和起水方便的水域。凡被生活或工业废水污染的水域、有暗流漩涡的水域、有暗礁乱石的水域、有血吸虫的水域、有鲨鱼出没的水域、杂草丛生的河湖港汊、河流急弯处或桥墩附近、船只来往频繁的码头附近、靠近主航道处、木排竹排停放处等,都不宜作为游泳活动的场所。

对于准备长期进行游泳活动的场所,必须根据具体情况进行必要的布置。例如,在游泳场所周围打上木桩,然后用绳子穿上浮筒将场地围起来,标明深浅区等。在深水区还应搭建浮台,供救生员观察及游泳者休息。这种游泳场简便实用,贴近自然。游泳场所还应备有救生船、救生圈和绳子等救生器材,并准备一些必要的药品和急救用具。这项工作做得越仔细,安全就越有保障。

(三)加强游泳活动的组织工作

加强游泳活动的组织工作是进行游泳教学和开展群众性游泳活动时确保安全的重要措施。尤其是到江河湖海游泳,由于水域宽,环境复杂,容易出意外事故,组织工作显得更加重要。

一般来说，游泳场所都必须设安全监督岗，配备专门的救生员。学校、单位组织游泳活动时，也要专设安全救护小组，由安全观念强、认真负责、具有较高游泳技能的人员组成，并准备好必要的安全救护器材。在游泳活动的过程中，安全救护人员必须全面仔细地观察情况，如果发现险情，应立即发出救援信号并组织抢救。

开展游泳活动一般都要编组，每组以 5~8 人为宜。编组时对水平高低要适当搭配，可选择责任感强、水性好的人员担任组长。每个小组要坚持做到“三个一”，即一起下水，一起活动，一起上岸。小组成员要互相关心、互相帮助，绝对禁止个人单独行动。如果出现险情应立即向安全监督岗报告并组织抢救。在学校游泳活动中，教师要全面观察与重点照顾相结合，对水性差或个性强的学生应多加注意。

在进行游泳教学或开展群众性游泳活动时，一定要做好人数的检查。下水前要准确清点人数，活动过程中应适时进行检查，起水后要再次认真清点人数。发现人数少时应迅速查找，不可马虎了事。学生中途离开游泳场所一定要向教师请假并得到准许，不得私自离去；归队时也必须向教师报告。

在进行游泳教学或开展群众性游泳活动时，应提出严格的纪律要求，一切行动听指挥。学生应在指定的区域内活动，不要在岸边或水中嬉戏打闹，不要在水中横冲直撞，不搞恶作剧。严禁学生在没有教师指导的情况下乱跳水和潜水，以消除潜在的不安全因素，避免外伤和溺水事故。

**五、天然水域游泳的自我保护知识**

（一）游泳场地的选择

选择天然水域游泳，应从以下几方面观察是否符合游泳条件。

1. 必须选择水质清洁的水域

沼泽或池塘的水，一般都不清洁，不宜作为游泳场所。在选择河流做游泳场所时，要注意上游是否被下水道的污水或工业废水所污染，是否洗过粪便器皿等。我国南方的血吸虫传染病，近年又有抬头现象，严禁到这些疫区的江河湖泊等水域中游泳。

2. 下水前应了解该水域水底情况

一般不到有淤泥、杂草、木桩、急流、漩涡、暗礁和风浪较大的水域游泳，同时注意水深与水温要适宜。在海滨游泳，还应注意有无伤害人的鱼类，如鲨鱼等。

3. 不要到大船旁和码头附近游泳

根据物理学液体流速较大的地方其压强较小的原理，人在大船旁或码头趸船边游泳，会由于身体外侧的压强稍大而被推向船体，造成游泳者被大船吸入船底的事故。同时码头附近船只较多，在此游泳易被船碰撞而发生危险。

4. 到水库游泳需谨慎

水库的特点是水比较深，温度也比较低（一般来说水越深温度越低），而且有的岸堤很陡，没有坡度，一下水就很深，因此，下水前一定要把情况彻底摸清，千万不可贸然下水。

（二）遇到潮汐、风浪、暗流、冷水流的处理方法

1. 潮汐

潮汐是海水的一种周期性升降涨落运动，它主要是由月亮对海水引力变化而引起的。潮汐涨落现象平均以 24 小时 50 分钟为一个周期，在一个周期内，有两次涨潮和两次落潮。潮汐现象周期性变化较多，在不同地形和不同季节，潮汐出现的时间也往往不一样。因此，在江海游泳时，必须了解潮汐变化的规律，摸清涨潮、退潮时间；尽量不要远离海边，不要离开浅水区太远，沿海岸线平行方向而游；选定岸上某个标记，随时留意，以便观察自己有没有被冲进大海；不要顺流游出去，否则就有可能无法游回来。

2. 风浪

在水面较宽的河湖或大海游泳，经常会遇到风浪。风浪有大有小，不过总是后浪推涌着前浪，一浪紧接着一浪。浪头的起伏大，力量也大，浪的中部较平，浪尾则还有一定的回流力量。两个浪之间就是波谷。对付风浪，首先应沉着不慌张，并迅速判明风浪的方向和大小，以便掌握好呼吸。

如果风浪从前方来，应在浪来之前深吸一口气，接着潜入浪中，等浪过后再出水吸气，做到一浪吸一口气；浪从后面来时，可向侧方观察，在距浪约一二米处迅速吸气，浪过后再浮出水面吸气；如浪从侧面来时，将头转向与浪的相反方向吸气；如遇一般的小风浪，则可保持原来的游泳姿势，只要掌握风浪变化的规律，让呼吸动作与波浪起伏相适应，就能乘风破浪地前进。

在遇到顺风顺浪时，最好采用蛙泳，既容易观察方向，身体又比较平稳。游时身体倾斜度可以大一些，动作频率要跟上风浪的节奏，以调整呼吸与风浪之间的关系。遇到逆风浪时，可采用爬泳姿势游进，但要注意观察方向。

3. 暗流

暗流出现在两条河流的交汇处，它由两条不同方向的水流互相冲击而成。所以，暗流中水的流动是不规则的。游泳时，如遇到暗流，不要潜泳，而要在水面上游，并向水流规则的水面游去。

4. 冷水流

冷水流大多数发生在拦水坝或地底水流入海的地方，或是河流、湖沼中从地下向上喷出的一股冷水流，其水温比附近水的温度要低。游泳者在无意中游入冷水流，因身体突然受到它向上的冲力和低度冷水的刺激，以为遭遇不测，常常惊慌失措，精神紧张而发生危险。其实，冷水流是毫无危险的，如果水中游泳遇到它，请镇定地继续向前游吧。

（三）避免受到漩涡、水藻与淤泥的危害

1. 漩涡

在江河中，凡是水流的方向和速度突然改变的地方，都容易出现漩涡，如在桥墩旁、暗礁上、两股水流汇合处、水底地洞、水电站进出水处、海边等。漩涡的中心呈凹形，可将物体卷入水底。有漩涡的地方，水面常有垃圾、树叶等杂物在打转，随时注意，就可以及早发现。发现漩涡，最好不去接近它。如果已经接近，应顺着漩涡的外沿，用爬泳迅速游过。一般小的

漩涡，漩过几圈后，漩力就会减小；如果游泳者被卷入旋转面很大的漩涡时，千万不可慌张，更不可使身体与水面垂直，特别是不能踩水，因为这样人极易被漩涡吸入水底而危及生命。正确的方法是：立即平卧在水面，用爬泳或仰泳姿势快速游离漩涡区。

2. 水藻

水藻是生长在水中的植物。当江河水面平静时，水下有水藻的浅滩，可以从水面上水流经过水藻时产生的微波来识别。水藻不会自动缠人，因此，游泳时只要躲开它就不会有事。但万一误入而被水藻绊住，必须保持镇静，不要慌乱。游泳技术较熟练者，可以仰浮在水面上，试着自己解脱绊住肢体的水藻，解脱后，依然要仰卧，两臂靠近体侧，两腿伸直，用手掌划水，设法从原路退回；若游泳技术不太熟练，或无法解脱，不要乱动，应立即呼救，千万不可手脚乱动或直立起来，否则就会使肢体更不容易解脱而陷入危险之中。

3. 淤泥

一般在河湖靠近岸边或较浅的地方，常有淤泥存在。游泳时应该避免到这些地方去。如果不慎陷入淤泥，千万不能采取单脚站立企图拔出另一只脚的办法，否则会越陷越深。这时，应使身体俯卧于水面，用两手在体侧作连续快速向下用力压水动作，同时，脚尖自然伸直，并轻轻向上移动，使其脱离淤泥，然后从原路退出淤泥地带。

（四）不同流速、流向水域的水情特点与游泳方法

江河中的水是流动的，水的流速也各不相同。一般河流由宽变窄的地段，常常会出现急流；大江大河中间的流速也比两旁要快得多；还有河流汇合的地段，由于水量较大，也会形成急流。

当水的流速超过人的游泳速度时，就容易使人失去控制自己的能力。所以，如果游泳者的游泳技术不佳，最好是沿江河两岸顺游或逆游。因为水的流速关系，横渡江河时人会随着水流被冲得很远（如在流速每秒两米的长江中横渡，要被顺水冲下几百米才能游到对岸）。所以，在江河中游泳，一定要根据自己的游泳技术水平和身体情况等，量力而行，最好是在江边或河边游。即使是游泳技术较好的人，也要循序渐进地逐步提高在江河中游泳的适应能力，不可鲁莽行事。同时也应该有必要的安全措施，如船只和救生用具之类，以防万一。如果被水流冲走，一定要保持冷静，从而保存体力。如果游泳者游泳水平较高，则切 45° 角顺水流而游，等到游出水流边界时再游回岸上。如果游泳者水平较低或已疲乏，那就顺水流漂浮，不要与水流搏斗，待漂出水流边界时再游回岸上或求救。

（五）雷雨

夏天遇上雷雨天气，不宜下水游泳。如果在游泳中遇到雷雨，应迅速上岸，寻找安全地点躲避，千万不要躲到大树、高压线、高压铁塔、露天水管附近避雨，因为这些地方容易遭到雷电袭击。

（六）溪流戏水安全须知

人们看到清澈见底的溪流，身临溪畔，很难抗拒那股清凉的诱惑，容易发生意外事故。由于溪中岩石湿滑、隐石滑动、石头之间间距大，在这些岩石上走动，稍有不慎就有可能被水冲走或被石缝卡住。

溪水流动速度较快，水温层差异大、水冰冷，容易发生抽筋现象。同时，溪流的漩涡暗流多，河床落差大，大（暴）雨极易引发山洪暴发，导致被淹没或被冲走的事故发生。因此，应特别注意在溪流中戏水时的安全。

另外，不应穿牛仔裤下水。吸水后笨重的牛仔裤往往就是使游泳者溺水的致命原因。

（七）如何面对水中动物的袭击

到江河湖海游泳时，要了解清楚水里有没有凶恶的动物。如果有，应该另换地方，或者采取防御措施（如在水里设防海鲨网等）。

人的视力和游泳速度远远比不上水中的动物，在水中遭到鱼的攻击时，比在陆上遇到猛兽还危险，千万不可大意。危害人的水中的动物主要有鲨鱼、鳄鱼等，必须注意防御。在水中遇到这类凶恶的动物，能避开，首先要迅速避开；实在避不开时，就要同它斗争。斗争的一个有效办法是：迅速地用力抠它的两眼。碰到海蜇时，不要好奇地游近它，以免被它蜇伤。

（八）游泳遇到危险时怎样配合救助

下水游泳切记一定要量力而行，不能过度疲劳。发生抽筋现象或其他事故时，如能自行处理，一般不会有很大危险。如果不小心喝了几口水，一定要保持沉着，不要慌张，越慌张越容易喝水，要用最大的毅力划水蹬腿，使头部露出水面，或者趁早呼救。

如果情况很严重，游泳者已经被水淹没，则要尽最大努力使头露出水面，快叫救命。别人来救时，假如神智还清醒，就要尽量克制自己，设法镇静下来，切勿乱动、乱抓，否则，救助者将不敢靠近溺水者，也就无法实施救助行动。另外，当接受救助时，溺水者千万不要死死地抓住救助者。如果救助者能解脱，问题还不大；假如救助者不能解脱或者很久解脱不开，则双方都有沉没的危险。

总之，在水中遇到险情时，一定要镇静、沉着，别乱动，要听救护者的，并要尽可能地配合救助者。

**六、水上遇险的生存常识**

（一）野外活动时如何应对山洪暴发

在山区风景点旅游时遇到暴雨，少则十几分钟，多则半小时，就会有山洪暴发的可能。缺少经验的野外活动者往往在大雨来临后，还在山沟里游玩，在河水中游泳，旅游车仍在危险地段行进，以致遭遇灾难。因此，专家告诫：在山区遇雨，一定要马上寻找较高处避灾，同时要听从管理人员的指挥。

如果在江河中游泳，要事先注意上游天气情况。有时上游山区降雨，山洪暴发，使下游水位突然上涨，水流速度突增。如果上游山区乌云密布，雷电交加，可能已经发生暴雨，由上游流下的带大量白沫的河水，说明洪水即将到来，必须立即上岸。一旦遇到这种情况，应立即沿浪冲击的方向快速游向岸边，并伸手高呼靠岸的人（或岸上的人）设法前来营救。

如果是在洪水中救人，救助者的动作必须特别迅速，在盯准落水者有色的衣服或头发的刹那间，迅速游近并抓住对方，采取侧泳等拖带方法（此时不能用仰泳进行拖带），顺流而下，在靠岸近且方便处上岸。

（二）遇水灾如何逃生

在水深0.7~2米的淹没区内，或洪水流速较大居民难以继续生存时，应及时采取避难措施。此时通常是大规模、有组织地避难，所以要注意以下四点。

1. 明确避难路线

要让每一个避难者弄清避难路线。弄清洪水先淹何处、后淹何处，以选择最佳路线，避免造成“人到洪水到”的被动局面。

2. 认清路标

在那些洪水多发的地区，一般都修筑有避难道路。一般来说，这种道路应是单行线，以减少交通混乱和阻塞。在那些避难道路上，设有指示前进方向的路标，如果避难人群未能很好地识别路标，走错路再往回折返，便会与其他人群产生碰撞、拥挤，并产生不必要的混乱。

3. 保持镇定的情绪

在洪灾中，由于自身的苦痛、家庭的巨大损失，避难者已经是人心惶惶；如果再受到流言蜚语的蛊惑，听到避难队伍中突然发出的喊叫声、警车和救护车警笛的鸣叫声等外来的干扰，避难者极易产生不必要的惊恐和混乱。所以，必须保持镇定的情绪。

4. 选择安全的避难场所

安全的避难场一般应选择在距家较近、地势较高、交通较为方便的地方，它应有上下水设施（上水指能保证生存的生活用水水源，下水指的是排污设施），卫生条件较好，与外界可保持良好的通信、交通联系。

城市中安全的避难场所大多是高层建筑的平坦楼顶，地势较高或有牢固楼房的学校、医院，以及地势高、条件较好的公园等。

农村的避难场所大体有两类：一是大堤上，这里地势高，危险性小，但它的弊端是卫生条件差，缺少上下水设施，人们只能将洪水沉淀一下，洒些漂白粉后直接做饮用水，加之人畜吃喝、排泄都在这里，生活垃圾堆积，时间一长，极易染上疾病；二是村对村、户对户，邻近村与受灾村结成长期的“对手村”关系。在洪水发生时“对子”之间可以互相帮助。

野外活动时如突遇水灾，应选择登高避难之所，如基础牢固的屋顶或大树上，要及时呼救，如在无人救助或较安全的避难场所，可做一些防御措施，如搭建临时避难台；设法准备可供几天食用的食品；将衣被等御寒物放至高处保存；扎制木排，并搜集木盆、木块等漂浮材料加工为救生设备以备急需；将不便携带的贵重物品做防水捆扎后埋入地下或置放高处，票款、首饰等物品可缝在衣物中；准备好医药、取火等物品；保存好各种尚能使用的通信设施。如果车辆行驶在灾区，应避免停于低洼地带、桥上、路肩及树下，以防淹水、坍方或压损。

（三）寒冷季节落入水中如何保存体温

如果在寒冷季节落入水中，身体与低温水接触，体热消耗大，体温下降快，人很快就会处于低温状态。在浸泡于冷水中的初期，人体为避免热量过分消耗，会收缩皮肤表面的血管（以减少从血管传热到表面）并且发抖（以产生较多的体热）。但浸泡时间一长，人体就不能保存和产生足够的热，体内温度开始下降。当下降到35℃以下时，体内各重要器官处于严重的功能失调状态，人就会出现低温昏迷。当下降至31℃以下，人将失去知觉，肌肉不再发抖而开始僵硬，并且瞳孔扩大，心跳变得不规律且微弱。这是冷水浸泡致人死亡的主要原因。人在冷水中生存时间的长短，主要取决于当时的水温、服装情况及浸水者的自救方法。

研究表明，人体浸泡在不同水温中的耐受限度是：在 20℃水中，一般可存活 80 个小时。在 15℃ ~20℃水中可存活 12 个小时以上。水温 10℃ ~15℃，多数人可存活 6 个小时。水温 2℃ ~10℃，大部分人生存时间不会超过 1 小时。水温 2℃以下，一般人只能耐受几分钟。由此可见，人在冷水中，水温越低，生存的时间越短。

那么，如何使人体在冷水中最大限度地保持体温，主要有以下三个方面。

1. 活动的强度

研究表明：在冷水中剧烈活动，会增加体热消耗速度，加速体温下降。当水温低于 25℃时，游泳是不利的，人体不仅产生热多，散失的热更多，而且由于活动时人体周围已被加热过的水层不断地流走，使人体与水的温差更大。因此，在冷水中尽量避免做剧烈活动。

2. 服装要求

过去一般认为，在水中少穿衣服有利于生存，这种观点是不对的。虽然浸泡在水里的服装隔热值很小，但在防止体温下降方面有着惊人的效果。即使是日常的不防水服装，也能使体温少下降 50%~70%。在水温接近冰点时，衣服就更有价值，可保持体温比周围的水温高 4℃ ~5℃以上。救生衣的隔热效果更好。因此，如落入冷水中，在保证人体能漂浮在水面的情况下适量着装，能起到较好的隔热作用。

3. 水中姿势

在冷水浸泡时，头颈部的防护是极为重要的，它是各种生理调节中枢的汇集处，虽然这个区域只占全身体表面积的 7%~8%，但是对散热和体温调节作用很大。据研究表明，头部浸泡在冷水中，其散热量高达全身代谢产热量的 75%。散热最快的部位除了头颈以外，还有腋窝、体侧和腹股沟。如果在水中缩成一团，减少与水接触的体表面积，也可以减少体热的散失，延长生存时间。

总之，在冷水中的自救措施主要是合理使用救生装备，在水中减少活动，保持身体和精神的安静等，要千方百计地防止或减少体热散失。

## 第二节 游泳水上救护

游泳是一项深受人们欢迎的体育活动，随着社会的发展和人民生活水平的提高，为了健身和娱乐的目的，越来越多的人加入到游泳的行列中。然而，水可载舟，亦可覆舟，水中意外事故还是经常发生。而水上救生则是人们在水中活动发生意外事故时所采取的救助措施，它是一项“拯溺救难”的崇高事业，是人道主义和精神文明建设的具体体现，对于保证游泳安全、促进群众性游泳活动的顺利开展，具有积极的意义。作为一名体育工作者，不仅要树立见“溺”勇为的良好职业道德，还应当掌握必要的水上救生知识和技能，以便在意外事故发生时能有效地组织营救。

水上救生可分为“静水救生”和“海浪救生”。其中“静水救生”是指在河流、湖泊、游泳池等环境中的救生活动；“海浪救生”则是指在海洋环境中的救生活动。本节仅介绍静水救生的相关知识和技能。

**一、水上救生发展概况**

我们所居住的地球，三分之二的地表覆盖着江、河、湖、海。自古以来，人类的活动就与水息息相关，而水环境对人的生命安全始终是一种威胁。因此，凡有人在水中活动，就有水上救生。

随着社会的进步，水上救生也由早期原始的、自发的、民间的形式，逐渐发展成为现代的、专门的、有组织的活动。早在1891年，英国就成立了皇家救生协会。随后，美国、日本和一些工业发达的国家也相继设置了水上救生组织，或由红十字会来管理水上救生事务。目前，世界各国都非常重视水上安全，各地已有一百多个水上救生组织专门管理水上安全事务。国际救生协会（ILS）于1993年2月23日在比利时成立，它是由1910年成立的国际水上救生协会和1957年成立的世界救生协会合并而成，是现代救生运动唯一的世界组织，并已得到世界卫生组织（WHO）、国际奥委会（IOC）、国际运动联合会总会（GAISF）、国际世界运动协会（IWGA）以及其他许多国际组织的承认。国际救生协会目前已拥有130多个成员国家和超过12 700个会员。

为促进各国水上救生工作的开展与专业水平的提高，国际救生协会定期举行国际性的水上救生比赛，如国际救生协会国家队世界锦标赛、国际救生协会俱乐部世界锦标赛、国际救生协会大师锦标赛以及各种救生邀请赛等。通过各种国际救生比赛活动，促进了各国间救生经验、技艺、信息的交流，极大推动了各国水上救生工作的开展。

救生工作在我国开展已有相当长的时间。我国政府非常重视水上救生工作，如在上海解放的第二年，上海市人民政府就颁布了上海第一部体育法规——《管理游泳池规则》。在法律上，第一次规定游泳池开放时要安排水上救生员，以保障游泳者的生命安全。1964年6月16日，毛泽东主席在畅游十三陵水库时就提出：“游泳要注意安全，千万不要淹死一个人。”这一指示引起各级政府部门对水上安全工作的高度重视，随后，北京市、天津市、浙江省也先后发布了加强游泳场所管理的相关规定。

近年来，我国群众性游泳运动发展迅速，每年参加游泳锻炼的人数都超过1亿人，水上救生工作就更显得任重道远。为了加强我国水上救生工作，1998年8月在上海举办了首届“游泳救生员高级考官培训班”，来自全国35个单位的56名人员参加了培训，同时成立了中国游泳协会救生委员会。1998年年底，中国游泳协会救生委员会召开了第一次工作会议，确定了我国救生协会的徽章、救生员服装，编写了救生教材。1999年7月5日，中国救生协会正式成立。近年来，我国已多次举办救生裁培训班，并举行了静水救生锦标赛。各省市各级救生员的培训工作也已相继展开，游泳场所管理制度也不断完善，极大促进了水上安全管理工作。

我国提出的水上救生工作的宗旨是：同心同德，拯溺救难。水上救生工作的指导思想是以防为主，施救要准。以防为主，指的是采取各种预防措施，努力消除事故隐患。施救要准指的是处理水上意外事故时，要争分夺秒，就近就便就快，操作准确无误，尽最大努力挽救溺者生命。

## 二、安全观察

安全观察是指救生员在游泳池(场)指定的岗位上,用目光扫视特定水域,以便及时发现溺水和伤害事故苗头,预防意外事故发生。这是游泳安全“以防为主”的具体体现,是整个救生工作中极为重要的一环。

### (一)观察责任区的划分

游泳池(场)安全工作的一个重要措施是设立救生岗,建立安全观察网。救生员上岗前,首先必须明确自己岗位的主责任区和次责任区。责任区的划分必须便于救生员观察和相互交叉观察补漏,要消除观察盲区和死角,确保重点,避免疏漏。确定各岗位观察的主责任区和次责任区,也是确认事故责任的必要措施。

### (二)观察方法与常发溺水情况

1. 观察方法

救生员应重点观察本岗的主责任区,兼顾本岗的次责任区。同时,还必须对视力能及的水域进行全面观察,相互协作,避免疏漏。常用的观察方法有以下三种。

(1)扫视法:救生员对自己的责任区进行由远至近、由近及远、从左到右、从右到左的扫瞄式观察。

(2)环视法:救生员对自己的责任区,以某一点为起点,进行圆周式不间断的观察。

(3)跟踪法:救生员对自己责任区内水性差、游技差、容易发生溺水的人重点观察,密切注意其动向,一旦发生事故即可立即施救。但应注意,跟踪法要点面结合,不能呆视一点而忽视全局。

2. 常发溺水情况

溺水事故发生的情况是多种多样的。了解常发溺水情况,有助于我们采取必要的预防措施,抓住事故苗头,尽量避免溺水事故的发生,同时也有助于我们在出现意外事故时有的放矢地组织营救。常发溺水的情况主要有以下几种。

(1)不会游泳者从池边、岸边失足掉入水中,或在游泳池中误入深水区,或在江河湖海中因不熟悉水底情况而突然由浅水处滑入深坑,从而导致溺水。

(2)在饥饿、疲劳状态下游泳,或酒后游泳,或冒险远游,结果因体力不支、动作失调而发生溺水。

(3)准备活动不充分,不适应冷水的刺激而出现肌肉抽筋,又无法自行解脱,从而发生溺水。

(4)冒险潜水,憋气过久,引起大脑缺氧而晕眩窒息,从而发生溺水。

(5)在水中发生意外碰撞或呛水,惊慌失措、动作忙乱,不会调整呼吸,从而导致溺水。

(6)在水中追逐打闹、恶作剧,被长时间按压水中,导致溺水。

(7)初学游泳者浮具脱离或破裂漏气,身体沉入水中,造成溺水。

(8)盲目跳水,头部撞到池底、岩石或木桩上,造成外伤,引发溺水。

### 三、水上救生

水上救生是指采取各种有效措施，将溺水者救上岸的过程，它分为间接救生和直接救生。

#### （一）间接救生

间接救生是指利用各种救生器材对神志比较清醒的离岸或离船不远的溺水者施救的方法。间接救生省力、安全、迅速、实用。其常用方法有以下五种。

1. 手援

在离池岸较近处发生溺水事故时，救生员可直接用手将溺水者拖救上岸。

2. 救生圈

间接救生中最常使用的是救生圈。一般是在救生圈上扎一根长绳，发现溺水者时，救生者一手抓住绳头，另一手用力将救生圈准确地抛向溺水者，待溺水者抓住救生圈后，即开始收绳将其拖上岸或救上船。

如果没有长绳或估计绳不够长，救生者可先将救生圈抛给溺水者，接着迅速跳入水中游向溺水者帮助其抓住救生圈，然后拖拉着游向岸边或船边；如果是在江河等有明显水流的情况下，应将救生圈抛到溺水者的上游处，以免救生圈被水流冲走。

3. 救生竿

救生竿是游泳池内常用的间接救生专用器材之一，一般用长 3~4 米的竹竿做成，在竹竿的一端捆扎上周长约 90 厘米的橡皮圈。当发现溺水者距离池岸、堤岸或船边较近，处于救生竿的施救范围内时，可将救生竿固定橡皮圈的一端递给溺水者，待其抓住后将其拖至岸边或船边。没有特制的救生竿时，用一般竹竿也可以施救。

4. 救生球

救生球可用充气的橡胶篮球制作，将球装在网兜里并系在长绳上，绳长 15~20 米。当发现溺水者距离池岸、堤岸或船边较远时，救生者可一手抓住绳头，另一手用力将救生球准确地抛向溺水者，待溺水者抱住救生球后，即开始收绳将其拖上岸或救上船。

5. 其他救生器物

发生溺水情况时，如果一时找不到专用救生器材，则可根据实际情况，利用就近可得的其他物品进行施救，如将毛巾、救生衣、泡沫塑料板、木板、长棍、绳子、球等递或抛给溺水者，但应以不伤害溺水者为前提。

#### （二）直接救生

直接救生是指不借助任何救生器材徒手对溺水者施救的方法。在没有救生器材、溺水者离岸或离船较远或溺水者已神志不清无法进行配合的状态下，救生者一般必须下水拯溺。

1. 入水前的观察

入水前，要对周围环境做简单的观察，如辨别水流方向、流速、水面的宽窄等，并准确判断溺水者的位置。如果溺水者已沉没，由于挣扎所致，水面会有水波或气泡；在静水中，即可断定溺水者在水波或气泡的下面，在流水中，溺水者一般在水波或气泡的稍上游处，救生者应遵循入水后尽快游近溺水者的原则，迅速选好入水点并看好返回路线。

在游泳池中发现溺水者时，救生员应在岸边跑到溺水者较近处入水。在江河中发现溺水者时，救生者应在岸边迅速跑到溺水者的斜上游处入水。如乘船在湖泊静水中发现溺水者，应将船驶近溺水者，再下水救助；如乘船在江河中发现溺水者，则应将船驶到上游接近溺水者，然后再下水救助。这样做，一是为了节省时间尽快接近溺水者，二是为了避免在游近溺水者的过程中过早消耗体力。但这一切都要根据实际情况而定，要当机立断，不可左顾右盼、犹豫不决，以免耽误宝贵的营救时间。

2. 入水

入水要快，既要看清目标，又要注意安全。应根据不同的环境，采用不同的入水方式。

（1）跨步入水。

在不熟悉的水域，宜采用跨步入水。其具体做法是：起跳后，两腿前后分开成弓步状，一腿前伸，膝关节稍屈，另一腿屈膝后伸，两臂屈肘侧前举，掌心向下；当身体下落接触到水时，两腿向下夹水，两臂向下压水，使身体迅速浮起，然后立即朝目标游去。这种方式既能始终盯住目标，又因入水浅，能避免撞到石头或暗桩，比较安全。

（2）蛙腿式入水。

救生员距离溺水者较近时，眼看溺水者，单腿或双腿蹬离池岸边，跃起时双腿做蛙泳收腿动作，含胸收腹，两手臂平举，肘部自然弯曲，掌心向前下方。入水时，两腿向下做蛙泳蹬夹腿动作，同时两手臂向下压水，形成向上的合力，使救生员的头部始终保持在水面上。入水时，救生员的眼睛应始终不离赴救目标。

（3）鱼跃入水。

在熟悉的水域或游泳池，可以在原地或跑动中做类似于出发台出发的“鱼跃”入水。这种入水方式速度快，又便于起游。但起跳后的入水角应小些，入水后应尽快出水，并迅速捕捉住目标。

（4）团身入水。

若从距水面较高处跳入深水，如从悬岩上跳入水中，或从桥上跳入水中，或从高观察台上直接跳入游泳池深区，均可以采用低头屈腿抱膝的“团身”入水。由于臀部先入水，可以防止入水时拍伤身体，也不至于下沉过深。

（5）探滑入水。

如对水底情况不明，则可采用坐在岸边用脚探索慢慢滑入水中的探滑入水。

（6）直立式入水。

如果确知水有足够的深度，则可采用脚领先的直立式入水方式跳入水中。入水时，全身与水面保持垂直，脚趾向下，一手捏鼻，一手护下腹；如身穿救生衣，则双手肘部紧压救生衣。入水后，双手立即向下压水，两腿做蹬夹动作，力求尽快上浮捕捉住施救目标。

3. 游近和控制溺水者

入水后，一般采用速度较快又便于观察的抬头爬泳游向溺水者，也可以采用抬头蛙泳游近溺水者。

若溺水者尚在水中挣扎，则救生者游至距溺水者约 3 米远处时应急停，改为踩水，稳定住情绪，保持体力，同时再细心观察一下溺水者的动态。这样做也可以避免直接冲压溺水者而使其进一步呛水或下沉。如果溺水者神志尚清醒，此时救生者应大声劝慰溺水者，使其镇静下来以配合施救，然后，迅速接近并设法控制住溺水者。通常情况下，救生者应绕游到溺水者的身后去靠近溺水者，然后，以手托其腋下使其脸部露出水面，转入拖带。

若从正面接近，则可深吸一口气，潜入水中游至溺水者身前，双手抓其髋部将溺水者转体 180° 成背对自己。救生者随后以手托其腋下使其脸部露出水面，转入拖带。

救生者从正面接近溺水者时，也可以用一只手准确、果断地抓住溺水者的对侧手腕，迅速外拉，将溺水者转成背对自己，然后以手托其腋下使其脸部露出水面，转入拖带。在江河湖海或混浊水中，溺水者尚在水面挣扎时，采用此法较宜。

如果溺水者已沉至水底，则救生者在游近沉溺位置时应改为踩水，做一两次深呼吸后立即下潜搜索。发现目标后，用一手夹住溺水者上体或拽住其衣服，另一手向下划水，两腿向下蹬夹水，将溺水者迅速拉出水面，转入拖带。

4. 拖带

拖带是救生者徒手控制住溺水者后，采用各种游法将其运送到岸边或船边的一项专门技术。不论采用什么方法，拖带时都要将溺水者托至水面，使其仰卧平浮。特别要注意的是，让溺水者的口、鼻露出水面，以便于呼吸。常用的拖带方法有以下几种。

（1）托腋拖带。

救生者仰卧水中，两手从下向上抓住溺水者双腋，做反蛙泳的蹬腿动作游进。

（2）夹胸拖带。

救生者侧卧水中，一臂从溺水者肩部绕过胸前，抓住另一侧腋下，另一臂在体下划水，两腿做侧泳的蹬剪腿动作游进。

（3）扣臂拖带。

救生者身体侧卧，以一只手臂穿过溺水者腋下，经其背部握持住溺水者另一上臂；救生者另一臂在体下划水，两腿做侧泳的蹬剪腿动作游进。

（4）双人拖带。

又称“二救一”，两名救生者侧卧于溺水者的左右两侧，各用一臂抓勾住溺水者的上臂，同时做单臂划水的侧泳动作游进。

5. 上岸

当救生者将溺水者拖带到岸边或船边时，需将其扶拉上岸，以便抢救。有其他人在场时，可协助将溺水者拉上岸或拉上船。若无他人帮助，在浅滩或较平坦的斜坡处上岸比较容易，而在陡坡、船边或游泳池边上岸比较困难，需采用特殊的方法。常用的上岸方法有以下两种。

（1）压手提拉法。

救生者将溺水者拖带至池边后，一手抓扶池边，另一手握住溺水者的一手，将其按压在岸边；接着，救生者面朝池壁，两腿用力蹬夹水，两臂用力一撑，自己先上岸或上船。然后，救生者转向水边，抄起溺水者的另一臂，双手抓紧溺水者的两手腕，将其身体扭转成背对岸边或船边。接着,先将溺水者猛然往水中一浸,借助水的浮力顺势上提,将溺水者拉出水面,使其坐在岸边或船边。注意上拉时不要使溺水者背部离岸或离船太近,以免擦伤背部。

(2)肩背上梯法。

救生者将溺水者拖带至池边扶梯处后,先抱住溺水者的双腿,将其身体搭在自己的一侧肩上,然后双手握住扶梯,稳步上爬;当溺水者的臀部够到池边时将其放下;自己随即踏上岸,以手托住溺水者的颈部将其慢慢平放于岸上。

6. 运送

救生者将溺水者救上岸后,往往需要将其送到平坦处、现场急救室或邻近的医院进行抢救。运送的方法很多,有单人的,有双人的,有多人的,有用担架的。实践证明,采用单人肩扛法对提高急救成功率有很好的效果。

单人肩扛运送时,救生者一肩顶在溺水者的胸部,一肩顶在溺水者的腹部,溺水者的头部低于其胸腹部,运送时的上下颠簸,客观上起到了清除呼吸道堵塞物、促进心肺复苏的作用。

单人肩扛上肩的方法有:①救生者半蹲在溺水者体前,右脚插入溺水者两腿间臀下,以左手托其头颈,右手握其左腕,将溺水者扶成坐姿;②右手由溺水者左腋下穿至溺水者背后将其抱住,左手也由溺水者右腋下穿至溺水者背后,两手手指交叉锁紧夹住溺水者,左脚后退一步成右弓步,两臂用力将溺水者拉托坐于右大腿上;③左手拉住溺水者右手腕,头部由溺水者右腋下钻过,右手随即抄裆,两臂用力将溺水者拉托成横卧于救生者肩背上;④右臂夹住溺水者右腿,右手换抓溺水者的右上臂,将溺水者扣紧在肩背上,救生者左手随即扶撑自己的左膝,用力站起;⑤救生者左手抓紧溺水者右臂,右臂抱紧溺水者双腿,使溺水者牢牢伏在肩背上。

单人肩扛将溺水者放下的方法有:①救生者身体右倾,略下蹲,使溺水者坐于右腿上,右手随即扶抱其背;②左手将溺水者右臂抬起,头部由溺水者的右腋下抽出;③左手从溺水者右腋下穿至其背后,双手手指交叉夹抱住溺水者,左脚上前一步,将溺水者放下坐于地上;④左手托扶溺水者颈部,右手仍在溺水者背后扶抱,将溺水者缓缓放平。

**四、岸上急救**

岸上急救是水上救生的重要环节,其目的是抢救溺水者生命,减轻疼痛,降低伤残率。溺水者被救上岸后,如已昏迷、心跳停止、呼吸停止等,应立即采取措施进行现场急救。急救要及时,争分夺秒;方法要正确,有针对性;行动要大胆果断。及时正确的现场急救有时甚至可以使几乎毫无生还希望的溺水者转危为安。但若耽误了上岸后的最佳急救时机,则可能会使整个救生工作前功尽弃。岸上急救的直接目标是迅速恢复严重溺水者的呼吸和心跳,然后再转送医院抢救。

(一)现场诊断

将溺水者救上岸后,抢救者应立即进行现场诊断,迅速对溺水者的生命状况作出准确判断,以便采取相应的措施。现场诊断应在几秒钟内完成,可采用一看、二听、三摸的方法来判定溺者有无自主呼吸及心跳是否停止。一看:观看溺者胸部(或上腹部)有无起伏;二听:用耳或面颊贴近溺水者的口、鼻,聆听有无呼吸气流声,感觉有无气息拂面;三摸:用手触摸溺水者的颈动脉(婴儿为肱动脉),判断溺水者有无脉搏。如果溺水者有自主呼吸,则应继续保持气道通畅。如果无自主呼吸,则应检查有无异物阻塞气道。如果有异物阻塞,立即迅速清除。如溺者在清理口腔异物后仍无呼吸,要立即进行人工呼吸。如果溺水者心跳已停止,则应立即施行胸外心脏按摩以恢复血液循环。

(二)清除口、鼻中杂物,开通气道

畅通气道是复苏成功的重要环节。上岸后,应迅速将溺水者的衣服和腰带解开,擦干身体,清除口、鼻中的淤泥、杂草、泡沫和呕吐物,使上呼吸道保持畅通。如有活动假牙,应取出,以免坠入气管内。如果发现溺水者喉部有阻塞物,则可将溺水者脸部转向下方,在其后背用力一拍,将阻塞物拍出气管。如遇溺水者牙关紧闭,口难张开,救生者可在其身后,用两手拇指顶住溺水者的下颌关节用力前推,同时用两手食指和中指向下扳其下颌骨,将口掰开。为防止已张开的口再闭上,可将小木棒放在溺水者上下牙床之间。

在进行上述处理后,应着手将进入溺水者呼吸道、肺部和腹中的水排出。这一过程叫"空水"。常用的一种方法是:救生者一腿跪地,另一腿屈膝,将溺水者腹部搁在屈膝的腿上,然后一手扶住溺水者的头部使口朝下,另一手压溺水者的背部,使水排出。

(三)心肺复苏

1. 人工呼吸

人工呼吸是使溺水者恢复呼吸的关键步骤,应不失时机地尽快施行,且不要轻易放弃努力,应坚持做到溺水者完全恢复正常呼吸为止。在实践中,有很多溺水者是在做了数小时的人工呼吸后才复苏的。

常用的人工呼吸方法有以下几种。

(1)口对口吹气法。

将溺水者仰卧平放在地上,可在颈下垫些衣物,头部稍后仰使呼吸道拉直。救生者跪蹲在溺水者一侧,一手捏住溺水者的鼻子,另一手托住其下颌。深吸一口气后,用嘴贴紧溺水者的口(全部封住,不可漏气)吹气,使其胸腔扩张。吹进 800~1 200 毫升(成人多些,儿童少些)空气后,嘴和捏鼻的手同时放开,溺水者的胸腔在弹性作用下回缩,气体排出肺部。必要时,救生者可用手轻压一下溺水者的胸部,帮助其呼气。如此周而复始地进行。每次吹气时间为 1~1.5 秒,每分钟做 15~20 次。

人体正常呼吸时,吸入的新鲜空气中氧气约占 21%,二氧化碳约占 0.04%。经过肺泡内的气体交换,呼出气中氧含量降低,但仍占 16% 左右,二氧化碳含量则增高到 4.4% 左右。因此,进行口对口人工呼吸时,救生者吹出的气中仍有较多的氧气,可供溺水者呼吸需要。另外,因吹出气中的二氧化碳含量较高,会刺激溺水者的呼吸系统,促其恢复自然呼吸。实践证明,口对口吹气法通气量大,便于与胸外心脏按摩及其他急救措施配合,简便易行、效果最佳,是现场急救首推的人工呼吸方法。

(2)俯卧压背法。

将溺水者俯卧平放在地上,一臂前伸,另一臂弯曲,头侧转使一侧脸枕于弯曲之手臂上。

救生者两腿分开，骑跪于溺水者的大腿两侧，两臂伸直，两手拇指相对，四指稍分开按在溺水者后背肋腰部位。救生者俯身向前下推压，溺水者胸腔受到挤压，肺内的空气排出体外，形成呼气。然后，救生者上体还原，两手放松，溺水者胸腔因弹性而扩张，空气进入肺部，形成吸气。如此周而复始地进行。

这种方法有助于在人工呼吸的过程中继续清倒出口、鼻中的堵塞物，保持呼吸道畅通。

(3)举臂压胸法。

将溺水者仰卧平放于地上，肩背下垫手巾或衣服，头稍后仰。救生者跪在溺水者头后，双手各握溺水者同侧手腕，将其双肘弯曲，前臂贴于双肋处。救生者随即俯前稍用力下压，使溺水者胸腔受挤压形成呼气。然后，救生者上体还原，将溺水者双手提起并向两侧分开，使溺水者胸腔尽量扩展，形成吸气。如此周而复始地进行。

举臂压胸既能起到人工呼吸的作用，又能起到胸外心脏按摩的作用。这种方法常在溺水者呼吸、心跳都已停止且只有一人进行营救的情况下采用。

2. 胸外心脏按摩

将溺水者救上岸后，如发现溺水者的心跳已停或极其微弱，则应立即施行胸外心脏按摩，通过间接挤压心脏使其收缩与舒张，以使其迅速恢复血液循环。

胸外心脏按摩的具体做法是：将溺水者仰卧平放地上，救生者骑跪在溺水者大腿两侧，两手掌相叠，掌根按在溺水者胸骨下端（对儿童，只需用一个手掌；对婴幼儿，只需三个手指），两臂伸直，身体前倾，借助身体的重量稳健地下压，压力集中在掌根，使溺水者胸骨下陷 3~4 厘米。然后，上体复原，迅速放松双手，但掌根不离位。如此有节奏地进行，每分钟做 60~80 次（儿童 80~100 次／分钟，婴儿大于 100 次／分钟）。下压时用力要均匀，不宜用力过猛，松手要快。胸外心脏按摩也需要耐心和毅力，有时也要经过数小时的不懈努力才能使溺水者起死回生。

胸外心脏按摩与口对口人工呼吸结合运用，是对尚未出现真死现象的溺水者生命做最后挽救，使其恢复自主心跳与呼吸的重要手段。如有两人配合施救，则一人骑跪在溺水者大腿两侧进行胸外心脏按摩，另一人跪蹲在溺水者头侧进行口对口人工呼吸。每吹一次气后，做 5 次心脏按压，然后再吹气。两人需要协调配合，吹气必须在胸外心脏按压的松弛时进行。如果只有单人施救，则每做 15 次胸外心脏按摩，接着做两次口对口人工呼吸。

对溺水者的岸上急救是一套综合措施，但在很多情况下是不能按部就班、慢条斯理地一项一项进行的。应根据溺水者的具体情况，先抓住最主要的环节进行，关键在于尽快使溺水者的心肺复苏。若急救情况不理想，则应边转送医院边继续抢救。

**五、水中解脱**

水中解脱是救生者在水上直接救生的过程中被溺水者抓抱住时使自己迅速摆脱困境的专门技巧。在水很浑浊而无法准确判断溺水者状态时，或溺水者神志不清、拼命挣扎时，救生者有时难免被抓抱住。此时应保持冷静，运用一定技巧来解脱。解脱动作最好沉入水下进行。溺水者一憋气，就急于浮出水面，往往会自动松手。解脱之后，应设法立即将溺水者控制住。若一时不能控制住，则应迅速游离溺水者几米远，然后重新接近和控制溺水者。

水中解脱一般都是利用杠杆原理和反关节原理进行的。解脱动作要迅速、果断。被抓抱的部位不同,解脱的方法也不同。常用的解脱方法有以下几种。

(一)拉臂解脱法

(1)当救生者手臂任何部位被溺水者抓住时,可将被抓的手臂用力朝溺水者手的拇指方向旋拧抽拉予以解脱。例如,溺水者双手从上抓住救生者两手腕时,救生者可双手握拳向溺水者的拇指方向外旋上拉,两肘内收,即可解脱。同样,如果溺水者双手从下抓住救生者两手腕,救生者可双手握拳向溺水者的拇指方向内旋下压,并向两侧分开,即可解脱。

(2)如果溺水者双手从下抓住救生者的一只手腕,救生者该手可握拳,另一手从溺水者两臂间穿过握住自己被抓之手,然后突然下拉,即可解脱。与此相似,如果溺水者双手从上抓住救生者的一只手腕,救生者则可采用同样的方法握住自己被抓之手,然后突然上拉,即可解脱。

(二)托肘解脱法

(1)溺水者从正面抱住救生者头颈时,救生者可一手抓住溺水者的手腕往下拉,另一手托住其肘部向上推,身体顺势向下滑脱,并将其转成背向自己控制住。

(2)溺水者从背后抱住救生者的头颈时,救生者应内收下颌,防止气管被卡住,同时一手抓住溺水者的手腕往下拉,另一手托住其肘部向上推,身体顺势向下滑脱至其背后,继续握住其手腕将其控制住。

(三)推头解脱法

(1)溺水者从正面抱住救生者上体时,救生者可一手抱压溺水者后腰,另一手食指和中指紧夹住溺水者的鼻子,掌心蒙住溺水者的嘴,掌根抵住溺水者的下颌,用力向前推,迫使其头部后仰。在一般情况下,溺水者的口、鼻一被蒙住,为求呼吸,就会放开双手,并企图扳开救生者夹鼻蒙嘴的手。救生者应及时利用溺水者松手之机,将其扭转成背向自己并控制住。

(2)溺水者从正面将救生者上体连带两臂肘关节以下抱住时,救生者可双臂外撑,含胸收腹,趁隙抽出一臂,另一臂直接移至溺水者的后腰,用上述推头法解脱。

(3)溺水者从正面抱住救生者双腿时,可采用同样的方法解脱,只是放在溺水者后腰的手应改放在溺水者的后颈部,尽力使溺水者的头部后仰。

(四)扳指解脱法

(1)溺水者从背后抱住救生者腰部时,救生者可用两手分别抓住溺水者两手的手指,用力向两侧掰开,即可解脱。

(2)溺水者从背后将救生者上体连带两臂肘关节以下抱住时,救生者可弓身,臀部后顶,趁隙抽出一臂下推溺水者的双手,再抽出另一臂,然后用上述扳指法解脱。

(3)若溺水者从正面紧抓住救生者的头发不放时,救生者可一手紧抓溺水者的手腕,另一手抓住溺水者抓头发的手指用力往其手背方向扳,救生者的头部同时向后仰,即可解脱。

(五)外撑解脱法

溺水者从正面或背后将救生者的上体和两上臂同时抱住时,救生者两腿用力向下蹬夹水,使两人身体位置升高。当头出水后,深吸一口气,然后两臂用力向左右撑开,身体突然下沉,两手托住溺水者的两肘用力上举,头从溺水者的两臂间钻出来,随后,将溺水者推转成背向自己并将其控制住。

# 参考文献


[1] 张黎. 春秋战国时期的游泳活动考述 [J]. 兰台世界，2011（9）：78-79.

[2] 冯建强，陈元香. 宋代游泳运动的渊源及历史特征 [J]. 兰台世界，2014（24）：108-109.

[3] 吴兆祥. 游泳技巧图解 [M]. 合肥：安徽科学技术出版社，2010.

[4] 温宇红. 跟专家学游泳 [M]. 北京：北京体育大学出版社，2008.

[5] 李盛，乔婉. 大众体育运动与健身 [M]. 北京：军事谊文出版社，2006.

[6] 程林. 重庆市高校游泳教学开展的现状、问题及对策研究 [D]. 重庆：西南大学，2010.

[7] 俞继英. 游泳 [M]. 北京：人民体育出版社，2002.

[8] 梅雪雄. 游泳 [M].2 版. 北京：高等教育出版社，2001.

[9] 温宇红，许琦. 游泳入门 [M]. 福州：福建科技出版社，2010.

[10] 梅雪雄. 游泳 [M]. 北京：高等教育出版社，2007.

[11] 胡文华. 普通高校体育选项课教材 [M]. 北京：北京体育大学出版社，2004.

[12] 教材编写组. 体育心理学 [M]. 北京：人民体育出版社，2003.

[13] 卢元镇. 体育社会学 [M]. 北京：高等教育出版社，2004.

[14] 陈武山. 游泳运动教程 [M]. 北京：人民体育出版社，2007.

[15] 许琦. 现代游泳训练方法 [M]. 北京：北京体育大学出版社，2007.

[16] 闫琪. 游泳专项体能训练 [M]. 北京：北京体育大学出版社，2010.

[17] 李文静，温宇红. 现代游泳技术教程 [M]. 北京：北京体育大学出版社，2010.

[18] 张彩珍，吴兆祥，体育百科大全：游泳运动 [M]. 合肥：安徽人民出版社，2010.

[19] 李鸿江，正木健雄，高柴光男，等. 水上运动和游泳：适宜地、轻松愉快地去游泳 [M]. 北京：高等教育出版社，2009.

[20] 睢强，李小娜. 游泳 [M]. 北京：北京体育大学出版社，2010.

[21] 张力为. 体育运动心理学与研究发展 [M]. 北京：高等教育出版社，2000.

[22] 张瑞林，王红，邹静等. 游泳 [M].2 版. 北京：高等教育出版社，2010.

[23] 张威. 游泳：单色版 [M]. 北京：高等教育出版社，2007.

[24] 刘亚云，黄晓丽. 游泳运动 [M]. 长沙：湖南师范大学出版社，2007.

[25] 谢伦立，刘振卿. 游泳课堂 [M]. 北京：人民体育出版社，2012.

[26] 徐莉. 游泳 [M]. 广州：华南理工大学出版社，2008.

[27] 刘琳琳. 浅谈游泳对人体健康的作用 [J]. 少年体育训练，2009.

[28] 易述鲜. 高校游泳教学的内容方法及其模式的研究 [J]. 当代体育科技，2015.

[29] 苗鹏. 高校游泳教学的内容方法及其模式的研究 [J]. 高师理科学刊，2007.

[30] 孙丽芹. 高等体育院系游泳教学改革研究 [D]. 郑州：河南师范大学，2014.

[31] 方千华，梅雪雄. 国内外大众游泳救生员培养体制的比较研究 [J]. 首都体育学院学报，2008( 3 ):41-44.

[32] 张健生. 关于基层游泳教练选材基本素质的探讨 [J]. 南京体育学院学报：自然科学报，2008( 3 ):62-63.

[33] 李世洪，王凤臣. 游泳中的升力理论及其应用 [J]. 四川体育科学，1989( 21 ):51-192.

[34] 任勇，白铂."游泳肩"发病的解剖学分析及其康复预防措施 [J]. 沈阳体育学院学报，2010，29( 3 ):65-68.